U0794963

面向21世纪课程教材
Textbook Series for 21st Century

经济管理类课程教材
税收系列

纳税检查

第六版

艾 华 王 敏 高艳荣 马丽佳 编著

NASHUI JIANCHA

TAX

中国人民大学出版社
·北京·

出版说明

中国人民大学出版社组织编写的“经济管理类课程教材·税收系列”（以下简称“税收系列教材”）自2001年出版至今，已经超过20年。在这20多年中，我们通过对优秀教材的不断修订再版与对教材种类结构的优化，现已形成了层次分明、内容完善、教学配套资源齐全以及课程体系全面的系列教材，并以高品质荣获众多奖项。一些教材多次入选国家级规划教材，其中马海涛教授主编的《中国税制》（第十版）荣获首届全国教材建设奖全国优秀教材二等奖。

党的十八届三中全会提出“财政是国家治理的基础和重要支柱，科学的财税体制是优化资源配置、维护市场统一、促进社会公平、实现国家长治久安的制度保障”。习近平总书记多次强调要发挥税收在国家治理中的基础性、支柱性、保障性作用。

党的十八大以来，按照“税种科学、结构优化、法律健全、规范公平”的要求，我国不断深入推进税制改革，加快推进减税降费。例如，我国正在持续深化增值税改革，优化消费税与企业所得税制度，初步建立了综合与分类相结合的个人所得税制度，同时推进资源、环境税制改革，健全地方税体系，不断完善现代税收体系。迄今为止，我国的财税改革与发展均取得了巨大成就。

回顾这些年的发展历程，税收系列教材中的每一本每一版都在努力适应税制改革和教育环境的变化，尽可能地满足高校教师教学与学生学习的需要，在不断寻求突破的道路上前行，出版社和作者都努力将税收系列教材打造成适应时代要求的精品教材。

习近平总书记指出，坚持和发展中国特色社会主义，必须高度重视哲学社会科学，结合中国特色社会主义伟大实践，加快构建中国特色哲学社会科学。2021年10月12日，全国教材工作会议暨首届全国教材建设奖表彰会提出，要加快形成中国特色高质量教材体系。教材建设要充分体现党和国家意志，坚定文化自信，深入推进习近平新时代中国特色社会主义思想进教材，用中国理论解读中国实践，形成中国特色的话语体系。

基于此，中国人民大学出版社积极开展调查研究，广泛搜集读者的意见和建议，撰写了税收系列教材并进行全面修订再版，使这套教材能够立足中国实际，解决中国问题，不断融入马克思主义理论研究新成果与我国税收治理现代化的新理论、新实践、新道路、新经验。与此同时，各教材在编写和修订中深挖思政元素，不仅全面推进社会主义核心价值观进教材，而且在教学大纲、教学指南、教学内容的编写中也融入思政内容，培养学生正确的价值观、职业观，为教学提供行动指南，切实发挥教材的育人功能。

这套教材倾注了专家和教授的心血与汗水，是集体智慧的结晶。与同类教材相比，这套教材具有很高的准确性、实用性、针对性和前沿性。我们希望全国各高等院校经济管理专业的广大教师继续关心和支持这套教材的出版及修订工作，同时将在使用教材过程中遇到的问题和改进建议向各位主编或者出版社编辑及时反馈，以便我们在今后的修订中不断完善。

中国人民大学出版社

第六版前言

艾华，中南财经政法大学教授，经济学博士，财政税收专业硕士生、博士生导师。曾任中南财经政法大学财政税务学院税务系主任，兼任中国税收筹划研究会副会长、中国注册会计师协会特聘专家、中国注册税务师协会特聘专家。主要从事税收理论、税收实务、税收政策法规的教学和研究。编著了《税法》《税务会计》《税收筹划研究》等多部专著和教材，在《财政研究》《税务研究》等刊物上发表论文50余篇。

税收是政府财政收入的主要来源，也是政府实现其职能的财力保障，其分配对象是国民收入。纳税检查是税收征收管理工作的重要环节，在“征、管、评、查”的新征管模式下，在新时期以数控税的信息化环境中，搞好纳税检查工作，对于正确实施国家的税收政策、提高纳税人对税收法规的遵从度、促进纳税人依法纳税、保证国家的财政收入、保障纳税人的合法权益、充分发挥税收调节经济的职能作用和优化税收环境都具有十分重要的意义。

本次修订以习近平新时代中国特色社会主义思想为指导，认真贯彻落实党中央、国务院决策部署，立足新发展阶段、贯彻新发展理念、构建新发展格局，围绕“六稳”“六保”，加快转变政府职能。根据财政部、国家税务总局深化“放管服”改革的要求，健全惠企服务机制，优化检查内容和方法，以事实为依据，以法规为准绳，逐步实现智能化、自动化处理。精简享受税收优惠政策的办理流程和手续，继续实行纳税人“自行判别、申报享受、相关资料留存备查”的办理方式，以促进公平、公正和生产要素高效配置，切实维护公平竞争和诚实守信的营商环境。我们根据最新的税收政策和法规对各章内容进行了修订，并在各章前增加了学习目标，有利于学生重点把握相关内容。

纳税检查是经济类高等院校财政、税收专业的必修课程。为了便于广大学生学习和掌握纳税检查的基本理论、基本方法和基本技能，我们编写了这本教材。本教材不仅适合在校相关专业的学生使用，而且适合作为税务部门广大实际工作者以及财税专业教师的参考用书。

本教材根据我国现行的税收法规，紧密联系纳税检查工作的实际情况，全面系统地阐述了纳税检查的基本理论、基本方法和基本技能。本教材共计 7 章，第 1 章是纳税检查概述，第 2 章是对会计核算资料的检查分析，第 3 章至第 7 章是对具体税种的检查。为了使广大学生在学习中有亲临现场检查的感觉，本教材对各主要税种的检查均编有检查案例，特别是企业所得税检查中的综合案例具有模拟实地检查的效果，对于学生检查技能的提高以及他们对税收法规的理解和运用都有积极的促进作用。

本教材的第 1 章、第 2 章、第 5 章由艾华编著，第 3 章、第 4 章由王敏编著，第 6 章、第 7 章由高艳荣编著。本次修订工作主要由艾华、王敏、高艳荣、马丽佳负责。由于我们所掌握的资料及实践经验和能力有限，书中难免存在不足或错误，敬请广大读者批评指正，不胜感谢！

编　者

目　　录

第1章 纳税检查概述

学习目标

了解纳税检查的概念与意义，掌握纳税检查的内容与方法，熟悉纳税检查的基本程序与检查报告的编写方法及内容，掌握纳税检查后会计处理错误的调账方法。

第一节　纳税检查的概念与意义

一、纳税检查的概念

纳税检查是税务机关依据国家税收政策、法规和财务会计制度的规定，对纳税人或者扣缴义务人履行纳税义务或扣缴税款义务的情况进行监督检查的一种管理活动。

纳税检查是税务机关进行税收征管、组织收入的一种重要手段，也是国家税收监督的重要组成部分，体现着国家对税收征管工作的监督职能。纳税检查的概念主要包括以下几层含义：

（一）纳税检查的主体是税务机关

纳税检查是国家法律赋予税务机关的一项职权，既是税收征管工作的一个重要环节，也是税务机关的一项日常工作和基础性工作。税务机关作为经国家授权的执法机关，是纳税检查的组织者，而税务工作者是纳税检查的实施者。

（二）纳税检查的客体是纳税人

纳税人是税收执法相对人，依法纳税是每一个纳税人的法定义务。纳税检查就是对纳税人履行纳税义务的情况进行监督，检查纳税人是否及时、足额地缴纳了税款，是否依法办理了纳税手续，是否服从税务机关的管理，有无税务违法行为。

（三）纳税检查的依据是税法和相关财务会计制度

纳税检查活动的政策性强、涉及面广，不仅涉及税收政策问题，而且涉及税收技术问题。因此，纳税检查首先要以税法为依据，做到依法办事、依率计征；与此同时，纳税检查也要以财务会计制度及核算方法为基础。在计算税额时，如果财务会计制度与税法存在矛盾，则应按照税法的规定进行调整。

（四）纳税检查的目的是确保税法的贯彻执行和财政收入的圆满实现

开展纳税检查，核实纳税人履行纳税义务的情况，揭露纳税人逃税、欠税和抗税的行为，其目的就是保证国家税收政策、法规的正确贯彻执行，堵塞各种“跑冒滴漏”，保证国家财政收入的足额实现，满足财政支出需要，保证财政收支平衡。财政收入的圆满实现又有赖于税法的贯彻执行。纳税检查的实施过程就是调整或警示纳税人的税务违规行为，确保正常的税收秩序，保证税法在经济实践中正常运行的过程。因此，纳税检查过程也是税法的贯彻执行过程。

二、纳税检查的意义

纳税检查是税收征管活动的一个重要环节。征收、管理、检查是税收征管工作的三个基本环节。其中，征收是管理、检查的目的，管理是检查的基础，检查是管理的关键。由此可见，搞好纳税检查是做好税收征管工作的有力保证。列宁十分重视检查监督的作用，他在《大难临头，出路何在?》一文中就曾经指出：“要使税收实际可靠，不致落空，就必须实行实际的而不是停留在纸上的监督。”①

我国的现代化建设需要大量的财政资金，税收是我国财政收入的重要来源，特别是在我国进行新税制改革的今天，一个适应市场经济体系的税制体系已基本形成。税收收入占整个预算内财政收入的80%以上，成为国家财政收入的重要支柱。然而，纳税人能否自觉履行纳税义务，能否及时足额地完成缴纳税款的任务，直接关系到国家财政预算收入的圆满实现和财政支出的有效安排，进而影响国民经济的持续稳定发展。因此，纳税检查对纳税人执行税收政策、法令的情况及履行纳税义务的情况进行及时有效的监督，对于正确贯彻国家的税收政策、法规、制度，维护财经纪律，堵塞漏洞，纠正错税、漏税、欠税，保证国家财政收入的足额实现，发挥税收的监督职能具有重要意义。

① 列宁．列宁全集：第32卷．2版增订版．北京：人民出版社，2017：213.

（一）纳税检查是正确贯彻税收政策、法规，严肃纳税纪律的保证

纳税检查是依据国家的税收政策、法规对纳税人履行纳税义务的情况进行的一种检查监督活动。税收政策、法规是根据国家一定时期国民经济发展的总方针制定的，是本着鼓励什么、限制什么的精神，作出不同的规定，并通过法律形式固定下来。而税收政策、法规并不会自动地得以实施，必须通过具体的税收管理活动才能使税收政策、法规得以具体实施。纳税检查的实施过程就是贯彻执行国家税收政策、法规、制度，维护财经纪律的过程。因为在进行纳税检查时，通过对纳税人的生产经营情况、会计账簿报表和凭证等资料的检查，就可以了解到纳税人的生产经营活动是否合法，核实纳税人有无隐瞒和虚报收入，有无逃避缴纳税款、漏税、欠税、挪用税款，有无弄虚作假、扩大费用开支范围、乱挤和乱摊成本、减少或截留税款等情况，从而纠正各种违反税收政策、法规的行为，保证税收政策、法规的正确贯彻执行，严肃纳税纪律，发挥税收应有的监督作用。

（二）纳税检查是纠正错、漏、欠税，堵塞涉税漏洞的有力手段

税收是我国财政收入的重要支柱。税收任务能否圆满实现，直接影响到国家的财力基础。依法纳税是每个公民应尽的法律义务，纳税人必须严格遵守国家颁布的税收政策、法规。但是，社会上逃、抗、骗税黑潮泛滥。究其原因，一方面，部分纳税人的法治观念淡薄，不能正确处理国家、集体和个人三者的利益关系，本位主义和小团体思想严重，只顾个人利益和小集体利益、局部利益和眼前利益，不顾国家的整体利益和长远利益，无视国家法律规定，千方百计地逃避税收负担；另一方面，有的税务工作者业务素质较差，不能适应新形势下税收征管工作的需要，个别税务干部甚至不懂财务、不会查账、以税谋私，造成国家税款的大量流失。通过纳税检查，可以规范征、纳双方的涉税行为，堵塞税款流失漏洞，保证国家财政收入及时、足额入库。

（三）纳税检查是促进企业改善生产经营管理、提高经济效益的有效措施

税收渗透于国民经济的各个领域，涉及社会再生产的各个环节，纳税检查直接涉及企业的生产经营活动和财务管理的各个方面。税务机关通过纳税检查，在了解纳税人履行纳税义务情况的同时，也可以掌握纳税人在生产经营和管理过程中存在的诸多问题及薄弱环节。特别是企业存在的逃税、漏税问题，往往与企业的财务管理制度不健全、经济核算制度不完善有直接关系。税务工作者要充分利用接触面广、消息灵通的优势，帮助企业建立健全各项管理制度，为企业出谋划策，加强企业的经济核算，增强企业的活力，提高企业的经济效益，充分发挥税收调节经济的杠杆作用。

（四）纳税检查是密切征纳关系、提高征管业务水平的有效途径

纳税检查的过程是征、纳双方相互配合的过程。通过纳税检查发现的问题可以检验税务部门的征管工作质量，衡量税务机关管理工作的深度和广度。综合来看，产生逃、漏、错税问题的原因较多，除纳税人的主观原因外，与征管工作质量不高有着密切的关系。比如税法宣传不到位、辅导监督不力、处罚不严、税务干部业务素质不高，以及征管制度、征管手段、征管力量、征管形式和方法与客观形势不适应等，均可造成错、漏税问题的产

生。通过对纳税检查中查出问题的客观分析，能够比较及时地掌握税收征管工作中存在的问题，并有针对性地采取一些措施来完善征管制度、改进工作作风，从而提高税收征管的水平。

（五）纳税检查是保障纳税人合法经营、打击非法经营的有力工具

纳税人是国民收入及税源的创造者，没有纳税人的生产经营活动，就不可能创造出新的价值。因此，在税收法规的制定、实施和执行过程中，不能以国家财政收入为唯一目的，必须保护纳税人的合法权益。在纳税检查的过程中，要严格依法办事、依率计征，充分发挥税法监督经济的职能作用，保护遵纪守法者的合法权益，打击非法经营者的违纪违法行为。

第二节　纳税检查的内容与要求

一、纳税检查的权限范围及内容

根据《中华人民共和国税收征收管理法》（以下简称《税收征管法》）的规定，纳税检查的权限范围及内容主要如下：

（一）检查纳税人和扣缴义务人的账簿、记账凭证、报表及相关资料

税务机关有权依法检查纳税人的账簿、记账凭证、报表和有关资料，检查扣缴义务人代扣代缴及代收代缴税款的账簿、记账凭证和有关资料。纳税检查一般应当在纳税人、扣缴义务人的业务场所内进行。《中华人民共和国税收征收管理法实施细则》（以下简称《税收征管法实施细则》）第八十六条规定：必要时，经县以上税务局（分局）局长批准，可以将纳税人、扣缴义务人以前会计年度的账簿、记账凭证、报表和其他有关资料调回税务机关检查，但是税务机关必须向纳税人、扣缴义务人开付清单，并在 3 个月内完整退还；有特殊情况的，经设区的市、自治州以上税务局局长批准，税务机关可以将纳税人、扣缴义务人当年的账簿、记账凭证、报表和其他有关资料调回检查，但是税务机关必须在 30 日内退还。

纳税检查的主要检查内容是对被查对象会计资料的检查。查账是纳税检查过程中运用的一种手段。纳税人的纳税义务履行情况通常都通过课税对象反映在纳税人的流转额、所得额和财产额等经济行为及收入上，通过对纳税人记录在会计账户中的有关经济活动的检查，查明是否有不符合国家税收法规及财务会计制度规定的情况。纳税检查涉及的会计及其他资料一般包括有关账簿、记账凭证、报表及有关资料，如会计总分类账、明细分类账、序时账、收款凭证、付款凭证、转账凭证、资产负债表、利润表、商品成本表、有关原始记录卡、有关财务报告、企业会计核算方法、生产部门计划、统计表、纳税申报表、

纳税缴款书、商事凭证、发票存根、代扣（代收）代缴税款账簿等。

（二）检查纳税人、扣缴义务人的生产经营场所

税务人员可依法到纳税人的生产经营场所和货物存放地检查纳税人应纳税的商品、货物或其他财产，检查扣缴义务人与代扣代缴、代收代缴税款有关的经营情况。这里所说的生产经营场所和货物存放地应该包括与生活住宅合用的场所，因为在实际社会生活中，有些纳税人的生产经营场所和货物存放地与生活住宅往往合并在一起。但是，在实施检查时要慎重，这个问题比较复杂，特别是在涉及纳税人的权利和民法的问题时。

税务机关在实施纳税检查的过程中，有权到纳税人的生产经营场所和货物存放地实地检查，其原因主要是：

1. 实地检查便于落实、验证账簿上的疑难问题

虽然纳税检查是以检查会计资料为主，但有时从难以计数的账簿、记账凭证、报表、发票存根等会计资料和千头万绪的会计记录中发现的疑点、线索，要得到进一步的查实，还必须深入纳税单位（人）的生产车间、班组、仓库、办公现场、门市部以及驻外机构等进行调查。由此可见，实地检查是保证税务查账质量和工作深度的有效措施。

2. 现场活情况能成为查账的活线索

对于有些纳税人的蓄意舞弊行为，往往很难在账务处理上发现其逃避缴纳税款的痕迹。例如，有的企业编制两套账，即一套假账、一套真账，并用假账专门对付税务部门，那么假账在账务处理上是不会有什么问题的，如果纳税检查仅就账查账将一无所获，但通过清仓查库、现场检查，就很有可能会发现一些活情况。如果以掌握的实际情况为线索进行追踪检查，则许多账上无法查获的问题往往就能迅速暴露和查清，从而起到事半功倍的效果。

3. 无账可查，客观上需要进行现场检查

在市场经济条件下，不仅生产经营项目繁多，而且纳税环节和纳税人的经济行为也十分复杂。有些税种的课税对象并不直接反映在纳税人的账簿上，或者有些纳税人根本没有建账能力，无账可查，这时的纳税检查就需要通过其他手段进行，其中实地勘查、核实实物是很重要的一个方面。

4. 实地检查是出于核实财产、物资的价值量与实物量是否相符的需要

在纳税检查中，为了核实商品、货物和其他财产的价值量与实物量是否相符，需要对财产、物资进行盘点。只有通过实地盘点调查，才能账实相比，核实账上记录与实物的统一性，防止因账实不符而造成的错漏。例如，对被查单位的原材料、在产品、半成品、产成品、固定资产和其他所有财产、物资的账面数量与实际盘存数量进行核对等。

（三）责成纳税人、扣缴义务人提供有关涉税资料

责成纳税人、扣缴义务人提供与纳税或者代扣代缴、代收代缴税款有关的文件、证明材料和有关资料，这一规定主要是为了保证税务机关正确贯彻税收政策、法规，纠正错、漏、欠税，堵塞税款流失的漏洞，保证国家税收收入圆满实现。所有纳税人、扣缴义务人都必须照章接受税务人员的检查，主动出示有关证照，如实提供有关资料。

有关文件、证明材料和有关资料是纳税人是否正确履行纳税义务，扣缴义务人是否正

确履行代扣（代收）代缴义务的书面证明。有关文件、证明材料和有关资料主要包括：1）纳税申报表；2）营业执照；3）税务登记证；4）减免税批准文件；5）税收专用缴款书；6）企业所得税缴款书；7）汇总缴款书；8）通用完税证；9）限额完税证；10）定额完税证；11）涉外税收完税证；12）印花税票；13）收入退还书；14）自收税款退税凭证；15）罚款收据；16）税票调换证；17）外销商品税收证明单；18）税务查验戳记；19）发票存根、商事凭证；20）购销合同书；等等。

（四）询问纳税人、扣缴义务人有关涉税情况

询问纳税人、扣缴义务人与纳税或者代扣代缴、代收代缴税款有关的问题和情况本身就是一种检查方式。纳税人以及扣缴义务人是经济业务的组织者和参与者，他们了解生产安排、材料供应、产品变动、销售情况、新产品试制、技改项目和专项工程等直接或间接与税收有关的情况。通过询问，有利于税务人员掌握纳税单位（人）、扣缴义务人的生产经营、税源变化、纳税申报、实际缴纳、代扣（代收）代缴等情况，有利于税务人员在查账过程中客观地观察分析，将有关问题联系起来，收到较好的检查效果。

（五）检查车站、码头等场所的过往应税货物

到车站、码头、机场执行税收检查，是纳税检查特有的手段之一。车站、码头、机场是商品、货物运送或托运的要道，为了堵塞税收漏洞、加强税款的源泉控管、保证国家的财政收入、保护合法经营、打击偷税犯罪活动，税务机关可依法到车站、码头、机场、邮政企业及其分支机构检查纳税人托运和邮寄应税商品、货物或者其他财产的有关单据、凭证和有关资料。

（六）检查纳税人、扣缴义务人的银行存款账户

按照《税收征管法》的规定，经县以上税务局（分局）局长批准，凭全国统一格式的检查存款账户许可证明，税务机关可以查询从事生产经营的纳税人、扣缴义务人在银行或者其他金融机构的存款账户。税务机关在检查税收违法案件时，经设区的市、自治州以上税务局（分局）局长批准，可以查询案件涉嫌人员的储蓄存款。税务机关查询所获得的资料，不得用于税收以外的用途。

为了有效地控制和查处偷、抗、欠税行为，防止税款流失，经县以上税务局（分局）局长批准，税务人员可以凭全国统一格式的检查存款账户许可证明，到有关银行或其他金融机构查核从事生产经营的纳税人、扣缴义务人的存款账户。检查的要点主要是纳税人、扣缴义务人的存款立户情况，诸如开了几个存款账户以及存款账户的使用情况是否正常等。按照《税收征管法》的规定，纳税人未将其全部银行账号向税务机关报告的，可处以2 000元以下的罚款；情节严重的，可处以2 000元以上10 000元以下的罚款。

税务机关的检查存款账户许可证明，由省、自治区、直辖市税务局根据全国统一式样印制，并按本市、自治区、直辖市简称字统一编号（如湖北省为鄂税字第××号），并严格管理使用。在本县（市）内使用时，应由本县（市）税务局局长批准，并加盖本局公章和批准人印章；由地（市）或地（市）以上税务局直接使用时，应由本税务局局长批准并

加盖本税务局公章和批准人印章；到本县、地（市）以外使用时，还应加盖所在地的县、地（市）税务局公章。

（七）采用记录、录音、录像、照相和复制等方式收集与案件有关的情况及资料

税务违法是指税收法律关系主体的一方（纳税人）违反国家税法或因偷、抗税而触犯刑法的行为。对违反税法的纳税人必须追究其法律责任。税务机关对有关单位或群众检举揭发的问题或者税务人员查获的偷、抗税问题，经研究认为确实需要立案查办的，应及时立案审理。最高人民法院、最高人民检察院在《关于办理偷税、抗税刑事案件具体应用法律的若干问题的解释》的第五款、第六款、第七款、第八款中明确规定了对于偷税、抗税情节严重的情形，对其直接责任人应予立案。

税务机关对有关税务的违法案件，要组织力量认真核实，要查清其违反税法的事实经过，通过询问违法当事人、证人和勘查现场，落实违法的时间、地点、情节、数据及其造成的后果。在调查时，税务机关要以客观事实为依据，不能主观臆断、擅自取舍资料，更不能随意编凑资料。为了保证调查资料全面、系统、真实，使定案符合“事实清楚、证据确凿、定性准确、资料完备、处理恰当”的要求，防止由于资料的不确定而造成处理的失误，在调查过程中，税务人员可以采用记录、录音、录像、照相和复制等方式收集有关情况及资料。例如，税务人员可以对与违法当事人、证人的谈话进行录音，可以对违法现场进行拍照，可以对有关账册、凭证资料进行复制等。

税务机关在调查税务违法案件时，应注意采取各种方式收集与案件有关的情况和资料，以便如实反映客观事实，为依法公正地处理税务违法案件提供有力的法律证据。

（八）采取税收保全措施

《税收征管法》第三十八条规定，税务机关有根据认为从事生产经营的纳税人有逃避纳税义务行为的，可以在规定的纳税期之前，责令限期缴纳应纳税款；在限期内发现纳税人有明显的转移、隐匿其应纳税的商品、货物以及其他财产或者应纳税的收入的迹象的，税务机关可以责成纳税人提供纳税担保。如果纳税人不能提供纳税担保，经县以上税务局（分局）局长批准，税务机关可以采取税收保全措施。税收保全措施的目的是保证国家税款的及时、足额入库。

1. 税收保全措施的形式

（1）书面通知纳税人开户银行或者其他金融机构冻结纳税人的金额相当于应纳税款的存款。

（2）扣押、查封纳税人的价值相当于应纳税款的商品、货物或其他财产。

2. 适用税收保全措施的条件

（1）税收保全措施只适用于从事生产经营的纳税人。对非从事生产经营的纳税人，或对扣缴义务人和纳税担保人，不能适用税收保全措施。

（2）必须是有根据认为纳税人有明显的转移、隐匿其应纳税的商品、货物以及其他财产或应纳税收入等行为或迹象。

（3）必须是在规定的纳税期之前和责令限期缴纳的期限之内。对有逃避纳税义务行为

的纳税人，税务机关首先责令限期缴纳。在纳税期之后或在责令限期缴纳期满之后，税务机关强制纳税人履行纳税义务的行为是强制执行措施，而不是税收保全措施。

(4) 必须是在纳税人不肯或不能提供纳税担保的情况下。对在责令限期缴纳之前有逃避纳税义务的纳税人，税务机关应首先要求纳税人提供纳税担保，而不是直接采取税收保全措施。

(5) 实施税收保全措施，必须经县以上税务局（分局）局长批准。

3. 对采取税收保全措施的制约

(1)《税收征管法实施细则》第六十三条规定，税务机关执行扣押、查封商品、货物或者其他财产时，应当由两名以上税务人员执行，并通知被执行人。被执行人是自然人的，应当通知被执行人本人或者其成年家属到场；被执行人是法人或者其他组织的，应当通知其法定代表人或者主要负责人到场；拒不到场的，不影响执行。

(2) 税务机关在扣押商品、货物或者其他财产时，必须开付收据；在查封商品、货物或者其他财产时，必须开付清单。税务机关采取税收保全措施的期限一般不得超过 6 个月，重大案件需要延长的，应当报国家税务总局批准。

(3) 个人及其所扶养家属维持生活必需的住房和用品，不在税收保全措施的范围之内。机动车辆、金银饰品、古玩字画、豪华住宅或者一处以外的住房不属于个人及其所扶养家属维持生活必需的住房和用品。对单价在 5 000 元以下的其他生活用品，不采取税收保全措施。

(4)《税收征管法实施细则》第六十八条规定，纳税人在税务机关采取税收保全措施后，按照税务机关规定的期限缴纳税款的，税务机关应当自收到税款或者银行转回的完税凭证之日起 1 日内解除税收保全措施。

(5) 如果因税务机关采取税收保全措施不当而给纳税人造成实际损失，税务机关应负赔偿责任。

（九）施行税收强制执行措施

税收强制执行措施是指从事生产经营的纳税人以及扣缴义务人未按照规定的期限缴纳或者解缴税款，纳税担保人未按照规定的期限缴纳所担保的税款，由税务机关责令限期缴纳，逾期仍未缴纳的，经县以上税务局（分局）局长批准，税务机关采取法定的强制手段，强迫其履行义务的行为。

1. 税收强制执行措施的表现形式

(1) 书面通知其开户银行或者其他金融机构从其存款中扣缴税款。

(2) 扣押、查封、拍卖其价值相当于应纳税款的商品、货物或者其他财产，以拍卖所得抵缴税款。

2. 适用税收强制执行措施的条件

(1) 不仅适用于从事生产经营的纳税人，而且适用于扣缴义务人和纳税担保人。

(2) 对逾期不履行法定义务的纳税人等管理相对人，必须告诫在先、执行在后。也就是说，对纳税期满后仍不履行法定义务者，税务机关应先责令限期缴纳，对拒不缴纳者，方可适用税收强制执行措施。

（3）税收强制执行措施以保障纳税义务的全面、实际履行为目的。税务机关在采取税收强制执行措施前，应当报经县以上税务局（分局）局长批准。

（十）纳税人不得拒绝依法进行的纳税检查

税务机关在依法进行纳税检查时，被查当事人不得拒绝。《税收征管法》规定，纳税人、扣缴义务人必须接受税务机关依法进行的税务检查，如实反映情况，提供有关资料，不得拒绝、隐瞒。税务机关在依法进行税务检查时，有权向有关单位和个人调查纳税人、扣缴义务人和其他当事人与纳税或者代扣代缴、代收代缴税款有关的情况，有关单位和个人有义务向税务机关如实提供有关资料及证明材料。

二、检查人员要求

（一）出示税务检查证与税务检查通知书

税务机关派出人员在进行纳税检查时，应当出示税务检查证和税务检查通知书。纳税检查是一项政策性强、涉及面广的工作，具有一定的严肃性。税务人员在执行纳税检查任务时，应当出示由国家税务总局统一制定的税务检查证和税务检查通知书。如果税务人员未出示国家规定的税务检查证和税务检查通知书，则纳税人、扣缴义务人或其他被查当事人有权拒绝检查。

（二）为纳税人保守商业秘密

税务稽查人员有责任依法为被查对象的商业秘密、个人隐私、财产、商业信息、储蓄存款及其他有关情况保密，否则将会受到法律制裁。纳税人、扣缴义务人的税收违法行为不属于保密范围。

（三）税务稽查人员的回避情形

税务稽查人员有《税收征管法实施细则》第八条规定的回避情形的，应当回避。

回避情形包括：1）夫妻关系；2）直系血亲关系；3）三代以内旁系血亲关系；4）近姻亲关系；5）可能影响公正执法的其他利害关系。

《税务稽查案件办理程序规定》第八条规定：被查对象申请税务稽查人员回避或者税务稽查人员自行申请回避的，由稽查局局长依法决定是否回避。稽查局局长发现税务稽查人员具有规定回避情形的，应当要求其回避。稽查局局长的回避，由税务局局长依法审查决定。

（四）税务稽查人员应当遵守的工作纪律

税务稽查人员应当遵守工作纪律，恪守职业道德，不得有下列行为：

（1）违反法定程序、超越权限行使职权。

（2）利用职权为自己或者他人谋取利益。

（3）玩忽职守，不履行法定义务。

（4）泄露国家秘密、工作秘密，向被查对象通风报信、泄露案情。

(5) 弄虚作假，故意夸大或者隐瞒案情。

(6) 接受被查对象的请客送礼等影响公正执行公务的行为。

(7) 其他违法违纪行为。

税务稽查人员在执法办案中滥用职权、玩忽职守、徇私舞弊的，依照有关规定严肃处理；涉嫌犯罪的，依法移送司法机关处理。

税务稽查案件办理应当通过文字、音像等形式，对案件办理的启动、调查取证、审核、决定、送达、执行等进行全过程记录。

第三节　纳税检查的形式与方法

一、纳税检查的形式

纳税检查的政策性强、工作量大，纳税人的纳税态度、生产经营管理情况和财务会计制度各异，而且税收征管力量不足、管户较多，因此纳税检查要想取得较好的工作效果，必须采取一定的组织形式。纳税检查的组织形式是指采用什么样的组织形式进行纳税检查工作。纳税检查的组织形式没有固定模式，当前主要有三种：纳税人自查、税务机关专业检查与社会中介机构协查。

(一) 纳税人自查

纳税人自查是指在税务机关的组织指导下，纳税人按税法规定自行检查履行纳税义务情况的一种形式。一般做法是：税务机关和有关主管部门对纳税人提出自查提纲，明确自查的要求、项目和有关政策规定，由纳税人按自查提纲自行检查执行税法、财务会计制度的情况，主动揭露问题、纠正错误、补缴税款。

纳税人自查既有优点，也有缺点。纳税人自查的优点主要有：1) 大部分纳税单位的财务人员对本单位的核算业务较熟，比较了解并容易发现本单位在税款计算和纳税申报中存在的问题；2) 纳税人自查的过程也是学习国家税收法规的过程，能够提高纳税人自觉纳税的法律意识；3) 纳税人自查，可以节省时间，解决一些带有普遍性的问题，为税务机关进行专业检查奠定基础，大大节约税收的征收管理成本。纳税人自查的缺点主要有：1) 部分企业的财务人员对税收法规不够熟悉，因而查不深、查不透；2) 部分纳税人的纳税观念淡薄，从本单位利益出发，有可能隐瞒事实真相。

(二) 税务机关专业检查

税务机关专业检查是指税务机关组织专门的检查班子或由征管、检查人员直接进行的纳税检查形式，这是纳税检查的主要形式。税务机关专业检查可分为日常检查、专项检查和专案检查三种形式。

1. 日常检查

日常检查是指税务人员在日常征管工作中，对纳税人的生产经营情况、会计核算情况及纳税申报情况所进行的一种常规性检查。日常检查是税务机关贯彻国家税收法规、维护税收征管秩序、保证税收足额入库的基础性工作。

2. 专项检查

专项检查是针对特定行业或某类特定的纳税人所进行的重点检查形式。专项检查是在日常检查工作的基础上，根据行业及纳税人的特殊情况，在自己的管辖区内有目的地选择部分行业或部分纳税人进行检查。专项检查与日常检查相比，具有目标明确、重点突出、时间单一的特点。

3. 专案检查

专案检查是根据举报或日常检查、专项检查中发现的重大问题所进行的个案检查形式。专案检查有助于解决个别重大问题，是打击税收违法行为的重要手段。在检查组织形式上，除税务机关的人员外，必要时可联合工商、公安等部门进行联合检查。

（三）社会中介机构协查

社会中介机构是指依法成立的税务师事务所、会计师事务所、审计事务所等中介组织。社会中介机构对税收的检查主要有两种形式：一是纳税人对税收法规不熟悉或无时间办理具体纳税事项，特委托社会中介机构为其办理纳税事宜。社会中介机构应坚持客观公正的立场，对所承接的业务必须依法办事，否则要承担连带责任。因此，社会中介机构对其承接的业务都要进行监督检查，以保证其行为的合法性。二是税务机关委托社会中介机构协助进行部分专项检查和专案检查。由于社会中介机构的专业技术水平较高、在社会中的经济地位相对独立、检查质量好，因此委托其参与税务协查，能使税务机关的征管工作提高效率。

但是，社会中介机构的检查，不论委托者是纳税人还是税务机关，都不能完全替代税务机关的执法行为，只能在国家税收法规允许的范围内，并在税务机关的监督、指导下完成相关业务。

二、纳税检查的一般方法

纳税检查是一项依法办事、依率计征，并且技术水平要求较高的综合性监督管理工作。由于经济现象纷繁复杂，纳税人的偷税手段多种多样，因而税务机关很难通过一种检查方法彻底查清，达到检查的目的。但是，根据税收法规和财务制度的具体规定，纳税人在生产经营过程中的资金运动与产生的各种税收及所获取的利润都必须进行登记和会计核算。因此，税务机关对税收的检查就有了可靠的法规依据和基本方法。

（一）顺查法

顺查法是指查账的工作程序依照会计核算的顺序，从检查原始凭证入手，进而以原始凭证为依据，核对并检查记账凭证，再根据记账凭证核对和检查明细账、总分类账，最后根据明细账和总分类账检查会计报表的一种查账方法。由于顺查法多半为核对工作，故又称核对法。

顺查法的优点是比较细致全面，但缺点是工作量大、花费时间多。顺查法主要用于管理比较混乱、制度不是很健全、问题比较多的企业。

（二）逆查法

逆查法是指查账的工作程序与会计核算的顺序相反，从检查会计报表开始，由报表到账簿，再由账簿到凭证的一种检查方法。其特点是从报表开始，逐步追溯到会计凭证，考核会计报表中各项指标及其反映的经济内容的正确性、合法性。在采用这种方法时，对于原始凭证和记账凭证通常不全面加以检查，只是在税务机关认为对于某些账项和经济业务有必要进一步了解时，才查看原始凭证与记录，以探明其真实情况。

税务查账往往采用逆查法，这与税收征管工作从审核报表入手的顺序相适应。逆查法的优点是重点突出，省时省力；逆查法的缺点是，如果对报表分析得不周全，抓不住主要问题，则难以寻找和查清存在的问题。

（三）详查法

详查法，也称详细查法、精查法，是对被查企业在检查期内所有会计凭证、账簿和报表进行全面检查的一种方法。详查法的优点是查核比较系统全面，可从多方面发现问题，能查深、查透、查全；详查法的缺点是检查的内容多、范围广、工作量大，而且花费时间长、工作效率低。

详查法一般适用于账与账、账与表、账与物之间不符的科目或项目，产品的单位成本、成本项目发生升降幅度悬殊的情况，产值税金率、产值利润率等与生产的增减不相适应的情况。问题重大的企业单位和个人都可列为详查的对象，如专案审查的企业单位和个人，以及停业、歇业、结算的企业单位和个人。在采用详查法时，既可选用顺查法，又可选用逆查法。

（四）抽查法

抽查法，也称试验法，是将企业的账、表、凭证抽出一部分进行有目的的重点检查，以验证、判断其有无错误和弊端的一种检查方法。抽查法省时省力，但如果抽选的项目不准，则难以发现问题。抽查法一般是在掌握了一定情况或线索以及企业经常出差错时采用，在实际工作中可结合采用顺查法、逆查法。为了使抽查法取得较好的效果，在采用抽查法时，必须正确地确定抽查对象、抽查时间和抽查比例。抽查对象的确定应注意以下问题：

1. 依据纳税检查的目的确定抽查对象

在采用抽查法时，必须根据纳税检查的目的选择抽查的具体项目。例如，为了检查流转税的计算和缴纳情况，就应该选择“收入”“应交税费”类账户为抽查对象。为了检查所得税的计算和缴纳情况，除了选择上述项目外，还应选择一些成本、费用、损失类账户，落实和确定计税所得额。

2. 依据各个项目在检查内容中的地位确定抽查对象

纳税检查涉及的项目较多，在检查中应根据各个项目在检查内容中的主次地位决定抽查的具体科目。例如，销售收入额是计算增值税、消费税的计税依据，因而在查流转税时应作为一个抽查对象。又如，在成本费用中，材料耗用的比例较大，而材料管理比较繁杂、用途较多，容易发生差错，所以在核定所得额、计征所得税时应将材料成本的核算作为抽查对象。在具体的纳税检查过程中，大宗的、主要的、贵重的原材料应作为重点抽查对象。

3. 依据会计资料分析中出现的矛盾确定抽查对象

在分析财务会计报表及账册时发现的矛盾、疑点所涉及的科目应作为抽查对象。例如，账与账、账与表、账与物之间不符的科目或项目，产品的单位成本、成本项目发生升降幅度悬殊的情况，产值税金率、产值利润率等与生产的增减不相适应的情况，都可列为抽查对象。

4. 依据发生问题可能性的大小确定抽查对象

在纳税检查中应根据各个项目发生错漏税问题可能性的大小决定抽查对象。例如，流转税出现错漏税可能性较大的是销售额、税率、进项税额、销项税额、往来账项等，在检查时应把上述项目作为重点抽查对象。

5. 依据核算特点确定抽查对象的所属期间

在进行纳税检查时，应将审查时间划分为若干阶段，就其不连贯的月份进行抽查，同时注意各期变化较大的有关项目，成本、费用的变化一般是选偏高月份，而税金、利润则选偏低月份作为抽查期的重点。

6. 依据样本的代表性确定抽查的比例

抽查的比例应是抽查样本的代表性和工作量两个因素的最佳结合，抽查的比例应以全部被查账簿凭证的20%～40%为宜，过少不足以代表全部，过多则工作量较大。

在实际工作中，税务人员往往结合运用抽查法与详查法。一般选用抽查法，就其怀疑账项抽样验证，然后再以详查法确定问题所在，并在必要时扩大抽查范围，力求花费最少的时间和精力，获得最大的查账效果。

（五）联系查法

联系查法是根据复式记账原理，对会计凭证、账簿和报表有联系的地方，相互对照检查的一种方法，它有两种具体形式：一是账内联系检查；二是账外联系检查。

1. 账内联系检查

账内联系检查是根据复式记账原理、会计科目的对应关系以及账与账、账与表、账与证、账与实物之间的相互制约关系进行的纳税检查。其方式通常是相关因素之间的相互核对，核对的主要内容包括：

（1）核对经济业务会计科目之间的对应关系。会计科目核算的内容及科目之间的对应关系在会计制度中均有明确的规定，企业时有混淆科目之间对应关系的现象发生。在进行纳税检查时，税务人员可根据经济业务发生的具体内容，核对其会计科目之间的对应关系是否符合会计原理，有无乱用科目的问题。例如，制造业企业“产成品”账户的贷方发生额通常应与“产品销售成本”“待处理财产损益”“分期发出商品”等账户对应。若发现“产成品”账户的贷方发生额的对应账户是“银行存款”“现金”等，说明企业有漏报、瞒报销售收入和逃避税收的行为。

(2) 核对账与表、账与账、账与证、账与实物之间的对应关系。在纳税检查中可按照账与表、账与账、账与证、账与实物之间的相互关联关系，对纳税人的经济业务加以核对，以发现逃避税的疑点和线索。在税务查账中经常采用“多查、多对、多看”等方法，例如：

一查经营收入，核对纳税申报表，查看应税收入有无错报、漏报。

二查盘存表，核对保管账，查看库存物资有无错算、漏记。

三查委托加工，核对仓库结存，查看加工产品有无错记、漏盘。

四查月初销售发票，核对上期产品盘存，查看完工产品有无漏盘、少盘。

五查基建自制设备，核对主要材料消耗，查看有无乱挤成本。

六查固定资产折旧，核对提取的折旧额，查看有无多提、少提折旧费。

七查待摊预提费用，核对摊提的标准和内容，查看有无多提、多摊。

八查产品成本，核对核算依据，查看料工费的汇总与分配是否适当。

九查应收应付款项，核对往来单位，查看有无应结转而未结转的收入或不正当经营和虚构往来单位。

十查营业外支出，核对原始凭证，查看有无乱支、乱提现象。

2. 账外联系检查

账外联系检查是指对企业内部的账务记录与企业外部有关单位的账务之间有联系的问题进行检查。由于企业的生产经营情况较为复杂，有些问题仅通过企业的账内联系检查还不能得到落实，此时就必须通过账外联系检查，做到账内与账外相结合，才能查得准、查得细。例如，对于委托加工业务，就需要到受托方或委托方查对有关的数据，具体可采取派人或发函外调两种形式进行。

(六) 侧面检查法

侧面检查法是根据平时掌握的侧面资料或有关人员反映的情况，对企业账簿记录进行审核的一种检查方法。侧面检查法能够发现企业和有关人员弄虚作假、隐瞒真相、巧立名目、私分财物、逃避缴纳税款的行为。这种方法要求检查人员掌握一定情况，要善于思索、机动灵活。如果这种方法运用得好，就能发现隐藏较深的问题，从而提高检查的质量。

(七) 比较分析法

比较分析法是通过对企业的报表资料或账面资料与企业的历史资料、计划指标或同类型企业的同一指标进行对比分析，从中发现问题的一种检查方法，也就是通过可比数字的比较来分析增减变化是否合理，从而判断会计资料是否正确，是否存在问题。比较分析法主要包括绝对数比较法和相对数比较法两种形式。

1. 绝对数比较法

绝对数比较法是直接以数量、单价和金额进行比较的分析方法，它通过对数字大小的比较来判断其是否合理、合法；也可以把近期的有关数字列出，观察其发展变化的趋势。

2. 相对数比较法

相对数比较法是先计算有关数据的百分比或比率，然后进行比较分析的一种方法。通过相对数比较法，不仅可以进行现象之间的联系分析，而且可以为一些不能直接对比的指标找到共同的比较基础。

运用比较分析法，就是通过相关值或项目的比较，观察其差异点，分析产生差异的原因及有无不规则的变化，确定可能存在的问题。

3. 运用比较分析法应注意的问题

（1）在进行比较分析前，应对用于比较分析的被查项目的有关资料所涉及内容的正确性予以确认。

（2）运用比较分析法的各项目之间必须具有可比性。

（3）比较的内容是由比较目的确定的，而且这种目的是预定的，不是随机的。

（4）比较分析法是在税务查账中普遍使用的一种辅助性方法，它可用于其他各种查账方法。运用比较分析法，只能提供疑点，得到的是一种抽象的、相对的检查结果，因此要在检查中具体定案，还需要用其他查账方法加以分析、验证和核实。

（八）控制计算法

控制计算法是用有逻辑关系的核定数据资料与账面数据进行核对，检查账面数据是否正确的一种检查方法。虽然控制计算法具有一定的科学依据，但用它查出的问题不能作为逃避税的定案依据，若要定案，还必须进行查证并逐项落实。控制计算法的具体操作方法主要包括以下几个方面：

1. 以存核销

按照企业本期产品的生产数量，加上期初库存数，减去期末库存数，用以验证销售数量是否正确。例如，已知某电视机厂月初结转电视机 200 台，本月生产完工电视机 500 台，月末结存电视机 100 台，核定本月销售的电视机数量应为 600 台。

本月销售数量＝月初结转数量＋本月完工数量－月末结存数量

2. 以耗计产

根据主要原材料的消耗，用计划定额消耗量计算出应生产的产品数量，用以验证产品数量和销售数量是否正确。这种方法对一些账证不全的小型企业比较适用。

3. 以产定耗

根据企业测定的单位产品的原材料消耗定额，按实际产品数量测算出原材料应消耗数量，用以验证原材料实际消耗的真实性。

4. 以支计销

以支计销也称保本计算法。对于一些无账或账证不全的小型企业来说，其销售收入往往申报不实，对这些纳税人除了采取源泉控制、进货报验、突击抽查等方法进行检查外，还可以通过企业保本费用支出数，按平均毛利率倒算其销售收入。

运用控制计算法应注意的问题：

（1）对需要分析的事项或目标，必须先进行复核，确保其正确性且符合会计核算原理。

（2）对需要分析的事项或目标，必须建立事项分析的数学模型，其关键在于确定分析事项或目标之间是否存在内在的依存关系。如果不存在相互依存关系，则运用控制计算法进行审查不可能达到预期目标。

(3) 用于计算和测算的数学模型（关系式）必须科学，在计算过程中也要进行认真演算和复核，以防结果有误而导致分析判断失误，从而影响检查结论的正确性。

(4) 为了提高控制计算法运用的正确性和工作效率，在确定进行审查前，检查人员必须了解企业的生产经营常识、被审查事项或目标的特点和内在关系，掌握企业的会计核算过程和规律，否则很难达到预期目标。

第四节 纳税检查的基本程序

纳税检查的基本程序是指从确定检查对象开始，到检查实施、案件审理、执行处理决定的过程。纳税检查的各个环节实行分工制约原则，从而形成了相互合作、相互制约、彼此促进的运行机制，可以保证准确有效地完成纳税检查任务。

纳税检查是一项政策性要求强、技术性要求高的工作。在实际工作中，除了要掌握一般的技术方法外，还要按照一定的程序，有目的、有计划、有步骤地进行。

一、纳税检查对象的确定、立案程序与选案管理

（一）纳税检查对象的确定

纳税检查对象的确定，是指按照纳税检查计划范围、工作目标以及税务违法案源线索，对检查对象的选择和确立。科学、准确地确定纳税检查对象，有利于保证纳税检查的客观公正，提高纳税检查的质量和效益，促进纳税检查计划目标的顺利实现。

纳税检查对象的确定方法主要有以下几种：

1. 计算机选案

计算机选案是指将具有普遍意义的人工纳税检查经验标准化和数据化，根据计算机系统中的数据资料进行分析、对比、排列和组合，从中发现异常或发出警报，列出纳税检查的重点对象。

2. 随机抽查

随机抽查是指按照概率来抽取纳税检查对象，其主要方式有简单随机抽样、等距抽样、分层抽样、整体抽样和多层次抽样等。随机抽查的显著特点是：遵守机会均等原则，可以从数量上推断总体。

3. 检举、转办、情报交换

该方法主要是根据从群众举报、有关部门转办、上级交办或督办、情报交换等途径获取的税务违法案源线索确定纳税检查对象。

在确定纳税检查对象后，均应分类建立纳税检查实施台账，跟踪考核纳税检查计划的

执行情况。稽查局应当统筹安排检查工作，严格控制对纳税人、扣缴义务人的检查次数。

（二）纳税检查立案程序

税务机关通过对纳税人的检查监督，发现纳税人、扣缴义务人及其他公民、组织实施了税务违法行为，或者通过受理公民的申诉、控告、举报以及通过其他信息渠道获悉行政管理相对方实施了税务违法行为，经初步判明税务违法程度达到规定标准的，应当立案。

立案一般要具备几个条件：一是有一定的税务违法事实；二是有明确的税务违法行为当事人；三是依法应当或者需要追究其法律责任；四是属于税务机关的管辖范围。根据《税务稽查案件办理程序规定》和《国务院关于印发〈税务稽查案源管理办法（试行）〉的通知》的相关规定，发现有税收违法嫌疑的，应当确定为待查对象。

（1）在待查对象确定后，由案源部门填制《税务稽查立案审批表》，附有关资料，经稽查局局长批准后立案检查。必要时，依照法律法规的规定，稽查局可以在立案前进行检查。

（2）税务局相关部门移交的税收违法信息，稽查局经筛选未立案检查的，应当及时告知移交信息的部门；若移交信息的部门仍认为需要立案检查，经所属税务局领导批准后，由稽查局立案检查。

（3）对上级税务机关指定和税收专项检查安排的检查对象，应当立案检查。

（4）经批准立案检查的，由案源部门制作《税务稽查任务通知书》，连同有关资料一并移交检查部门。

（三）纳税检查选案管理

纳税检查选案管理包括三个方面：

（1）建立案源信息档案。案源部门在确定稽查对象后，应对税收违法案件查处情况进行跟踪管理，对所获取的案源信息实行分类管理。案源信息是指税务局在税收管理中形成的，以及外部相关单位、部门或者个人提供的纳税人、扣缴义务人和其他涉税当事人（以下简称“纳税人”）的税收数据、信息和违法行为线索。

案源信息主要包括：

1）纳税人自行申报的税收数据和信息，以及税务局在税收管理过程中形成的税务登记、发票使用、税收优惠、资格认定、出口退税、企业财务报表等涉税数据和信息。

2）税务局风险管理等部门在风险分析和识别工作中发现并推送的高风险纳税人风险信息。

3）上级党委、政府、纪检监察等单位和上级税务机关（以下统称“上级机关”）通过督办函、交办函等形式下发的督办、交办任务提供的税收违法线索。

4）检举人提供的税收违法线索。

5）受托协查事项形成的税收违法线索。

6）公安、检察、审计、纪检监察等外部单位以及税务局督察内审、纪检监察等部门提供的税收违法线索。

7）专项情报交换、自动情报交换和自发情报交换等过程中形成的国际税收情报信息。

8）稽查局执法过程中形成的案件线索、处理处罚等税务稽查数据。

9）政府部门和社会组织共享的涉税信息以及税务局收集的社会公共信息等第三方信息。

10）其他涉税数据、信息和税收违法线索。

（2）建立税收违法案件举报中心。国家税务总局和各级税务局在稽查局应设立举报受理部门（以下简称“举报受理部门”），负责接收书信、来访、互联网、传真等形式的检举线索。12366纳税服务热线举报专岗负责接收的电话形式的检举线索，应填制举报工单后移交举报受理部门进一步处理。对单位和个人实名检举税收违法行为并经查实，为国家挽回税收损失的，根据其贡献大小，依照国家税务总局有关规定给予相应奖励。

案源部门对收集的案源信息进行识别和判断，根据案源类型、纳税人状态、线索清晰程度、税收风险等级等因素，进行退回或者补正、移交税务局相关部门、暂存待查、调查核实（包括协查）、立案检查等分类处理。案源部门对案源信息进行识别判断，提出拟处理意见，填写《税务稽查案源审批表》，经稽查局负责人批准后处理。

（3）稽查局应当按照风险管理要求，对案源处理结果进行跟踪反馈和统计分析，实现案源闭环管理。稽查局相关部门应当及时将案源处理结果填写《案源处理结果反馈单》，归集到案源部门。

（4）案源部门负责按照年度工作任务和计划的要求，从案源信息的收集、案源的分类处理和立案分配、案源处理结果的使用等方面，对立案检查案源的分布区域、所属行业、企业规模、经济性质、税收违法类型、查补入库税额等情况定期进行统计分析。

（5）稽查局要通过对稽查结果的统计分析和典型案例剖析，查找税收管理薄弱环节，并就完善税收政策和加强管理等方面提出意见和建议。

二、纳税检查实施

（一）纳税检查实施的概念与作用

纳税检查实施是指检查人员按照税收法律、法规、规章及检查方案所确定的检查范围、种类、方式和内容等要求，依据检查标准，采取科学有效的方法，有目标、有步骤地进行检查的实务操作活动。

纳税检查实施是对被检查单位和个人进行检查、取证、分析及综合评价的过程，也是将检查方案付诸实施并取得预期效果，进而完成检查任务的过程，它是全部检查程序中最实质、最重要的阶段。纳税检查实施的作用主要表现在：

（1）纳税检查方案的具体落实。

（2）纳税检查监督权的体现。

（3）实现纳税检查目标的重要手段。

（4）决定纳税检查质量的关键。

（二）纳税检查实施前的准备工作

1. 下达检查通知

税务机关和检查人员在实施纳税检查前，除公民举报或者税务机关有根据认为纳税人有税务违法行为，或者预先通知有碍检查及另有规定外，应当提前以书面形式通知被查对象，向被查单位和个人下达《税务检查通知书》，告知其检查时间及需要准备的资料、情况等。

2. 工作准备

检查人员在实施纳税检查前，应当调阅被查对象的纳税档案，了解其生产经营状况、财务会计制度或者财务会计处理办法，熟悉相关的税收法律、法规，确定相应的检查方法。

为了有计划、有目的地进行纳税检查，使检查工作收到事半功倍的效果，必须做好以下准备工作：

(1) 整理掌握被查企业的纳税档案资料。纳税档案资料反映企业的基本情况。在下户检查前，检查人员对平时企业报送的各种报表，如纳税申报表，会计年、季、月报表（包括物资盘存报告表、应收应付款明细表等），以及税务管理人员平时登记掌握的征管资料，如缴款书存根、纳税鉴定、减免税审批表、纳税检查记录、征管台账和人们的来信、来访记录等，都应按时序加以归纳整理，看是否齐全，有无短缺现象。

(2) 分析被查企业的生产经营及纳税情况。企业生产经营情况的变化直接影响企业的经济效益和纳税的多少。在下户检查前，检查人员一般要分析掌握三方面的情况：

第一，企业的生产经营情况。检查人员在熟悉企业基本情况的基础上，进一步分析企业的生产经营情况，比如企业的经营规模、经营范围、产品品种、应税项目、产品销售等情况，包括历史的、现在的情况，看有无变化，是否发生新情况、新问题。

第二，企业管理情况。检查人员应了解企业的计划管理、物资管理、资金管理、定额管理、班组管理制度的建立和落实情况。

第三，财务基本情况。检查人员应了解企业对财会制度的贯彻执行情况，账册设立和成本核算情况，原材料、产成品的计价办法，工资制度、盘点制度的执行情况。

(3) 熟悉掌握税收政策、法令和财务会计规定。纳税检查要以事实为依据，以法律为准绳，国家的税收政策、法规和财务会计制度是进行纳税检查的法律依据。在下户检查前，检查人员必须对有关税收法规、财务会计制度进行认真学习和准确领会，特别要结合被查企业的实际，深入理解有关的法规和单项规定，尤其要注意新规定，进行具体学习，以便做到心中有标准、检查有依据，提高政策业务水平和处理问题的能力。

(4) 静态分析会计报表。分析会计报表是在纳税检查前进行准备工作的一项主要内容和首要环节。通过审查分析，检查人员可以了解企业核算、资金、成本、利润等状况以及存在的问题，从中发现薄弱环节，进而揭露矛盾、提出疑点，为纳税检查提供线索。

(5) 拟定检查提纲。检查人员在学习税收法规、整理纳税资料、分析疑问等一系列准备工作后，有必要拟定检查提纲，在提纲中要明确指导思想、目的、要求、方法、步骤、重点项目，同时明确每个人的工作范围和任务，以保证纳税检查有计划、有步骤地进行。

3. 依法回避

如果检查人员是被查当事人的近亲属（系指夫、妻、父、母、子、女、同胞兄弟姊妹），或者与被查当事人有利害关系，或者与被查当事人有其他关系，可能存在影响公正执法的情形之一的，应当回避。回避可由当事人提出，也可由检查人员主动要求。回避旨在保证纳税检查行为的公正性。

（三）纳税检查的具体实施

实施纳税检查的必要步骤是调查取证，税务机关必须先调查取证，再决定如何处理。调查取证大致由调查和取证两个阶段构成，此外，还包括为保证调查取证顺利进行而采取一定强制措施的步骤。调查（即了解情况）是检查人员依照法定权限和法定程序向被查对象、证人及利害关系人了解与检查事项有关的问题和情况的活动。调查可以询问当事人，也可以询问证人。取证（即搜集证据）是指检查人员依法进行搜集证据的活动。具体说来，取证包括提取和索取物证、书证，进行实物检查或者实地检查等。调查必须严格遵循法定程序，出示统一制发的纳税检查证。虽然调查与取证的范围不同、行为方式各异，但在纳税检查办案中，取证寓于调查之中，调查对取证起着向导作用；取证是调查结果的提取与锁定。因此，调查与取证是一个密不可分的整体。根据对象的不同，纳税检查实施有如下具体方式：

（1）宣传税法，争取支持。虽然纳税检查工作由检查人员负责进行，但仍需取得被查企业的领导和财务人员的支持及配合。因此，检查人员在开展纳税检查前，首先，应主动向被查单位领导和财务负责人说明来意，积极宣传税收法规，表示希望领导和有关人员大力配合、协助搞好纳税检查工作；然后，应提出检查要求，统一思想认识，争取企业的配合和协助，以利查账工作顺利开展。与此同时，检查人员要细心听取企业领导或财务负责人对企业情况的介绍，以便及时修订或补充检查提纲，使查账的工作方向更加明确。

（2）检查账、证，做好记录。查账是指对纳税人、扣缴义务人的账簿、凭证、报表等有关资料进行审查。检查账簿、凭证、报表等有关资料是税务查账必不可少的环节。会计账证是对企业进行税务查账的重要依据，企业的生产经营活动和纳税情况都是通过账、证反映出来的。

在查账过程中，检查人员应当制作税务稽查工作底稿，记录案件事实，归集相关证据资料，并签字、注明日期。凡有疑问的地方，不能轻易放过。对有问题的账页、凭证要进行复制，并做好查账记录，以做到对问题有充分的证据说明，避免重复劳动或反复翻阅账册凭证。在纳税检查中发现的问题，检查人员应针对其性质，对照税收政策和财务制度，反复查证核实，做到有根有据，把问题查得一清二楚。与此同时，检查人员要注意保密，对查出的问题不能不拘场合随意扩散。

（3）了解实情，账外调查。在纳税检查的过程中，除了要检查纳税人的账、证外，检查人员还要深入企业有关部门，亲自向管理人员了解生产经营、财务管理、经济核算和纳税情况，从中摸清基本情况，发现新的矛盾或线索。与此同时，检查人员还要到生产车间、材料仓库、成品仓库、基建工地，实地观察与了解生产流程、产品性能、材料结构、生产设备、物资管理和基建施工等具体情况，以便查核落实问题。

（4）由点到面，异地协查。异地协查是指委托其他地区的税务机关就税务违法案件及其他检查事项进行协助调查。在市场经济体制下，商品流通范围广泛，纳税人的经营项目多样，经济活动遍布各地，为了有效地节约税收成本，异地协查是纳税检查中经常采用的有效方法。

(5) 特殊对象，特别调查。特别调查是指对金融、军工、部队、尖端科技等需要保密的特殊检查对象，按照特别程序进行调查。

(6) 对采用电子信息系统进行管理和核算的被查对象，检查人员可以要求其打开该电子信息系统，或者提供与原始电子数据、电子信息系统技术资料一致的复制件。被查对象拒不打开或者拒不提供的，经稽查局局长批准，可以采用适当的技术手段对该电子信息系统进行直接检查，或者提取、复制电子数据进行检查，但所采用的技术手段不得破坏该电子信息系统的原始电子数据，或者影响该电子信息系统正常运行。

(7) 检查应当依照法定权限和程序收集证据材料。收集的证据必须经查证属实，并与证明事项相关联。

不得以下列方式收集、获取证据材料：

1) 严重违反法定程序收集。

2) 以违反法律强制性规定的手段获取且侵害他人合法权益。

3) 以利诱、欺诈、胁迫、暴力等手段获取。

(8) 调取账簿、记账凭证、报表和其他有关资料时，应当向被查对象出具调取账簿资料通知书，并填写调取账簿资料清单交其核对后签章确认。

调取纳税人、扣缴义务人以前会计年度的账簿、记账凭证、报表和其他有关资料的，应当经县以上税务局局长批准，并在3个月内完整退还；调取纳税人、扣缴义务人当年的账簿、记账凭证、报表和其他有关资料的，应当经设区的市、自治州以上税务局局长批准，并在30日内退还。

退还账簿资料时，应当由被查对象核对调取账簿资料清单，并签章确认。

(9) 需要提取证据材料原件的，应当向当事人出具提取证据专用收据，由当事人核对后签章确认。对需要退还的证据材料原件，检查结束后应当及时退还，并履行相关签收手续。需要将已开具的纸质发票调出查验时，应当向被查验的单位或者个人开具发票换票证；需要将空白纸质发票调出查验时，应当向被查验的单位或者个人开具调验空白发票收据。经查无问题的，应当及时退还，并履行相关签收手续。

提取证据材料复制件的，应当由当事人或者原件保存单位（个人）在复制件上注明“与原件核对无误”及原件存放地点，并签章。

(10) 询问应当由两名以上检查人员实施。除在被查对象生产、经营、办公场所询问外，应当向被询问人送达询问通知书。

询问时应当告知被询问人有关权利义务。询问笔录应当交被询问人核对或者向其宣读；询问笔录有修改的，应当由被询问人在改动处捺指印；核对无误后，由被询问人在尾页结束处写明“以上笔录我看过（或者向我宣读过），与我说的相符”，并逐页签章、捺指印。被询问人拒绝在询问笔录上签章、捺指印的，检查人员应当在笔录上注明。

(11) 当事人、证人可以采取书面或者口头方式陈述或者提供证言。当事人、证人口头陈述或者提供证言的，检查人员应当以笔录、录音、录像等形式进行记录。笔录可以手写或者使用计算机记录并打印，由当事人或者证人逐页签章、捺指印。

当事人、证人口头提出变更陈述或者证言的，检查人员应当就变更部分重新制作笔录，注明原因，由当事人或者证人逐页签章、捺指印。当事人、证人变更书面陈述或者证言的，变更前的笔录不予退回。

(12) 制作录音、录像等视听资料的，应当注明制作方法、制作时间、制作人和证明对象等内容。

调取视听资料时，应当调取有关资料的原始载体；难以调取原始载体的，可以调取复制件，但应当说明复制方法、人员、时间和原件存放处等事项。

对声音资料，应当附有该声音内容的文字记录；对图像资料，应当附有必要的文字说明。

(13) 以电子数据的内容证明案件事实的，检查人员可以要求当事人将电子数据打印成纸质资料，在纸质资料上注明数据出处、打印场所、打印时间或者提供时间，注明“与电子数据核对无误”，并由当事人签章。

需要以有形载体形式固定电子数据的，检查人员应当与提供电子数据的个人、单位的法定代表人或者财务负责人或者经单位授权的其他人员一起将电子数据复制到存储介质上并封存，同时在封存包装物上注明制作方法、制作时间、制作人、文件格式及大小等，注明“与原始载体记载的电子数据核对无误”，并由电子数据提供人签章。

收集、提取电子数据，检查人员应当制作现场笔录，注明电子数据的来源、事由、证明目的或者对象，提取时间、地点、方法、过程，原始存储介质的存放地点以及对电子数据存储介质的签封情况等。进行数据压缩的，应当在笔录中注明压缩方法和完整性校验值。

(14) 检查人员实地调查取证时，可以制作现场笔录、勘验笔录，对实地调查取证情况予以记录。

制作现场笔录、勘验笔录，应当载明时间、地点和事件等内容，并由检查人员签名和当事人签章。

当事人经通知不到场或者拒绝在现场笔录、勘验笔录上签章的，检查人员应当在笔录上注明原因；如有其他人员在场，可以由其签章证明。

(15) 检查人员异地调查取证的，当地税务机关应当予以协助；发函委托相关稽查局调查取证的，必要时可以派人参与受托地稽查局的调查取证，受托地稽查局应当根据协查请求，依照法定权限和程序调查。

需要取得境外资料的，稽查局可以提请国际税收管理部门依照有关规定程序获取。

(16) 查询从事生产、经营的纳税人、扣缴义务人存款账户，应当经县以上税务局局长批准，凭检查存款账户许可证明向相关银行或者其他金融机构查询。

查询案件涉嫌人员储蓄存款的，应当经设区的市、自治州以上税务局局长批准，凭检查存款账户许可证明向相关银行或者其他金融机构查询。

(17) 被查对象有下列情形之一的，依照税收征管法和税收征管法实施细则有关逃避、拒绝或者以其他方式阻挠税务检查的规定处理：

1) 提供虚假资料，不如实反映情况，或者拒绝提供有关资料的。

2) 拒绝或者阻止税务机关记录、录音、录像、照相和复制与案件有关的情况和资料的。

3）在检查期间转移、隐匿、销毁有关资料的。

4）有不依法接受税务检查的其他情形的。

（18）有下列情形之一，致使检查暂时无法进行的，经稽查局局长批准后，中止检查：

1）当事人被有关机关依法限制人身自由的。

2）账簿、记账凭证及有关资料被其他国家机关依法调取且尚未归还的。

3）与税收违法行为直接相关的事实需要人民法院或者其他国家机关确认的。

4）法律、行政法规或者国家税务总局规定的其他可以中止检查的。

中止检查的情形消失，经稽查局局长批准后，恢复检查。

（19）有下列情形之一，致使检查确实无法进行的，经稽查局局长批准后，终结检查：

1）被查对象死亡或者被依法宣告死亡或者依法注销，且有证据表明无财产可抵缴税款或者无法定税收义务承担主体的。

2）被查对象税收违法行为均已超过法定追究期限的。

3）法律、行政法规或者国家税务总局规定的其他可以终结检查的。

（20）检查结束前，检查人员可以将发现的税收违法事实和依据告知被查对象。

被查对象对违法事实和依据有异议的，应当在限期内提供说明及证据材料。被查对象口头说明的，检查人员应当制作笔录，由当事人签章。

三、纳税检查审理

（一）纳税检查审理的概念

纳税检查审理是税务机关及其专门机构按照分工职责，在查明案件事实的基础上，依法对纳税人、扣缴义务人或者其他当事人是否有违法行为、是否处以行政处罚、应作出何种处罚的审查判断过程。

（二）纳税检查审理的作用

1. 形成自我约束机制，保证纳税检查职能的充分发挥

在纳税检查过程中实行调查与审理分离，建立审理制度，设立审理机构，配备审理人员，可使调查与审理在分工上形成互相联系、互相制约、彼此促进的关系，从而建立起有效的自我约束机制，保证纳税检查机构正常履行职能，实现检查目标。

2. 促进检查人员认真履行职责，提高执法办案效率

通过纳税检查审理，可以对检查人员的检查过程和检查结果进行审查、监督与评价，促使检查人员增强责任感，认真履行职责，不断提高自身素质和工作效率。

3. 规范纳税检查具体行政行为，减少或避免行政复议和诉讼

通过纳税检查审理，能够防止、发现和纠正纳税检查工作中的偏差、错误及违法问题。通过必要的把关，尽可能地把容易引起争议的问题解决在事前、事中的审理阶段，尽量减少或避免行政复议、诉讼的发生。

4. 有利于统一纳税检查的执法标准，提高检查执法的专业化水平

实行纳税检查审理制度，对于有关案件的定性与处理内容统一进行审核，可以统一执

法标准，保证定性准确、处理恰当，防止出现主观臆断、随意定性、处理畸轻畸重等现象，提高检查执法的专业化水平。

（三）纳税检查审理的内容

（1）根据《税务稽查案件办理程序规定》的相关规定，案件审理应当着重审核以下内容：

1）执法主体是否正确。

2）被查对象是否准确。

3）税收违法事实是否清楚，证据是否充分，数据是否准确，资料是否齐全。

4）适用法律、行政法规、规章及其他规范性文件是否适当，定性是否正确。

5）是否符合法定程序。

6）是否超越或者滥用职权。

7）税务处理、处罚建议是否适当。

8）其他应当审核确认的事项或者问题。

（2）有下列情形之一的，应当补正或者补充调查：

1）被查对象认定错误的。

2）税收违法事实不清、证据不足的。

3）不符合法定程序的。

4）税务文书不规范、不完整的。

5）其他需要补正或者补充调查的。

（四）拟对被查对象或者其他涉税当事人作出税务行政处罚

拟对被查对象或者其他涉税当事人作出税务行政处罚的，应当向其送达税务行政处罚事项告知书，告知其依法享有陈述、申辩及要求听证的权利。

（1）税务行政处罚事项告知书应当包括以下内容：

1）被查对象或者其他涉税当事人姓名或者名称、有效身份证件号码或者统一社会信用代码、地址。没有统一社会信用代码的，以税务机关赋予的纳税人识别号代替。

2）认定的税收违法事实和性质。

3）适用的法律、行政法规、规章及其他规范性文件。

4）拟作出的税务行政处罚。

5）当事人依法享有的权利。

6）告知书的文号、制作日期、税务机关名称及印章。

7）其他相关事项。

（2）被查对象或者其他涉税当事人可以书面或者口头提出陈述、申辩意见。对当事人口头提出陈述、申辩意见，应当制作陈述申辩笔录，如实记录，由陈述人、申辩人签章。

应当充分听取当事人的陈述、申辩意见；经复核，当事人提出的事实、理由或者证据成立的，应当采纳。

（3）被查对象或者其他涉税当事人按照法律、法规、规章要求听证的，应当依法组织听证。

听证依照国家税务总局有关规定执行。

（4）经审理，区分下列情形分别作出处理：

1）有税收违法行为，应当作出税务处理决定的，制作税务处理决定书。

2）有税收违法行为，应当作出税务行政处罚决定的，制作税务行政处罚决定书。

3）税收违法行为轻微，依法可以不予税务行政处罚的，制作不予税务行政处罚决定书。

4）没有税收违法行为的，制作税务稽查结论。

税务处理决定书、税务行政处罚决定书、不予税务行政处罚决定书、税务稽查结论引用的法律、行政法规、规章及其他规范性文件，应当注明文件全称、文号和有关条款。

（五）纳税检查审理终结

审理部门区分情形分别作出处理

（1）有税收违法行为，应当作出税务处理决定的，制作税务处理决定书。

税务处理决定书应当包括以下主要内容：

1）被查对象姓名或者名称、有效身份证件号码或者统一社会信用代码、地址。没有统一社会信用代码的，以税务机关赋予的纳税人识别号代替。

2）检查范围和内容。

3）税收违法事实及所属期间。

4）处理决定及依据。

5）税款金额、缴纳期限及地点。

6）税款滞纳时间、滞纳金计算方法、缴纳期限及地点。

7）被查对象不按期履行处理决定应当承担的责任。

8）申请行政复议或者提起行政诉讼的途径和期限。

9）处理决定书的文号、制作日期、税务机关名称及印章。

（2）有税收违法行为，应当作出税务行政处罚决定的，制作税务行政处罚决定书。

税务行政处罚决定书应当包括以下主要内容：

1）被查对象或者其他涉税当事人姓名或者名称、有效身份证件号码或者统一社会信用代码、地址。没有统一社会信用代码的，以税务机关赋予的纳税人识别号代替。

2）检查范围和内容。

3）税收违法事实、证据及所属期间。

4）行政处罚种类和依据。

5）行政处罚履行方式、期限和地点。

6）当事人不按期履行行政处罚决定应当承担的责任。

7）申请行政复议或者提起行政诉讼的途径和期限。

8）行政处罚决定书的文号、制作日期、税务机关名称及印章。

（3）税收违法行为轻微，依法可以不予税务行政处罚的，制作不予税务行政处罚决定书。

不予税务行政处罚决定书应当包括以下主要内容：

1）被查对象或者其他涉税当事人姓名或者名称、有效身份证件号码或者统一社会信用代码、地址。没有统一社会信用代码的，以税务机关赋予的纳税人识别号代替。

2）检查范围和内容。

3）税收违法事实及所属期间。

4）不予税务行政处罚的理由及依据。

5）申请行政复议或者提起行政诉讼的途径和期限。

6）不予行政处罚决定书的文号、制作日期、税务机关名称及印章。

（4）没有税收违法行为的，制作税务稽查结论。

税务稽查结论应当包括以下主要内容：

1）被查对象姓名或者名称、有效身份证件号码或者统一社会信用代码、地址。没有统一社会信用代码的，以税务机关赋予的纳税人识别号代替。

2）检查范围和内容。

3）检查时间和检查所属期间。

4）检查结论。

5）结论的文号、制作日期、税务机关名称及印章。

稽查局应当自立案之日起90日内作出行政处理、处罚决定或者无税收违法行为结论。案情复杂需要延期的，经税务局局长批准，可以延长不超过90日；特殊情况或者发生不可抗力需要继续延期的，应当经上一级税务局分管副局长批准，并确定合理的延长期限。但下列时间不计算在内：

（1）中止检查的时间。

（2）请示上级机关或者征求有权机关意见的时间。

（3）提请重大税务案件审理的时间。

（4）因其他方式无法送达，公告送达文书的时间。

（5）组织听证的时间。

（6）纳税人、扣缴义务人超期提供资料的时间。

（7）移送司法机关后，税务机关需根据司法文书决定是否处罚的案件，从司法机关接受移送到司法文书生效的时间。

税收违法行为涉嫌犯罪的，填制涉嫌犯罪案件移送书，经税务局局长批准后，依法移送公安机关，并附送以下资料：

（1）涉嫌犯罪案件情况的调查报告。

（2）涉嫌犯罪的主要证据材料复制件。

（3）其他有关涉嫌犯罪的材料。

四、税务处理决定执行

（一）税务处理决定执行的概念

税务处理决定执行是指将发生法律效力的税务处理决定付诸实施的活动。这是在纳税检查程序中的最后一个阶段，也是完成纳税检查任务、使税法得以真正实施的重要环节。

（二）税务处理决定执行的程序

税务执行人员在接到经批准的税务处理决定书后，填制税务文书送达回证，按照《税收征管法实施细则》及有关法律、法规、规章关于文书送达的规定，将税务处理决定书送达被查对象，并监督其执行。

税务文书送达必须按照法定的程序和方式进行，才能产生预期的法律后果，保证税务案件的正确、及时解决。根据税务案件的不同情况，《税收征管法实施细则》规定了不同的送达方式，具体有以下几种：

1. 直接送达

直接送达是执行送达任务的检查人员将应送达的税务文书直接送交受送达人签收的送达方式，这是一种常用的基本送达方式。凡是能够直接送达的，应尽量采取直接送达的方式。受送达人是公民的，应当由本人直接签收；本人不在的，交其同住成年家属签收。受送达人是法人或者其他组织的，应当由法人的法定代表人、其他组织的主要负责人或者该法人、组织的财务负责人、负责收件的人签收。受送达人有代理人的，可以送交其代理人签收。

直接送达税务文书的，以签收人在送达回证上的签收或者注明的收件日期为送达日期。

2. 留置送达

留置送达是指在受送达人或者其同住成年家属、税务代理人、代收人拒绝接收税务文书的情况下，把税务文书留在受送达人处的一种送达方式。采用留置送达方式的，送达人应当在送达回证上注明拒收理由和日期，并由送达人和见证人签名或者盖章，将税务文书留在受送达人处，即视为送达。留置送达和直接送达具有同等法律效力。

3. 委托送达

委托送达是指税务文书在难以直接送达的情况下，税务机关可以委托其他机关或者其他单位代为送达的送达方式。该方式主要用于受送达人不在该税务机关辖区内经营或居住的情况。

采取委托送达的，以签收人或者见证人在送达回证上的签收或者注明的收件日期为送达日期。

4. 邮寄送达

邮寄送达是指税务机关通过邮局，将税务文书挂号寄给受送达人的送达方式。

采取邮寄送达的，以挂号函件回执上注明的收件日期为送达日期，并视为已送达。

5. 公告送达

公告送达是指税务机关以张贴公告、登报或者广播等方式，将需要送达的税务文书的有关内容告知受送达人的送达方法。需要注意的是，采取公告送达方式来送达税务文书的，必须有下列情形之一：

（1）同一送达事项的受送达人众多。

（2）采用直接送达、留置送达、委托送达及邮寄送达方式无法送达的。

采取公告送达的，自公告之日起满 30 日，即视为送达。

（三）税务处理决定的强制执行

（1）税务处理决定一经作出，必须得到严格执行。当事人逾期不履行的，税务机关应当依法强制执行。具有下列情形之一的，经县以上税务局局长批准，稽查局可以依法强制执行，或者依法申请人民法院强制执行：

1）纳税人、扣缴义务人未按照规定的期限缴纳或者解缴税款、滞纳金，责令限期缴纳逾期仍未缴纳的。

2）经稽查局确认的纳税担保人未按照规定的期限缴纳所担保的税款、滞纳金，责令限期缴纳逾期仍未缴纳的。

3）当事人对处罚决定逾期不申请行政复议也不向人民法院起诉、又不履行的。

4）其他可以依法强制执行的。

（2）作出强制执行决定前，应当制作并送达催告文书，催告当事人履行义务，听取当事人陈述、申辩意见。经催告，当事人逾期仍不履行行政决定，且无正当理由的，经县以上税务局局长批准，实施强制执行。

实施强制执行时，应当向被执行人送达强制执行决定书，告知其实施强制执行的内容、理由及依据，并告知其享有依法申请行政复议或者提起行政诉讼的权利。

（3）稽查局采取从被执行人开户银行或者其他金融机构的存款中扣缴税款、滞纳金、罚款措施时，应当向被执行人开户银行或者其他金融机构送达扣缴税收款项通知书，依法扣缴税款、滞纳金、罚款，并及时将有关凭证送达被执行人。

（4）拍卖、变卖被执行人商品、货物或者其他财产，以拍卖、变卖所得抵缴税款、滞纳金、罚款的，在拍卖、变卖前应当依法进行查封、扣押。

1）稽查局拍卖、变卖被执行人商品、货物或者其他财产前，应当制作拍卖/变卖抵税财物决定书，经县以上税务局局长批准后送达被执行人，予以拍卖或者变卖。

2）拍卖或者变卖实现后，应当在结算并收取价款后 3 个工作日内，办理税款、滞纳金、罚款的入库手续，并制作拍卖/变卖结果通知书，附拍卖/变卖查封、扣押的商品、货物或者其他财产清单，经稽查局局长审核后，送达被执行人。

3）以拍卖或者变卖所得抵缴税款、滞纳金、罚款和拍卖、变卖等费用后，尚有剩余的财产或者无法进行拍卖、变卖的财产的，应当制作返还商品、货物或者其他财产通知书，附返还商品、货物或者其他财产清单，送达被执行人，并自办理税款、滞纳金、罚款入库手续之日起 3 个工作日内退还被执行人。

（四）暂缓缴纳与中止执行

（1）当事人确有经济困难，需要延期或者分期缴纳罚款的，可向稽查局提出申请，经税务局局长批准后，可以暂缓或者分期缴纳。

催告期间，对有证据证明有转移或者隐匿财物迹象的，可以作出立即强制执行决定。

（2）执行过程中发现有下列情形之一的，经稽查局局长批准后，中止执行：

1）当事人死亡或者被依法宣告死亡，尚未确定可执行财产的。

2）当事人进入破产清算程序尚未终结的。

3）可执行财产被司法机关或者其他国家机关依法查封、扣押、冻结，致使执行暂时无法进行的。

4）可供执行的标的物需要人民法院或者仲裁机构确定权属的。

5）法律、行政法规和国家税务总局规定其他可以中止执行的。

中止执行情形消失后，经稽查局局长批准，恢复执行。

（五）终结执行与重新办理

（1）当事人确无财产可供抵缴税款、滞纳金、罚款或者依照破产清算程序确实无法清缴税款、滞纳金、罚款，或者有其他法定终结执行情形的，经税务局局长批准后，终结执行。

（2）税务处理决定书、税务行政处罚决定书等决定性文书送达后，有下列情形之一的，稽查局可以依法重新作出：

1）决定性文书被人民法院判决撤销的。

2）决定性文书被行政复议机关决定撤销的。

3）税务机关认为需要变更或者撤销原决定性文书的。

4）其他依法需要变更或者撤销原决定性文书的。

五、监督或辅导纳税人调账处理

（一）调账的意义

调账是指依据国家税收法规的规定和财务会计核算的基本原理，对企业财务核算中影响纳税的有关错账进行必要的调整。调账一般有两种情况：一是由于税前会计利润与纳税所得之间存在计算标准和计算口径的不同而对纳税有影响。这种影响一般不调账，只调整应纳税所得额即可；即使调账，也只是与“递延税款”账户有关。二是由于企业在会计处理上出现差错而对纳税有影响，或因会计处理错误而对当期应纳税额无影响，但对后期应纳税额有影响，这些情况都必须进行调账处理。

调账的根本意义在于按照国家税收法规和财务制度的规定，真实地反映企业生产经营成果，保证其正确履行纳税义务，为下期核算和征纳税款创造良好条件。如果对企业的错账不进行必要的调整和纠正，一方面会使企业的经营成果失去真实性，另一方面还会导致新的错账和错、漏税的发生，为日后企业的财务核算和纳税检查工作增加不必要的难度与麻烦。

根据审查结果，正确、及时地调账，既可防止明补暗退，又可避免重复征税。我国现行的各种应交税费的形成，一般都在纳税人的会计资料中得到反映。例如，增值税应纳税额是根据“应交税费——应交增值税”账户内的借贷方发生额确定的。会计资料是计算缴纳税款的基础，一旦出现因会计核算错误而导致的少缴税款或多缴税款的情况，就应先调账，然后确定应补或应退税额；否则，在下次征收时税务部门如不做调整计算，将会把查补的税款原封不动地退还给企业，使查账结果前功尽弃。又如所得税的审查，由于所得税是根据累计应纳税所得额计算征收的，因此，如果对查增的应纳税所得额在补缴所得税后企业不进行错账调整，那么到下月申报时，累计所得额中自然不包括查增的应纳税所得额，但在扣除已缴所得税时，却包括了查补的税款。这样，当企业进行所得税年终汇算时，年终应纳税所得额也就不包括查增的数额，结果就未达到查账的目的。另外，对于查增的应纳税所得额，如果有些是属于当年实现的收入或利润，被人为地推迟到下年度实现，审查后已按其调增的所得额补缴了所得税，那么企业如不调账，就有可能再次计算缴纳税款。为了避免企业重复纳税，就必须进行调账处理。

调账本不属于税务工作者的工作，但有少数纳税人为了自身的利益，懒于调账、不愿调账或不会调账。在这种情况下，检查人员就必须监督或辅导纳税人调账，以保证会计核算资料与应纳税额的真实性和准确性。

（二）调账的基本原则

调账应根据各企业的具体情况进行，以保证调账的准确性、科学性和实效性。调账既要针对企业财务核算错误对纳税造成的影响进行纠正，又要有利于加强企业财务管理。在调账过程中应遵循以下原则：

1. 与会计核算原理相符合的原则

调账是对财务核算错误以及此错误对纳税的影响进行调整。在做调整账务处理时，既要符合税收法规和财务制度的规定，又要符合财务会计核算的基本原理。会计科目的运用和会计分录的处理，既要有利于真实反映企业的经营成果，又要有利于企业正确履行纳税义务；与此同时，还要保持企业上下期之间会计核算的连续性和整体性。

2. 与税收法规相符合的原则

调账必须依据税收法规和会计准则的规定来进行，但在纳税问题上，会计规定与税收法规不一致的，必须按照税收法规的规定来执行。

3. 与事实相符合的准确性原则

准确性原则是指在调账过程中要实事求是，真实地反映和纠正企业的错账情况。直接费用调减的要反映利润的增加，直接费用调增的要反映利润的减少。间接费用的调减或调增，不能直接反映利润的增加或者减少，应按一定的分摊方法进行分配后，再对涉及利润的部分进行调整，以避免调账处理本身的错误。

（三）调账的基本方法

由于企业所属行业不同，执行的财务会计制度也各不相同，各企业的错误更是千差万别，因此具体的调账方法也各不相同。调账结果是否正确，可以进行检验，其方法是将调整的账务处理与原错误的账务处理进行合并，合并后的会计处理是各业务内容发生时的正确账务处理，即调账正确。但“损益类”账户有所不同，到期末时要将其转入“本年利润”账户，结转后该账户无余额。因此，前述检验方法要受一定范围的限制。

调账的具体方法根据所处时段的不同可以分为两大类：

1. 年度内调账方法

年度内调账是指纳税人在一个纳税年度或一个会计年度内，因还未编制决算会计报表，其核算过程中产生的错误对经营成果和纳税的影响只涉及当年度的损益，还未递延到以后年度，因而只对年度内的错账进行纠正的一种调账方法。因此，年度内调账比较简单，主要的方法有：

(1) 红字冲销法。红字冲销法是指先用红字将原错误会计处理（或会计分录）冲销，再用蓝字重新编制正确的会计分录，重新登记账簿的一种方法。红字冲销法适用于当期会计科目用错或会计科目正确但核算金额错误的情况。这种方法只适用于当期内，即未进行会计结算的一个核算期内，一般适用于当月内发现当月的错误。

[例 1-1] 某运输公司（小规模纳税人）在当年 5 月取得一次运输费收入 2 060 元，款项已收存银行。财务人员将其记入了“其他应付款”账户，会计处理为：

借：银行存款　　2 060

　贷：其他应付款　　2 060

如果当月内已发现上述会计处理错误，其调账处理方法为：首先用红字分录将原错误分录冲销，再用蓝字编制正确的会计分录，同时说明调账的原因及原始依据存放的位置。调账处理方法为：

借：银行存款　　[2 060]

　贷：其他应付款　　[2 060]

借：银行存款　　2 060

　贷：主营业务收入——运输费收入　　2 000

　　　应交税费——应交增值税　　60

如果会计科目运用正确，只是多记了金额，也可编制与原会计分录相同的会计科目，用红字将多记的金额冲销。

(2) 补充登记法。补充登记法是指采用相同的会计分录或相反的会计分录直接进行补充登记，以纠正错账的一种方法。该方法主要适用于会计科目的对应关系无误，只是金额数据有误的会计事项。

[例 1-2] 某企业在本年度 10 月初应该摊销租金费用 3 600 元，而会计处理为：

借：管理费用　　3 200

　贷：长期待摊费用　　3 200

如果在同一核算期内，发现少摊销租金费用 400 元，则在调账时，可做补充会计分录如下，同时说明摊计费用的原因。

借：管理费用　　400

　贷：长期待摊费用　　400

如果发现会计处理多记了金额，如误将 3 600 元记为 4 600 元，在这种情况下，应将多记的 1 000 元予以冲销。如果在同一核算期内发现，可用与上述核算相反的记账方法处理：

借：长期待摊费用　　1 000

　贷：管理费用　　1 000

如果不是在同一核算期内发现错误，而是在同一核算年度的次月才发现，那么除了要调整发现期的金额外，还要利用“本年利润”账户予以调整。

（3）反向综合调账法。反向综合调账法是指综合运用红字冲销法和补充登记法进行调账的一种方法。该方法一般适用于错用会计科目的情况，而且主要用于应纳税所得额审查后的账务调整。如果错账涉及的内容在同一个纳税年度内，则直接调整“本年利润”账户的金额即可。

反向综合调账法主要用于会计科目的借、贷方中有一方会计科目用错，而另一方会计科目正确的情况——正确的一方不调整，错误的一方反向转销调整。

[例 1-3] 某纳税人本年度内将本单位在建工程人员某月的工资 4 800 元记入了“管理费用”账户，其会计处理为：

借：管理费用　　4 800
　贷：应付职工薪酬——工资　　4 800

如果在当月就发现记账错误，可做会计调账分录如下，同时说明调账原因。

借：在建工程　　4 800
　贷：管理费用　　4 800

如果是在同一纳税年度内的次月发现记账错误，则可直接调增本年利润，同时说明调账原因。

借：在建工程　　4 800
　贷：本年利润　　4 800

2. 年度后调账方法

年度后调账是指次年对上一年度或以前几个年度的错账进行纠正的一种调账方法。在这种情况下，以前年度的会计处理事项已经结束，会计决算报表已经形成，相关会计事项及会计实务已经做了处理。如果再用年度内的调账方法，则其与当年度相关的会计处理及相关账户就无法转销。因此，对以前年度会计处理中所发现的错误，要用“对应转销调账法”进行调账处理。

调整上年度或以前年度的错账要从实际出发，区分不同情况分别进行处理。如果以前年度的错账不影响其当年的损益，则只将错账的会计分录对应转销调整即可；如果以前年度的错账影响其当年的损益，则按照规定，应通过“以前年度损益调整”账户进行调账处理。

[例 1-4] 某生产企业上年度 12 月生产领用原材料 A 来生产甲产品，转销金额为 286 000 元，业务发生当时的会计处理为：

借：生产成本——甲产品成本　　286 000
　贷：原材料——A 材料　　286 000

次年 6 月，税务机关在对该企业上年度 12 月生产领用的原材料进行检查时，发现多结转成本金额 12 000 元。如果多结转的原材料金额当月仍滞留在生产环节，没有形成完工产品和销售产品的成本，则只做以下会计调账处理即可：

借：原材料——A 材料　12 000

　贷：生产成本——甲产品成本　12 000

如果对于多结转的原材料成本，假定当月未完工的在产品应负担 2 000 元、完工的库存商品应负担 3 000 元、完工产品销售出去的应负担 7 000 元（销售产品多转成本应补缴的企业所得税略），则其会计调账处理为：

借：原材料——A 材料　12 000

　贷：生产成本——甲产品成本　2 000

　　库存商品——甲产品　3 000

　　以前年度损益调整　7 000

［例 1－5］　次年 6 月，经税务机关检查，某化工企业（一般纳税人）上年度 12 月销售一批化妆品并开具增值税专用发票，取得销售金额 180 000 元，增值税销项税额为 23 400 元。另外，该企业还收取了价外费用（包装物租金收入）16 950 元，开具了普通发票，款项全部收存银行。企业的会计处理为：

借：银行存款　220 350

　贷：主营业务收入　180 000

　　应交税费——应交增值税（销项税额）　23 400

　　其他应付款　16 950

该企业将租金收入记入“其他应付款”账户，隐瞒了销售收入，这是一种逃税行为。按照税法的规定，销售货物取得的价外收入应视同销售，按规定缴纳相关税费。化妆品的增值税税率为 13%、消费税税率为 15%、城市维护建设税税率为 7%、教育费附加征收率为 3%、地方教育附加征收率为 2%，则应分别补缴增值税 1 950 元（假定该企业上年 12 月“应交税费——应交增值税”账户无借方余额）、消费税 2 250 元、城市维护建设税 294 元、教育费附加 126 元、地方教育附加 84 元。隐瞒的租金收入除补缴前述各种税费外，还应增加上年度利润（应纳税所得额）9 654 元，会计调账分录为：

借：其他应付款　16 950

　贷：应交税费——增值税检查调整　1 950

　　应交税费——查补的消费税　2 250

　　应交税费——查补的城市维护建设税　294

　　应交税费——查补的教育费附加　126

　　应交税费——查补的地方教育附加　84

　　以前年度损益调整　12 246

假定企业所得税税率为 25%，应补交企业所得税 3 061.5 元，税后利润为 9 184.5 元。查补企业所得税的会计处理为：

借：以前年度损益调整　3 061.5

　贷：应交税费——查补的企业所得税　3 061.5

将查补的税后利润转入“利润分配——未分配利润”账户，会计处理为：

借：以前年度损益调整　　9 184.5

　贷：利润分配——未分配利润　　9 184.5

在企业上缴查补的各种税费时，先将“应交税费——增值税检查调整”账户的贷方余额转入“应交税费——未交增值税”账户的贷方，会计处理为：

借：应交税费——增值税检查调整　　1 950

　贷：应交税费——未交增值税　　1 950

借：应交税费——未交增值税　　1 950

　　应交税费——查补的消费税　　2 250

　　应交税费——查补的城市维护建设税　　294

　　应交税费——查补的教育费附加　　126

　　应交税费——查补的地方教育附加　　84

　　应交税费——查补的企业所得税　　3 061.5

　贷：银行存款　　7 765.5

第2章 会计核算资料的检查分析

学习目标

熟悉会计核算资料检查的重要意义，掌握会计报表、账簿、凭证的基本内容和分析方法，重点审查分析资产负债表、利润表、账簿、凭证中的主要涉税项目，寻找可能存在的逃税线索和证据。

会计核算资料主要包括纳税人用来记录经济事项的会计报表、会计账簿和会计凭证。纳税人通过这些会计核算资料完整、连续、系统地记录和反映各自的经营活动、财务状况和纳税情况，因而纳税检查通常是对各纳税人会计核算资料的检查。只有通过对会计报表、会计账簿和会计凭证进行全面、系统的检查，才能了解和核实各纳税人的经营状况以及应纳税额、已纳税额的具体内容。

第一节 会计报表的检查分析

一、会计报表检查分析的意义及方法

（一）会计报表检查分析的意义

会计报表是根据日常会计核算资料定期编制，用来反映纳税人某个时点的财务状况和一定时期内经营成果的一种报告文件。会计报表概括说明了纳税人的总体经济活动，包括生产经营活动、财务收支、应纳税额和已纳税额等情况。

审查分析纳税人的会计报表是纳税检查工作的首要环节，对纳税检查起着总括的作用。按照税法的规定，各纳税单位应按期向其主管税务机关报送会计报表及相关资料，为税务部门进行纳税分析和检查提供必要的资料来源。在纳税检查实践中，检查人员一般都从审查分析纳税人的会计报表入手。利用会计报表，可以掌握和分析纳税人的收入、成本、利润等指标的计划情况和实际完成情况；可以分析和检查纳税人是否遵守财经纪律，是否及时、足额地上缴了税款；可以概括地了解纳税人总的财务状况，预测税源的变化趋势，从中找出可能发生错、漏税的疑点和纳税人在经营管理上存在的问题。

对纳税人的会计报表进行检查分析，必须结合平时所掌握的纳税人的具体情况，如财务收支计划和历史资料，首先审核会计报表的内容是否完整、计算是否正确、各报表之间及同一报表各项指标之间存在钩稽关系的数据是否相互吻合；与此同时，检查人员还可合理选择某些技术分析方法，从会计报表中发现疑点、查找问题。

（二）会计报表检查分析的方法

会计报表检查分析的方法多种多样，对于不同的检查主体差异较大。下面主要介绍当前运用较多的方法，主要有比率分析法、比较分析法和因素分析法三种。

1. 比率分析法

比率分析法是指用比率来反映两个或两个以上不同项目或者数字之间相互关系的分析方法。通过该方法，不但可以了解纳税人的财务状况和相关经济指标，还可以了解纳税人的税源状况和纳税能力。该方法是根据会计核算的相关数据，先计算出相应的比率（即相对数），再与公认的标准进行比较分析，从而查找纳税人可能存在的涉税问题。

2. 比较分析法

比较分析法是指对纳税人的可比指标进行比较，发现其中的差异并据以研究、评价各种经济活动状况的分析方法。运用比较分析法，可以将纳税人会计报表中各个项目的绝对数与计划数相比较，本期数与上期数相比较，当期数与历史先进水平相比较，或与同类型纳税人的相关数据进行比较，以便发现问题、找出差距。该方法既可以采用绝对数进行比较，也可以采用相对数进行比较。

3. 因素分析法

因素分析法是指通过对组成某一经济指标的若干因素进行分解，以观察各因素对该经济指标影响程度的一种方法。因素分析法适用于对利润表、成本表和企业所得税纳税申报表的分析。利用因素分析法可以从众多复杂问题中找出最核心的问题，从而使疑难问题简单化。

需要注意的是，除特殊情况外，在审查分析会计报表时所发现的问题，只能作为进一步检查账簿、凭证和实物的线索，不能直接作为定案的依据。在发现线索后，检查人员必须认真查找违法事实，根据实际情况才能予以定案和处罚。在审查分析会计报表时所发现的突出问题，应列为进一步检查的重点。

二、资产负债表的审查分析

资产负债表是反映纳税人某特定日期的财务状况的会计报表。它是根据“资产＝负债＋所有者权益（或股东权益）”的相互关系，按照一定的分类标准和程序，对纳税人在特定日期的资产、负债和所有者权益各项目予以适当排列，并对日常工作中形成的大量数据进行高度浓缩整理后编制而成的。它表明了纳税人在某特定日期所拥有或控制的经济资源，以及所承担的义务和对净资产的要求权。

因此，资产负债表不仅是纳税人会计报表中最主要的报表之一，而且是进行纳税检查的主要报表之一。对资产负债表的审查分析，主要从以下三方面进行：

（一）运用平衡原理检查表中资产总额与权益总额的各种平衡关系

1. 审查“资产总计”是否等于“负债及所有者权益总计”

资产负债表的左右两边所记载的数据是同一纳税人经济资源的两个不同方面，资产总额说明纳税人所拥有的资源，负债和所有者权益则说明谁提供了这些资源。纳税人的每一项资产都必须有相应的来源，不管是由所有者提供还是由债权人提供，因而资产总额恒等于负债和所有者权益总额。如果发现两边数字不相等，则说明纳税人可能在核算中或计算上出了差错，需要认真、仔细地进行检查，从中发现问题。

另外，通过对资产负债表中“资产总计”与“负债及所有者权益总计”的检查分析，还可以了解纳税人经营规模的大小，与前期或上年度相比有什么主要变化，从而确定该纳税人是否属于纳税检查重点，以便合理分配检查力量。

2. 审查资产与负债及所有者权益各项目金额的合计数是否与总计数相等

在资产总计与负债及所有者权益总计相等的情况下，还应进一步审查资产与负债及所有者权益各项目金额的合计数是否正确。防止纳税人在编制资产负债表时，在资产总额不等于负债及所有者权益总额时，人为地予以平衡。

在资产负债表中：

资产总计＝流动资产＋非流动资产

负债及所有者权益总计＝流动负债＋非流动负债＋所有者权益

因此，这一点在审查分析资产负债表时须引起重视。

在实务处理中，有的纳税人为了达到隐瞒收入的目的，即使资产负债表中的资产总额与负债及所有者权益总额本身无法平衡，但为了对外申报，制表人员也可能将两边总额填写相等，制造人为平衡，欺骗他人。若有此情况，只要将各项目的小计数相加，再与总计数核对，即可验证。如果各项目小计数相加的合计数不等于该方的总计数，则证明该表的编制和计算存在问题。在这种情况下，必须对各项数字进行具体的分析研究，以便找出检查线索或确定检查重点，有目的地对有关账簿和票据进行继续检查，直到问题得到解决为止。

3. 审查分析资产负债表各项目间的结构是否合理

在利用平衡原理审查分析资产负债表时，除前述两种基本方法外，还应计算出各种资产项目分别占总资产的比重和各种负债及所有者权益项目分别占负债及所有者权益总额的比重，然后将计算结果与前期各项目的结构百分比及同类纳税人的同一指标进行比较，从而评价各项目的构成比重是否恰当、财务状况是否良好、资金的运用是否合理。如果与该纳税人以前各期相比数据悬殊，与其他同类企业相比差距很远，就有可能存在问题。在这种情况下，应进一步分析问题存在的原因，为继续检查寻找思路。

4. 审查资产负债表中的各项数据是否等于所对应的总账期末数

根据会计核算方法的规定，资产负债表各项目的数据来源主要是根据总账科目期末余额直接填列。为了防止纳税人隐瞒税收、人为转换相关数据、制造虚假现象，将表中各数据与所对应的总账期末余额相对比是非常有必要的。

（二）利用有关财务指标进行比较分析，找出检查线索

财务指标一般用于对纳税人的经济活动和财务进行分析，以检查各项计划指标的完成情况和资金的运用情况，并总结经验，找出存在的问题和薄弱环节，进而提出解决问题的办法和措施，比如改善经营管理、加强经济核算、提高经济效益。事实上，将财务指标用于纳税检查非常重要，它可以为进一步检查提供线索和思路。在审查分析资产负债表时，通常可运用以下几个主要财务指标：

1. 流动比率与速动比率

流动比率是纳税人某特定日期的流动资产与流动负债的比值（简称“流动比”），反映纳税人的货币资金和预计可转化为货币资金的流动资产（如收回应收账款和销售存货而获取的货币资金）可偿还短期债务的程度。流动比率是纳税人的流动资产与流动负债之比。其计算公式为：

流动比率＝流动资产÷流动负债

速动比率是纳税人的速动资产与流动负债之比。速动资产是指纳税人的货币资金和能够快速变现的流动资产，如货币资金、短期投资的有价证券、应收票据和应收账款等。在待摊费用等项目金额较小的情况下，速动资产可近似为纳税人的流动资产扣除存货后的余额。其计算公式为：

速动资产＝流动资产－存货

由于流动资产中各项目的流动性和变现能力具有较大差异，因而速动比率比流动比率更能准确地反映纳税人的短期偿债能力。其计算公式为：

速动比率＝速动资产÷流动负债

一般来说，流动比率和速动比率越大，表示清偿能力越强。但是，并不是比值越大越好，这两个比值都应有一个合理的额度。世界各国的经验表明，它们的正常值范围为：1＜流动比率＜2，速动比率＝1。流动比率和速动比率的比值在这个范围内较合理，过大或者过小都有可能产生异常情况。

在审查分析时，如果发现流动比率过大，则可能产生以下几种情况：假定货币资金和存货较正常，可能是纳税人的应收账款过多；假定应收账款和货币资金较正常，可能是纳税人的原材料积压或产品滞销；假定应收账款和存货较正常，有可能是货币资金过多而纳税人没有加以充分利用。前述各种情况对纳税人的生产经营都会产生不利影响，同时也会影响国家税收。如果这两个比率都很小，则有可能是纳税人的货币资金不足，或应收账款和存货偏少。资金不足不利于国家税款及时入库，应防止纳税人拖欠税款；应收账款偏少，证明产品畅销，有利于纳税人生产规模的扩大；存货中的原材料偏少，有可能影响正常生产，纳税人应积极备料。

如果同一纳税人的流动比率远高于正常值，而速动比率远低于正常值，则意味着纳税人可能存货过多，或当期发生的待摊费用有异常情况，应进一步检查分析、查找原因。相反，如果速动比率高出正常值很多，而流动比率低于正常值，则应注意纳税人有无过多结转完工产品成本和产品销售成本，或者当期多摊待摊费用，人为调减利润总额的情况。

2. 应收账款周转率与存货周转率

应收账款周转率与存货周转率是从动态方面补充说明纳税人流动资产的流动性，进而说明纳税人的短期偿债能力。

应收账款周转率，也可表示为应收账款周转天数——表明纳税人从取得应收账款的权利到收回款项、转换为现金所需要的时间——也就是应收账款的流动速度。应收账款周转率是纳税人销售收入净额与应收账款平均余额之比。其计算公式为：

应收账款周转率＝销售收入净额÷应收账款平均余额

应收账款周转天数＝360÷应收账款周转率

公式中的“销售收入净额”数据来自利润表，是指销售收入扣除销售退回、折扣及折让后的余额。“应收账款平均余额”是指未扣除坏账准备的应收账款余额，它是资产负债表中“期初应收账款余额”和“期末应收账款余额”的平均数。

一般来说，应收账款周转率越高、平均收账期越短，说明应收账款的回收越快，意味着纳税人流动资产的变现能力越强，支付日常开支的能力也越强。若纳税人的应收账款周转率与同类纳税人的平均水平相比很低，则应注意审查分析纳税人有无隐瞒收入或将应收账款长期虚假挂账的情况。

存货周转率，也可表示为存货周转天数，是指纳税人的销售成本与存货平均余额的比值，它反映存货在一定时期内周转的次数。其计算公式为：

存货周转率＝销售成本÷存货平均余额

存货周转天数＝360÷存货周转率

公式中的“销售成本”来自利润表，“存货平均余额”是资产负债表中“期初存货”与“期末存货”的平均数。

存货周转率的高低不仅反映了流动资产变现能力的好坏，而且说明了纳税人的资金使用效率和盈利能力。一般来说，存货周转率越高，表明销售情况越好，那么税金实现和缴纳情况也应越好，但如果存货周转率与同行业平均水平相比过高，则很有可能是纳税人有销售材料业务或多转材料成本和产品销售成本而少计库存材料、在产品、产成品成本造成的。在检查时，检查人员可将存货周转率进一步细分为材料周转率、在产品周转率、产成品周转率等，并结合存货计价方式进行分析，落实其中的问题。如果存货周转率与同行业的平均水平相比太低，则应注意纳税人的存货中有无价值达不到账面价值的毁损材料、过时产品和过时原材料等，这类存货的存在会使纳税人的成本虚增，影响后期利润水平。

3. 固定资产利用率

固定资产利用率是纳税人的销售收入与固定资产原值的比值，可以反映固定资产占纳税人总资产的结构比例及利用情况。其计算公式为：

固定资产利用率＝销售收入÷固定资产原值

用这个指标与同行业的一般水平进行比较，可以检验纳税人固定资产的利用效果，看纳税人的固定资产是否存在浪费现象。若存在这种现象，则应督促纳税人采取有力措施，对闲置的固定资产进行有效利用或合理处理，以免影响税收实现。

（三）审查资产负债表中与纳税有关的重点项目

在审查资产负债表中与纳税有关的项目时，主要运用比较分析法，对照上期或前期资产负债表的相同项目进行对比分析。对于表中所列数字，如果发现异常的增减情况，就应细致、全面地分析其中可能存在的问题。在审查分析资产负债表时的具体项目主要有：

1. 审查分析“货币资金”项目

货币资金主要包括现金和银行存款。现金和银行存款是纳税人正常生产经营的资金保证，可以说现金和银行存款的存量直接决定着纳税人的经营现状与能力。从理论上讲，现金和银行存款不足，纳税人就无法启动生产，员工就不可能正常上岗和领取工资。如果纳税人的“货币资金”项目出现负数，则说明纳税人存在“账外账”的情况，在实地检查时要进一步查清。如果该项目的金额过大，则可能存在“白条”抵库的情况，即虚拟现金，在实地检查时应向纳税人索要“银行对账单”，查明银行未达账项，这将有利于深入检查纳税人的税收问题。

与此同时，通过对货币资金项目的检查分析，可以了解纳税人的支付能力，考察纳税人的应纳税额能否按期缴纳。在检查分析时，检查人员可以依据报表所列的有关数据分析纳税人的支付能力，其计算方法是：以表列货币资金结存数（即银行存款、现金、其他货币资金）为支付的一方，以亟须支付的各种应付款项（含应纳税额）与应收款项的差额为支付的另一方进行考察，这样就可以判断纳税人支付能力的强弱、资金是否紧张等。纳税人支付能力的计算公式为：

$$纳税人支付能力=货币资金年末结存数\div(应付款项-应收款项)\times100\%$$

需要注意的是，这样计算出来的结果只能作为参考，因为这样计算出来的支付能力是建立在各种应付款项马上支付、应收款项立刻收回的基础上的，所以计算结果并不精确。在检查时，如果发现纳税人的支付能力确实较弱，应帮助纳税人分析原因、筹集资金，把工作做到前头，防止拖欠税款及其他事项的发生。

2. 审查分析“应收账款”与“坏账准备”项目

在对“应收账款”项目进行检查分析时，应将报表所列数字与前期数字进行比较。若发现有大量增加或没有变化的情况，应注意纳税人有无将已收回的应收账款挂账未予冲销，纳税人对于发生的销货折让与折扣有无按规定调整应收账款。因为在坏账准备金制度下，应收账款增多意味着信用减值损失增加。如果应收账款减少很多，则应注意纳税人有无将尚能收回的应收账款列为坏账的情况。在对“坏账准备”项目进行检查分析时，主要是在审查分析应收账款的基础上，对其计提比例的正确性进行检查，看其有无按规定的方法（一般采用年末余额法）计算提取。与此同时，注意“坏账准备”的期初结存数、本期发生数与期末计提数，当有期初结存数却无本期发生数时，在期末计算提取坏账准备时应考虑期初结存的数据，否则就会多提坏账准备、增大当期费用，并影响当期应纳税额。

3. 审查分析“存货”项目

存货是纳税人数额最大的流动资产。存货数量是否正确，计价是否合理，直接影响着纳税人的成本和收益的计算。纳税人的存货包括库存的、加工中的和在途的各种原材料、燃料、包装物、低值易耗品、外购商品、自制半成品、产成品及发出商品等。在检查时可运用因素分析法来分析存货各构成要素对存货变化的影响。在检查过程中，如果发现"在产品""产成品"等项目报表所列的数字小于盘存表所列的数字或实物账面数字，则说明纳税人在结算上存在问题，隐瞒了利润。在检查分析时，还要注意存货计价方法，审查存货计价方法是否前后一致，因为存货计价方法的变化既会影响纳税人的盈利水平，也会影响应缴纳的企业所得税。

4. 审查分析"金融资产"与"长期股权投资"项目

金融资产与长期股权投资是纳税人获取资本性投资收益的一种途径，在现有经营模式和资本投资多元化的环境中，众多纳税人均有此业务发生。在审查分析该类项目时，首先，根据合同或协议明确投资方与被投资方的权利和义务，掌握投资收益的获取方式，确定纳税人在投资期内应获得的投资收益。其次，企业应当根据其管理金融资产的业务模式和金融资产的合同现金流量特征，对金融资产进行分类。对于不同的金融资产，应考察其账面价值与计税基础之间的差异是否在企业所得税纳税申报时进行了相应的调整。最后，结合利润表中"投资收益"项目的具体数据进行分析，审查纳税人在长期股权投资过程中是否将投资收益如实登记入账。如果发现纳税人在多年的投资经营活动中从未取得投资收益，就应结合被投资方的生产经营情况和经营成果分配方案重点审查。

5. 审查分析"固定资产"与"累计折旧"项目

在审查"固定资产"项目时，首先将纳税人"固定资产原值"的期初数与期末数进行核对，以便了解纳税人生产能力的变化情况。如果发现异常的增减变化，则对于增加的固定资产应审查其取得的渠道，注意纳税人有无虚增固定资产以便多提折旧，或纳税人将产品转作固定资产而漏计产品销售收入及相关流转税金的情况；对于异常减少的固定资产，则应注意纳税人是否有人为地提前报废固定资产、增加营业外支出的情况。在对"累计折旧"项目进行比较分析时，如果发现异常增减，则应注意纳税人使用的折旧方法是否有大的变化、折旧范围是否扩大、有无其他违纪现象。此外，应注意采用"双倍余额递减法"加速计提折旧的纳税人有无在固定资产使用年限到期前两年内调整为采用"直线法"计提折旧。与此同时，还应注意纳税人采用加速折旧法实施的范围与税收法规比较有何差异；如有差异，应进行纳税调整。

6. 审查分析"长期待摊费用"项目

长期待摊费用具有递延费用的性质，即当期支付但受益于本期和以后若干个会计期间，应按受益期限分期摊入成本、费用。长期待摊费用的递延时间一般都在一年以上。在检查时，应注意是否存在长期挂账不摊销和数额异常增减的情况。长期挂账不摊销或异常增加可能是纳税人为完成利润指标而玩的"把戏"；如果减少很多，则可能是纳税人为少缴纳企业所得税而采取的手段。此外，还应注意纳税人有无发生长期待摊费用而不"入账"的情况。

7. 审查分析"无形资产"与"累计摊销"项目

"无形资产"项目在报表中一般反映各项无形资产的期初数和累计摊销额，在没有新增该项资产的情况下，只要对报表期初和期末所列数据进行对比分析，再与以前各期摊销额相比较，就能发现当期摊销额是否有误。若发现异常增加现象，则应注意纳税人有无将尚未开发成功或不成功的项目列入无形资产，有无将自行设计的商标或自创商誉估价入账等。若发现异常减少，则应注意纳税人有无按规定比例摊销，是否发生了无形资产转让业务——如果发生了转让业务，纳税人是否将转让收入申报纳税。

8. 审查分析“在建工程”项目

在检查该项目时，应结合纳税人的工程预算，了解纳税人的工程施工进度或完工情况，注意纳税人有无缩小工程支出、扩大生产费用（如将工程领用材料列入生产成本）的行为；有无将资本性支出列作收益性支出（如将办理工程竣工决算前发生的借款利息、汇兑损益列作财务费用）；有无将专业从事工程管理的人员的工资费用计入生产管理费用等情况。

9. 审查分析“负债类”项目

负债是债权人的权益，同时又是债务人的责任，对纳税人的生产经营过程和经营成果都会产生影响。对该类项目可运用比较分析法进行检查分析。若发现“预计负债”项目的数字突然增加很多或长期保留很大数字，或“应付账款”“其他应付款”等项目长期保留且有很大数额，均应列为检查重点。核实预计负债的具体形成原因及核销时间和应付账款、其他应付款的具体支付对象，防止纳税人在这些项目上设置“防空洞”，转移利润或隐瞒收入。在实地审查时，可结合相关的合同、协议及相关联的原始依据进行核对，必要时可对应付账款、其他应付款的具体支付对象进行核查。

此外，还应注意对借款本息的审查分析，看纳税人有无将到期的借款挂账、虚增财务费用以及在长期借款利息中属于资本性支出的部分有无被列为财务费用等。

三、利润表的审查分析

利润表也称损益表，它是反映纳税人在一定期间（如年度、季度、月份）内的生产经营成果的会计报表。利润表概括地反映了纳税人在一定时期内所取得的各项收入和支出的各项费用，以及获取的利润及利润构成情况。通过对利润表的审查分析，可以了解纳税人利润的增减变化，考核利润构成及利润计划的完成情况。利润表中反映的生产经营收入是纳税人计算销售税金的主要依据，生产经营所获取的利润是上缴国家利税的主要来源，利润额是计算应纳税所得额的主要基数。因此，利润表是纳税检查的主要会计报表之一。对利润表的审查分析应着重注意以下方面：

（一）表列项目及数据的审查分析

1. 审查分析“主营业务收入”

纳税人实现的商品销售收入的多少，直接关系到国家的流转税收入，同时影响着企业所得税的正确计算。在检查时，首先，应对本期实际数与计划数或前期、上年同期实际数进行比较分析，分析其变动趋势，即是上升还是下降、有无异常情况；其次，将表列数与主营业务收入总账、明细账的合计数加以对比，看是否一致，有无故意调整收入数据以及隐瞒、转移主营业务收入等现象。

2. 审查分析“主营业务成本”

主营业务成本是指纳税人已销售的商品的实际成本。在检查时，首先，检查纳税人的成本支出范围，防止纳税人在成本列支上做手脚，人为地造成生产成本不实，从而影响主营业务成本的正确性，进而影响纳税人的盈利水平。其次，还可利用主营业务收入成本率这一指标来分析可能存在的问题。具体做法是，先计算出本期主营业务收入成本率，然后把它与上期（或上年同期、同类纳税人的平均水平）指标进行比较。如果主营业务收入成本率异常增大，则在没有发生价格调整和其他可疑迹象的情况下，说明纳税人可能存在虚列生产费用或压低库存商品单价、多转当期主营业务成本等情况。最后，将表列数与主营业务成本总账、明细账的相关数据进行核对，看它们是否相符。

3. 审查分析“税金及附加”

税金及附加是指纳税人已销售的商品应缴纳的消费税、城市维护建设税、资源税、土地增值税、印花税、教育费附加等税费。税金及附加的增减主要取决于主营业务收入、适用税率和不同税率的产品结构。因此，在检查时，可将本期税金及附加金额与上期数进行比较，在税率一定的前提下，如果各项销售税金及其附加的增长与销售收入的增长不成比例（或有较大出入），则说明纳税人可能有申报不实的问题。与此同时，如果发现主营业务税金及附加的数额与申报缴纳的入库数不符，并且表列数大于申报数，就应注意检查纳税人有无将销售的高税率商品误按低税率商品计算纳税的情况。

4. 审查分析“销售费用”

销售费用是指纳税人在销售商品过程中所发生的费用，如包装费、运输费、装卸费、保险费、展览费、广告费以及为销售商品而专设的销售机构的职工工资、职工福利费、业务费等经常性费用。在检查时，可以先计算出当期的商品销售费用率，然后将当期表列销售费用和费用率与上期、上年同期或同类纳税人的相关指标进行对比。如果销售费用过高、费用率上升，则应对数额较大或变化较大的销售费用进行深入检查，看有无扩大销售费用支出范围和虚列支出数额的情况，同时还要对表列数与相对应的销售费用总账、明细账的合计数加以核对，查找其中可能存在的问题。

5. 审查分析“管理费用”与“财务费用”

管理费用是指纳税人的行政管理部门为管理组织生产经营活动而发生的各项费用。财务费用是指纳税人为筹集资金而发生的各项费用。在制造成本法下，这两项费用直接体现纳税人的损益，因而对这两项费用的检查分析不容忽视。在检查时，可将表列数与上期、上年同期或同类纳税人的相关指标进行对比。如果当期费用水平过高，则应进一步审查费用的开支范围和列支标准，看纳税人有无扩大有关费用的开支范围（将资本性支出利息费用列作收益性支出）、擅自提高列支标准（如业务招待费、管理人员工资等费用）等情况。

6. 审查分析“投资收益”与“营业外收支”

投资收益是指投资收入扣除投资损失后的数额，包括对外投资取得的债券利息和分得的税后利润、股利，以及转让股权取得的收益等。在对投资收益进行检查分析时，首先，应结合纳税人对外投资的具体项目，根据投资合同或协议以及投资收益的分配方案查找差异；其次，进一步检查纳税人是否将投资收益及时、全部地登记入账。由于在纳税人取得的投资收益中，某些部分（如投资方企业取得的国债利息收入、向居民企业投资取得的股息收入）无须缴纳所得税，因而在检查时还应注意投资收益的构成情况，防止纳税人将应税收益转换为免税收益加以核算的情况。

营业外收支是指与纳税人的生产经营无直接关系的各项收入和支出。营业外收支净额是利润总额的组成部分，营业外收支的多少对利润有直接的影响，所以需要检查核实。在检查时，需要注意以下几个方面：一是应注意纳税人是否将应当作为“主营业务收入”或“其他业务收入”项目核算的收入列入“营业外收入”项目进行核算。虽然它们都作为收入处理，但把主营业务收入或其他业务收入列入营业外收入加以核算就逃避了流转税。二是有无把应记入“营业外收入”项目的款项记入“专用基金”项目加以核算。三是有无多列支或假列支营业外支出的情况。

7. 审查分析“利润分配”

对利润分配的检查主要是指对税前利润分配的检查。在检查时，如果利润分配表中应交所得税税额与利润总额间的比例远低于法定税率25%，则应注意纳税人有无虚列以前年度亏损，有无将债券投资收益及其他投资收益列作股利或免税收益而在税前扣除，以及有无弄虚作假、隐瞒利润等情况。

（二）运用财务指标进行比较审查分析

利润表的主要指标反映了纳税人的经营状况，通过对它们进行分析，可以进一步揭示纳税人存在的有关问题，为纳税检查提供线索。在对利润表进行纳税检查时，主要分析以下指标：

1. 销售净利率

销售净利率是指纳税人在一定期间生产经营所获得的净利润与销售收入的比率。其计算公式为：

销售净利率＝净利润÷销售收入×100%

式中，净利润是指税后利润。

该指标表示纳税人每100元销售收入带来的净利润是多少，反映了纳税人销售收入的收益水平。该公式反映的关系是：净利润与销售净利率成正比，而销售收入与销售净利率成反比。纳税人在增加销售收入的同时，必须相应地获得更多的净利润，才能使销售净利率保持不变或有所提高，否则难以保证盈利水平。在审查时，可将计算结果与以前各期、上年同期以及其他同类纳税人的比率进行比较，观察纳税人销售净利率的变动和发展趋势，为进一步深入检查提供方向和依据。

2. 成本费用利润率

成本费用利润率是指纳税人的利润总额与纳税人当期成本费用总额的比率，反映了生产经营过程中全部的耗费支出与经营所得的关系。其计算公式为：

成本费用利润率＝利润总额÷成本费用总额×100%

其中，

成本费用总额＝主营业务成本＋销售费用＋其他业务成本＋管理费用＋财务费用

在检查时，可将计算的比值与上期、上年同期或同类纳税人的比值进行比较分析，观察成本费用利润率的发展变化趋势，从中发现偷税问题。如果本期的比值与以往或同类纳税人的比值差异太大，那么就有可能存在隐瞒收入或虚列成本费用的情况。

3. 资产净利率

资产净利率是指纳税人在一定期间生产经营所获得的净利润与平均资产总额的比率。其计算公式为：

资产净利率＝净利润÷平均资产总额×100％

平均资产总额＝(期初资产总额＋期末资产总额)÷2

将纳税人一定时期的净利润与其资产相比较，是为了反映纳税人资产利用的综合效果。该指标越高，反映资产的利用效率越高，说明纳税人在增加收入和节约资金使用等方面取得了良好的效果，反之亦然。净利润的多少与纳税人资产的多少、资产的结构以及经营管理水平有着密切的关系。在检查时，要明确全部资产的构成情况——是纳税人自己的，还是由投资人投入的，抑或是由纳税人举债形成的。在检查时，可将该指标与以前各期、计划数、本行业平均水平或本行业先进水平等进行比较，分析形成差异的原因，查找在生产经营过程中存在的各种问题，为纳税检查提供线索。

四、现金流量表的审查分析

现金流量表是反映纳税人在一定期间从事的各项业务活动（包括经营活动、投资活动和筹资活动等）所产生的现金流入、流出和现金净变动额的财务报表。现金流量表中的现金是指纳税人的库存现金、可以随时用于支付的存款、其他货币资金和现金等价物。

现金流量表能够提供纳税人本期现金流量的实际数据，评价收益质量的信息和财务弹性，预测纳税人的未来现金流量。在检查中，利用现金流量表记载的现金流入、流出的信息以及与资产负债表、利润表的关联关系，分析纳税人的生产经营活动及纳税事宜的实际情况，进而查找财务、税收等方面存在的相关问题。

（一）现金流量表的结构分析

现金流量表的结构分为现金流入结构和现金流出结构。现金流入主要包括三部分，即经营流入、投资流入和筹资流入。在检查时，可利用各自的绝对数及所占总流入的比例，与各对应账簿和相关报表记载的数据进行比较，核对其有无不相符的情况。现金流出主要包括生产经营流出、投资流出和偿还筹资债务流出。生产经营流出具体表现为经营费用，可将其与账簿和相关报表记载的成本费用进行核对，审查分析纳税人有无虚列或多列成本费用的现象。

（二）现金流动性分析

现金流动性是指将资产迅速转变为现金的速度，表现为实际的债务偿还能力。按照资产负债表中所列数据计算的流动比率虽然也能反映偿债能力，但存在较大的局限性，主要是因为占流动资产主要部分的存货并不能迅速转变为偿债的现金。虽然许多纳税人拥有大量流动资产，但现金支付能力仍然很差，无法及时缴纳税款，致使国家税收不能按时入库。因此，能真正用来偿还债务的是现金流量，主要指标有以下三种：

1. 现金到期债务比

现金到期债务比是纳税人当期经营现金净流入与本期到期的债务之比，表现为偿还本期到期的债务或必付款项的实际能力，可利用资产负债表和现金流量表中的有关数据进行计算。其计算公式为：

现金到期债务比＝经营现金净流入÷本期到期的债务或必付款项×100％

其中，本期到期的债务是指本期到期的长期债务和本期应付票据，在通常情况下，这两种债务是不能延期的，必须如数偿还。必付款项是指本期必须支付的劳动者工资、薪金和应缴纳的税款，若不能及时支付，就可能影响劳动者的正常生活或生产积极性及政府职能的正常运转。在正常情况下，该指标不小于100％。一般来说，该指标越大越好，否则就可能产生拖欠国家税款的行为。

2. 现金流动负债比

现金流动负债比是纳税人当期现金流量表中的经营现金净流入与资产负债表中的流动负债之比。其计算公式为：

现金流动负债比＝经营现金净流入÷流动负债×100％

在正常情况下，该指标在50％～100％的范围内较为合理，表明纳税人偿还流动债务的能力较强，一般不会拖欠税款。

3. 现金债务总额比

现金债务总额比是纳税人当期经营现金净流入与债务总额之比。其计算公式为：

现金债务总额比＝经营现金净流入÷债务总额×100％

该指标越高，表明纳税人承担债务的能力越强。在检查时，可将该指标与以前各期或上年同期进行比较，分析其发展变化，查找检查的线索。

（三）重点项目的审查分析

1. 经营活动产生的现金流量

经营活动产生的现金流量主要包括纳税人销售商品、提供劳务收到的现金和购买商品、接受劳务支付的现金两大部分。

现金收入包括本期销售商品、提供劳务收到的现金，以及前期销售商品、提供劳务而本期收到的现金和本期预收的款项，减去为本期销售本期退回的商品和前期销售本期退回的商品支付的现金。在审查该项目时，可根据“库存现金”“银行存款”“应收账款”“应收票据”“预收账款”“合同负债”“主营业务收入”“其他业务收入”等账户的记录进行比较分析，核对表中所列数据是否与前述项目一致，有无隐瞒应税收入的情况。

现金支出包括本期购入商品、接受劳务支付的现金，以及本期支付前期购买商品、接受劳务的未付款项和本期预付款项。在审查该项目时，可根据“库存现金”“银行存款”“应付账款”“应付票据”“合同资产”“主营业务成本”等账户的记录进行比较分析，核定现金支出有无扩大范围或虚增成本费用等现象。

2. 投资活动产生的现金流量

投资活动产生的现金流量主要包括纳税人取得投资收益所收到的现金，购建固定资产、无形资产和其他长期资产所支付的现金。

投资现金收入包括股权性投资分得的现金股利，从子公司、联营企业或合营企业分回利润而收到的现金，以及进行债权性投资而取得的现金利息收入。在审查该项目时，可根据“库存现金”“银行存款”“投资收益”等账户的记录进行比较分析，核定纳税人是否将取得的投资收益全部按税法的规定缴纳了税款。

投资现金支出主要包括纳税人购买、建造固定资产，取得无形资产和其他长期资产所支付的现金，包括购买机器设备所支付的现金及增值税税款、建造工程支付的现金、支付在建工程人员的工资等现金支出，但不包括为购建固定资产而发生的借款利息资本化部分，以及融资租入固定资产所支付的租赁费。在审查该项目时，可根据“库存现金”“银行存款”“固定资产”“无形资产”“在建工程”等账户的记录进行比较分析，查看纳税人有无缩小投资支出、将投资支出计入生产成本费用，以减少当期应纳税额。

3. 筹资活动产生的现金流量

筹资活动产生的现金流量主要包括纳税人吸收投资所收到的现金和分配股利、利润或偿付利息所支付的现金。

吸收投资所收到的现金主要包括纳税人以发行股票、债券等方式筹集资金实际收到的款项净额。在审查该项目时，可根据“库存现金”“银行存款”“实收资本（或股本）”等账户的记录进行比较分析，防止纳税人将应税收入记入“所有者权益”类账户核算，隐瞒流转税和企业所得税。

分配股利、利润或偿付利息所支付的现金主要包括纳税人实际支付的现金股利、支付给其他投资单位的利润或用现金支付的借款利息、债券利息等。在审查该项目时，可根据“库存现金”“银行存款”“应付股利”“财务费用”“长期借款”等账户的记录进行比较分析，防止纳税人将发放奖金的支出记入“股利”“利润”账户进行核算，借以逃避个人所得税。

第二节 会计账簿的检查分析

会计账簿是按照会计科目开设账户、账页，用来序时、分类地记录和反映纳税人经济业务的簿籍。会计账簿所记的内容是编制各类会计报表的主要资料来源，也是检查、分析纳税人经济活动与财务收支的基本依据。因此，纳税检查必须充分利用在会计账簿中记录和反映的各项资料。

检查各类账簿主要是为了核对账簿中记录的经济业务是否正确、真实，有无偷、欠、骗税及隐瞒收入、利润等问题。在检查时，一般先从总分类账入手，了解总体情况；然后，有重点地检查和分析各类有关的明细账，以达到了解具体情况的目的。

一、总分类账的检查分析

总分类账是总括地记录和反映纳税人各项资产、负债与所有者权益的分类账户，它是按会计制度一级科目设置的账簿，也称总账。总分类账可以提供纳税人在一定时期内资金的总括动态资料和生产经营的总体情况。期末计算出的各科目的当期发生额和余额，是编制资产负债表、利润表和现金流量表的依据。对总分类账的检查和分析主要包括：

（一）检查所属期内所有总分类账的期末借方余额合计数是否等于期末贷方余额合计数

总分类账的借、贷方发生额是根据记账凭证和相关明细账簿的借、贷方发生额汇总填列的，期末余额＝期初余额＋本期增加发生额－本期减少发生额。总分类账的借方余额必然等于贷方余额，如果两者不相等，就必然存在问题。

（二）检查所属期内所有总分类账的本期借方发生额合计数是否等于本期贷方发生额合计数

使用该方法可以发现纳税人是否将本期内所发生的经济业务全部记入有关账户，是否存在提前结账或将本期发生的经济业务延至下期登记入账的现象。例如，总账登记中是否有隔页、跳行现象，在记账时是否有重记或漏记现象。

（三）检查所属期内所有总分类账的期初借方发生额合计数是否等于期初贷方发生额合计数

总分类账的期初借、贷方发生额是由上期的借、贷方余额结转填列的，如果两者不相等，则表明上期余额或期初结转存在问题，有可能是纳税人故意调整期初发生额，以达到偷税的目的。

（四）核对纳税人各总分类账的期初余额、期末余额与上期、本期资产负债表中的有关数字是否相符

将有关总分类账的本期发生额与资产负债表、现金流量表中的有关数据进行核对，看两者的数字是否一致；将集合配比账簿及利润计算账簿（本年利润）与利润表各项目数据进行核对，看两者的数字是否相符。通过核对，可验证各总分类账有关项目的金额是否正确。

（五）将各总分类账中所反映的各项经济业务本期发生额的增减变化情况与上期进行比较

在一般情况下，纳税人在一定时期内的生产经营状况是连续的，其生产经营活动是有一定规律可循的。如果纳税人在本期生产经营活动中出现波动较大的异常情况，就可能出现与税收相关联的情况，对此，应进行深入检查，从中发现疑点和问题。

（六）检查各对应账户之间的联系和会计处理是否正常，看纳税人有无通过滥用会计科目等手法混淆账户的对应关系

如果纳税人将销售边角材料的收入借记“银行存款”账户、贷记“生产成本”账户，

就说明记账有错误。又如，纳税人支付的各种违法性罚款应在税后利润中列支，在正常情况下，应借记“利润分配——未分配利润”账户，贷记“银行存款”账户。如果纳税人把罚款记入“产品成本”或“期间费用”账户，就会造成纳税人产品成本虚增或费用提高，间接或直接影响了纳税人的盈利水平，进而影响有关税金的正确计算与缴纳。在实务处理过程中，绝大部分纳税人都可能将发生的与生产经营无关的支出记入“营业外支出”账户加以核算，这与税法的规定不尽相同，因而在税务处理中要引起注意。

二、明细分类账的检查分析

明细分类账是在某个总分类账的基础上，按所属二级或三级科目开设的账户，是用来分类核算和登记某类经济业务、详细反映相关情况的账户。明细分类账的基本结构既反映货币指标，又反映实物指标，通常用于记录各项财产、物资、材料、产品等的收、发和结存情况。一般来说，在审查分析总分类账后，应根据发现的问题和线索，有重点、有目的地检查分析明细分类账。通过对明细分类账的检查分析，既可以补充说明总分类账无法反映的实际情况，又可以起到与总分类账相互核对、相互监督的作用。检查分析明细分类账的主要方法有以下几种：

（一）明细分类账与总分类账核对

由于在登记总分类账和明细分类账时必须采用平行登记法，所以总分类账与明细分类账之间的数量关系必然表现为：1）总分类账有关账户本期发生额的合计数与其所属各明细分类账本期发生额的合计数之和相等。2）总分类账有关账户期末余额与其所属各明细分类账期末余额之和相等。因此，在检查明细分类账时，应着重检查明细分类账的记账方向、记账内容与总分类账是否相同。例如，记入相关的各个明细分类账的数额之和是否与记入总分类账的数额相等，记入相关的各明细分类账的本期发生额之和及其余额之和是否分别与总分类账的本期发生额及其余额相等。通过检查，可基本把握明细分类账与总分类账记录的完整性和正确性，有利于进一步深入检查。

（二）检查每笔已入账的经济业务的真实性与合法性

按照会计核算的基本要求，记账必须以审核无误的会计凭证（包括原始凭证、汇总原始凭证或记账凭证）为依据，而会计凭证（主要是原始凭证）是用来记录和证明经济业务的发生或完成情况的证据。因此，我们可以通过检查明细分类账中的“凭证种类和编号”栏来核对其经营活动的真实性，再通过“摘要”栏所记录的对经济业务内容的简要说明，分析其业务活动的合法性。

（三）检查各明细分类账的本期发生额及期末余额是否正常、合理

在实地检查时，可以把有关账户的本期发生额（或期末余额）与上期发生额（或上期期末余额）进行比较，如果有异常变动情况，就应引起注意，并进一步审查其变动原因。在检查本期发生额及期末余额时，还应注意检查本期的期初余额是否与上期的期末余额相

等；另外，检查每张账页最后一行的“结出余额”是否与下一账页第一行的“结入余额”相等，防止纳税人弄虚作假、蓄意偷税。

（四）检查各种存货明细账减少方的单价计算是否正确

一般来说，存货发出的计价可由纳税人根据不同情况，分别采用“先进先出法”“加权平均法”“个别计价法”等进行计算。但是，存货发出的计价方式一经确定，在一个纳税年度内就不应随意改变，应保持相对稳定。因此，在检查时，应注意纳税人所采用的计价方法是否经常变动，计算结果是否正确，减少栏和结余栏的单价是否一致，等等。

（五）审查与税收核算密切相关的明细分类账

由于纳税人的明细分类账繁多，并且每个明细分类账的借、贷两方又分别记载着大量经济业务内容，要在较短时间内全面检查某纳税人的所有明细分类账，既没有必要，又非常困难，因而在检查明细分类账时，应该抓住“主营业务收入”“主营业务成本”“原材料”“库存商品”“本年利润”等与税收核算有密切关系的账户进行重点检查。具体说来，在审查这些账户时，对不同的账户，其检查侧重点也有所不同。比如“主营业务成本”“制造费用”“管理费用”“财务费用”等账户，其借方发生额对纳税有影响，应重点检查这些账户的借方发生额；而“主营业务收入”“其他业务收入”“本年利润”等账户，其贷方发生额对纳税有影响，应重点检查这些账户的贷方发生额。就有些账户来说，只有通过对其余额的检查分析，才能发现其中存在的纳税问题，如各种“应付账款”“应收账款”“原材料”“库存商品”等账户；还有些账户的借方、贷方和余额的记录均与纳税有密切关系，如“预计负债”“长期待摊费用”“应交税费”等账户。

第三节　会计凭证的检查分析

会计凭证是记录经济业务、明确经济责任的书面证明，也是登记账簿的重要依据。对于任何纳税人，凡发生一项经济业务，经办业务的有关人员都必须按照规定的程序和要求做好凭证的填制和审核工作。从纳税检查的角度来说，在检查会计报表、账簿时发现的问题，只有在具体查对有关会计凭证后才能落实定案。因此，在进行纳税检查时，必须审查会计凭证的真实性、合法性及合理性。

按照会计凭证填制程序和用途的不同，可将其分为原始凭证和记账凭证两种。

一、原始凭证的检查分析

原始凭证是在经济业务发生时取得或填制的，是用来记录和证明经济业务发生或完成情况的原始证据，按其取得的不同来源又分为外来原始凭证（如进货发票、进账单、汇款回单、运费收据等）和自制原始凭证（如销货发票副联、实物收据、支票存根、收料单、领料单等）两种。从原始凭证的基本内容来看，任何原始凭证都应具有凭证的名称、填制凭证的日期、接受凭证的单位、经济业务的内容、财产物资的数量及其金额、填制单位和填制人员的签名盖章等，外来原始凭证还应有其他单位的发票专用章或财务章。因此，对原始凭证的检查分析主要包括：

（1）凭证的名称和格式是否符合要求，有无用白条代替正式凭证的情况。

（2）凭证的经济内容是否真实，指标是否完整，计量单位、单价和数量及金额是否正确，有无伪造、涂改和弄虚作假等现象。

（3）凭证的手续是否完备，各项内容是否已全部逐项填入，有无经手、验收、批准和填制单位的签章。

（4）凭证编号是否顺序相连，有无重号、漏号现象；是否有将单据副本替代正本重复列支及发票存根联空白等情况。

（5）凭证所记录的经济业务是否与纳税人的生产经营有关或已超出纳税人的生产经营范围，是否符合国家的政策、法令和规章制度的规定。

二、记账凭证的检查分析

记账凭证是根据原始凭证提供的经济业务内容加以归类整理，按复式记账原理列示会计分录并据以登记账簿的会计凭证，它也是纳税检查的重要依据。在检查时，一般从以下几个方面进行：

（一）检查会计凭证所涉及的会计科目及其对应关系是否正确，账务处理是否完整

凡经济业务发生后，其会计事项的账务处理及其会计科目运用的对应关系，在财务会计制度中都有明确规定，不得乱用会计科目，混淆账户间的对应关系，掩盖经济业务的真实性。例如，纳税人用单位生产的产品换取原材料，就应分别做购销业务处理，借记“物资采购”“原材料”“应交税费——应交增值税（进项税额）”“应收账款”“银行存款”等账户，贷记“主营业务收入”“应交税费——应交增值税（销项税额）”“应付账款”“银行存款”等账户。如果纳税人直接借记“物资采购”“原材料”等账户，贷记“库存商品”等账户，借、贷方均不反映“应交税费——应交增值税（进、销项税额）”，就可能隐瞒增值税；如果贷方不反映“主营业务收入”，就可能隐瞒利润，从而影响企业所得税的缴纳。

（二）检查会计凭证核算或填列的经济内容是否与原始凭证相符

按照会计制度的规定，每个会计科目都有一定的核算范围和明确的经济内容。因此，记账凭证上列示的会计科目必须与原始凭证的经济内容相符。在检查时，应特别注意纳税人是否在成本类（生产成本、制造费用）记账凭证中附上了一些属于资本性支出（如在建工程支出等）的相关凭证，从而增加了产品的生产成本，减少了纳税人的经营利润和应纳税所得额。

（三）检查记账凭证所反映的金额是否与后附原始凭证的金额相等

在检查时，应对所附的原始凭证的数量、金额进行复算加总，再与记账凭证核对，核实数据是否相等。数据是否相等表现在两个方面：一方面，所附原始单据的数量有无短缺，防止纳税人弄虚作假；另一方面，原始凭证记录的金额之和是否等于记账凭证上填列的金额，有无多计成本费用、少计收入等情况。

第3章 增值税的检查

学习目标

熟悉增值税销项税额的规定和计算方法以及进项税额的规定和抵扣方法，掌握一般纳税人和小规模纳税人增值税应纳税额的检查重点，掌握纳税检查后补、退增值税的账务调整方法。

增值税是以商品流转额、应税劳务和应税服务为课税对象，以增值额为计税依据所征收的一种税。1980年增值税开始在我国试点，自1982年起，我国开始对少数重复征税严重的产品征收增值税。经过1984年、1987年、1994年、2009年、2012年、2016年的税制改革后，增值税成为我国的第一大税种，目前其税收收入接近税收总收入的50%。由于我国纳税人众多，还有部分纳税人的财务制度不够健全，因此为了便于征收管理，我国将增值税的纳税人划分为一般纳税人和小规模纳税人。

一般纳税人和小规模纳税人是我国关于增值税纳税人的特定概念，按照《中华人民共和国增值税暂行条例》（以下简称《增值税暂行条例》）的规定，一般纳税人应缴纳的增值税税额等于当期销项税额减去当期进项税额；小规模纳税人应纳税额等于销售额乘以征收率。

由此可知，一般纳税人当期应缴纳的增值税税额取决于销项税额和进项税额两大因素，只要分别正确核算销项税额和进项税额，应纳税额就不难正确计算，而小规模纳税人应纳税额的多少，主要取决于销售额。

第一节 销项税额的检查

销项税额是有关一般纳税人的一个定义，在进项税额一定的情况下，销项税额的多少直接影响应缴纳的增值税税额。按照规定，销项税额是依据销售额和规定的税率计算并向购买方收取的增值税税额。其基本计算公式为：

销项税额＝销售额×适用税率

销项税额的计算取决于销售额和适用税率两个因素。个别纳税人为了达到少缴税款的目的，往往隐瞒销售额或故意错用税率。在影响销项税额的两个因素中，适用税率较为简单，一般纳税人除个别特殊销售适用征收率外，主要适用13%的基本税率、9%和6%的低税率。销售额的正确核算是销项税额检查的关键。销售额是增值税纳税人生产销售应税货物，提供加工修理修配劳务，提供应税服务而向购买方取得的不含增值税的收入额。因此，销售额主要包括一般销售方式下的销售额、特殊销售方式下的销售额和视同销售的销售额。

一、一般销售方式下销售额的检查

一般销售方式下的销售额是指纳税人销售货物、提供应税劳务和应税服务从购买方收取的全部价款和价外收取的一切费用（实为价外收入），如价外向购买方收取的手续费、补贴、基金、集资费、返还利润、奖励费、违约金（延期付款利息）、包装费、包装物租金、储备费、优质费、运输装卸费、代收款项、代垫款项及其他各种性质的价外收费。除另有规定者外，纳税人取得的价外收入，无论财务上如何核算，都应并入销售额一并计算缴纳增值税。

在一般销售方式下，纳税人对销售额的处理经常出现以下错误：

（一）不按税法规定确认销售收入的纳税义务发生时间

1. 逃避税的主要手段

纳税人为了当期少缴纳增值税税款，往往将实现的收入故意滞后，其手段主要表现为：

（1）将实现的收入先记入“往来”账户中，等达到目的时才将其转入“收入”账户。

（2）拖延开票的时间，将月末应该实现的收入额拖延到次月，这种情况往往是由于购货方不及时索要票据或者销售对象是小规模纳税人或消费者个人而形成的。

（3）故意将开具的发票积压，不及时登记入账，尤其是月末、季末或年末易出现此类情况。

（4）将记入“收入”账户的收入延期申报。

2. 检查内容与方法

检查销售额是否按规定确认了纳税义务发生时间，主要检查纳税人是否把已实现的销售额按时记入“收入”账户，记入“收入”账户的销售额又是否按照规定时间申报纳税，尤其是月末、季末和年末发生的销售收入额。

（1）确认销售款项是否及时记入“收入”账户。按照规定，应税销售行为增值税纳税义务发生时间的一般规定为：纳税义务发生时间为收讫销售款项或者取得索取销售款项凭据的当天；先开具发票的，为开具发票的当天。收讫销售款项是指纳税人发生应税销售行为过程中或者完成后收到的款项；取得索取销售款项凭据的当天是指书面合同确定的付款日期；未签订书面合同或者书面合同未确定付款日期的，为应税销售行为完成的当天或者不动产权属变更的当天。

应税销售行为纳税义务发生时间的具体规定：1）纳税人采取直接收款方式销售货物，不论货物是否发出，其纳税义务发生时间均为收到销售款项或取得索取销售款项凭据的当天。纳税人在生产经营活动中采取直接收款方式销售货物，已将货物移送对方并暂估销售收入入账，但既未取得销售款项或取得索取销售款项凭据也未开具销售发票的，其增值税纳税义务发生时间为取得销售款项或取得索取销售款项凭据的当天；先开具发票的，为开具发票的当天。2）纳税人采取赊销和分期收款方式销售货物，其纳税义务发生时间为书面合同约定的收款日期的当天，无书面合同的或者书面合同没有约定收款日期的，为货物发出的当天。如果合同收款期未到而提前收到货款，则以收到货款日为纳税义务发生时间。3）纳税人采取托收承付和委托银行收款方式销售货物，其纳税义务发生时间为发出货物并办妥托收手续的当天。4）纳税人采取预收货款结算方式销售货物，特殊情况除外，其纳税义务发生时间为发出货物的当天；但生产销售生产工期超过 12 个月的大型机械设备、船舶、飞机等货物，为收到预收款或者书面合同约定收款日期的当天。5）纳税人委托其他纳税人代销货物，其纳税义务发生时间为收到代销单位的代销清单或者收到全部或者部分货款的当天。未收到代销清单及货款的，为发出代销货物满 180 天的当天。6）销售应税劳务，为提供劳务同时收讫销售款项或者取得索取销售款项凭据的当天。7）纳税人提供租赁服务采取预收款方式的，其纳税义务发生时间为收到预收款的当天。8）纳税人从事金融商品转让的，为金融商品所有权转移的当天。9）纳税人发生视同销售货物、服务、无形资产或者不动产情形的，其纳税义务发生时间均为货物移送的当天或者服务、无形资产转让完成的当天或者不动产权属变更的当天。10）进口货物的纳税义务发生时间为报关进口的当天，自海关填发税款缴纳书之日起 15 日①内缴纳税款。

如果纳税人未按照各项规定进行核算处理，而将实现的收入故意滞后，那么就应及时进行纠正，并按照《税收征管法》的规定进行税务处理。

（2）将纳税人当期申报的销售额与当期销售账簿销售额的合计数或与当期销售明细账进行比较。如果申报纳税的销售额与销售账簿销售额的合计数相等，则可基本证明申报数与账面数没有什么错误；如果申报纳税的销售额与销售账簿销售额的合计数不相等，则说明存在少申报或多申报销售额的情况，还应进一步检查。

（3）将销售总账中的销售额与销售明细账及销售票据的金额进行核对。如果三者的数据相等，则说明会计的计算过程没有问题；如果三者的合计数不相等，则有可能存在有关票据的发生额未登记入账的问题。

（4）将纳税人“收入”（现金收入除外）账户中的销售额与其银行存款借方发生的销售金额进行核对。如果不能一一对应，则有取得收入未登记入账的情况。

（5）将纳税人银行存款借方发生的销货收入额与相关销售合同和其他相关的凭据进行核对。如果差距太大，则有可能实现的销售收入未全额通过银行结算，而有收取现金的情况。

① 因关税的纳税期限于 2000 年由原来的 7 日改为 15 日，而进口增值税是由海关在征收关税时一并代征的，故本教材将缴纳进口增值税的期限改为 15 日。

(二)将取得的应税收入全额或部分直接记入“往来”账户

1. 逃避税的主要手段

纳税人为了隐瞒收入，通常将取得的应税收入全额或部分直接记入“往来”账户，以达到逃避税的目的。比如将收入记入“应收账款”“应付账款”“其他应收款”“其他应付款”“预收账款”“预付账款”“合同资产”“合同负债”等账户，然后再将其从“往来”账户转入自己的“所有者权益”类账户或其他相关账户。

2. 检查内容与方法

(1)检查各“往来”账户及其原始依据。对于这类偷税行为，主要检查其“往来”账户的发生额，再根据发生额的大小有针对性地追查其原始依据，查证往来金额的具体单位和往来金额是否属实，有无虚列、多列金额的情况。

(2)根据“往来”账户的发生额核定相对应的“银行存款”账户的金额和“现金”账户的金额。查证其金额的来源与账载金额的来源单位是否一致，发生的金额是否属于正常的往来款项，有无故意多计或少计“往来”账户金额的情况。

[例 3-1] 某工业生产企业(一般纳税人)适用的增值税税率为13%。某月销售一批货物给消费者个人，取得含税销售额 11 300 元，给购货方开具了普通发票，货款已收存银行。企业的会计分录处理为：

借：银行存款　　11 300

　贷：其他应付款　　11 300

按照税法和会计制度的规定，当企业取得销货收入和销项税额时，应将销项税额单独记入“应交税费——应交增值税(销项税额)”账户的贷方，将不含税收入记入“主营业务收入”账户的贷方。企业在上述业务中将取得的含税销售额直接记入“其他应付款”账户，从而隐瞒了收入，逃避了增值税。

3. 检查调账处理

处理方法一：如果该错账在账务处理后的当月内发现，应及时做相应的账务调整，将其错误的会计处理用“红字”冲销，再做一笔正确的会计处理，并说明相关情况即可。

红字会计分录：

借：银行存款　　[11 300]

　贷：其他应付款　　[11 300]

正确的会计分录：

根据取得的含税销售额，销项税额为 1 300 元 [=11 300÷(1+13%)×13%]，主营业务收入为 10 000 元(=11 300-1 300)。

借：银行存款　　11 300

　贷：主营业务收入　　10 000

　　　应交税费——应交增值税(销项税额)　　1 300

处理方法二：如果上述错账在账务处理后的次月且同一个纳税年度内发现，由于业务发生当月已做了月终结算，因而有关收入、成本、费用已经结转到“本年利润”账户，相关税金也已经缴纳。在做账务调整时，可直接从借方冲转“其他应付款”账户的金额，将按规定计算出的逃避的增值税税额和应增加的本年利润额记入相关会计科目的贷方，并说明相关情况。

逃避的增值税＝11 300÷(1＋13%)×13%＝1 300（元）

增加本年度的利润额＝11 300－1 300＝10 000（元）

会计调账分录：

借：其他应付款	11 300	
贷：应交税费——增值税检查调整		1 300
本年利润——查增的利润		10 000

处理方法三：如果上述错账在账务处理后的次年发现，则由于在业务发生当年已做了年终决算，因而有关收入、成本、费用已经结转到“利润分配——未分配利润”账户，相关税金也已经缴纳。在做账务调整时，可直接从借方冲转“其他应付款”账户的金额，将按规定计算出的逃避的增值税税额记入相关会计科目的贷方，将影响以前年度的利润额记入“以前年度损益调整”账户，并说明相关情况。

计算逃避的增值税税额和影响以前年度的利润额与上述计算方法相同，只需将“本年利润”账户替换为“以前年度损益调整”账户即可。

会计调账分录：

借：其他应付款	11 300	
贷：应交税费——增值税检查调整		1 300
以前年度损益调整		10 000

（三）将取得的应税收入全额或部分直接记入“所有者权益”类账户

1. 逃避税的主要手段

纳税人为了隐瞒收入，以达到逃避税的目的，通常将取得的应税收入全额或部分直接记入“所有者权益”类账户，比如将收入记入“盈余公积”“资本公积”“未分配利润”等账户。

2. 检查内容与方法

(1) 检查各“所有者权益”类账户的贷方发生额。在一般情况下，“所有者权益”类账户的资金来源都有可靠的依据和特定的项目，比如企业的盈余公积是以税后利润为依据，按照规定的比例计算提取的。企业的“资本公积”账户主要用来记载企业资产评估增值的金额和投资超过实收资本时的溢价金额。在进行税务检查时，如果发现企业“所有者权益”类账户的金额有突增突减的现象，就应进一步深入检查。

(2) 检查“所有者权益”类账户相关的原始依据。在发现“所有者权益”类账户的发生额有异常情况时，要进一步查实对应的原始依据，确认其内容是否真实、数据金额是否正确，有无将应税收入直接记入“所有者权益”类账户的情况。

[例3-2] 某工业生产企业（一般纳税人）适用的增值税税率为13%。某月销售一批货物给某商场，开具增值税专用发票，取得不含税销售额100 000元、增值税税额

13 000 元；另外，开具普通发票，取得货物优质费 4 520 元，相关款项已收存银行。企业的会计分录处理为：

借：银行存款　117 520

　贷：主营业务收入　100 000

　　应交税费——应交增值税（销项税额）　13 000

　　资本公积　4 520

按照税法的规定，企业销售货物取得的价外费用（特殊规定除外）均应并入销售额一并纳税。在此，企业将价外取得的优质费直接记入“资本公积”账户，逃避了增值税。

3. 检查调账处理

处理方法一：如果该错账在账务处理后的当月内发现，应及时做相应的账务调整，将记入“资本公积”账户的优质费从借方冲销，并说明相关情况。

根据取得的含税优质费，销项税额为 520 元 [=4 520÷(1+13%)×13%]，其他业务收入为 4 000 元（=4 520−520）。

会计调账分录：

借：资本公积　4 520

　贷：其他业务收入　4 000

　　应交税费——应交增值税（销项税额）　520

处理方法二：如果上述错账在账务处理后的次月且同一个纳税年度内发现，由于业务发生当月已做了月终结算，因而有关收入、成本、费用已经结转，相关税金也已经缴纳。在做账务调整时，可直接从借方冲转“资本公积”账户的金额，将按规定计算出的逃避的增值税税额和应查增的本年利润额记入相关会计科目的贷方，并说明相关情况。

会计调账分录：

借：资本公积　4 520

　贷：应交税费——增值税检查调整　520

　　本年利润——查增的利润　4 000

处理方法三：如果上述错账在账务处理后的次年发现，则由于业务发生当年已做了年终决算，因而有关收入、成本、费用已经结转，相关税金也已经缴纳。在做账务调整时，可直接从借方冲转“资本公积”账户的金额，将按规定计算出的逃避的增值税税额记入相关会计科目的贷方，将影响以前年度的利润额记入“以前年度损益调整”账户，并说明相关情况。

计算逃避的增值税税额和影响以前年度的利润额与上述计算方法相同，只需将“本年利润”账户替换为“以前年度损益调整”账户即可。

会计调账分录：

借：资本公积　4 520

　贷：应交税费——增值税检查调整　520

　　以前年度损益调整　4 000

（四）将取得的应税收入全额或部分直接记入“费用”“营业外收入”账户

1. 逃避税的主要手段

企业为了隐瞒收入、逃避相关的流转税，往往将通过销售处理的残次品、废品和下脚料所取得的收入不记入“收入”账户，而将其直接冲减“制造费用”“管理费用”“销售费用”等账户或直接记入“营业外收入”“资产处置损益”账户。应记入“收入”账户的金额，无论是直接冲销“费用”账户，还是记入“营业外收入”“资产处置损益”账户，都逃避了流转税。

2. 检查内容与方法

（1）重点检查各“费用”账户的贷方发生额。在正常情况下，费用发生后又直接转回的极为少见，只有在分摊各产品的共同费用时，“制造费用”账户的贷方金额才会减少，而“管理费用”“销售费用”账户的贷方发生额也只有在期末被结转到“本年利润”账户时才发生。如果纳税人的有关“费用”账户（如“生产成本”、“产成品”、“制造费用”和“管理费用”账户）常有贷方发生额或红字借方发生额出现，那么就应引起注意，再进一步追查其原始凭证和业务发生的真实性。

（2）检查“营业外收入”“资产处置损益”账户的贷方发生额。营业外收入和资产处置损益在一般的企业很少发生。在正常情况下，纳税人出售被划分为持有待售的非流动资产（金融工具、长期股权投资和投资性房地产除外）或处置组（子公司和业务除外）时确认的处置利得，以及处置未被划分为持有待售的固定资产、在建工程、生产性生物资产及无形资产而产生的处置利得，才记入“资产处置损益”账户的贷方。纳税人发生的除营业利润以外的收益，比如债务重组利得以及与企业日常活动无关的政府补助、盘盈利得、捐赠利得，才记入“营业外收入”账户的贷方。在检查时，如果发现“营业外收入”“资产处置损益”账户的贷方发生额比较频繁，就应进一步追查相关的原始依据，核定其收入的真实性。

（3）检查“库存商品”账户的贷方发生额。按照《企业会计准则》的规定，工业企业生产出可降价出售的不合格产品，也应通过“库存商品”账户核算。在进行残次品销售时，必须记在“库存商品”账户的贷方。在检查时，可对有关“费用”账户的贷方发生额和“营业外收入”“资产处置损益”账户的贷方发生额与相应的“库存商品”账户的贷方发生额进行核对，如有相对应的业务或金额发生，就应予以重视。

［例3-3］ 某工业生产企业（一般纳税人）适用的增值税税率为13%。某月将生产应税产品的下脚料销售给某废品公司，开具普通发票，取得含税收入9 040元，款项已收存银行。企业的会计处理为：

借：银行存款　　9 040

　贷：销售费用　　9 040

该企业将取得的下脚料收入直接冲减“销售费用”账户的金额，未做收入处理，逃避了增值税。

应税收入＝9 040÷(1＋13%)＝8 000（元）

少计增值税销项税额＝8 000×13%＝1 040（元）

3. 检查调账处理

处理方法一：如果该错账在账务处理后的当月内发现，应做相应的账务调整，将其错误的会计处理用红字冲销，再做一笔正确的会计处理，并说明相关情况。

红字会计分录：

借：银行存款　　9 040（红字）

　贷：销售费用　　9 040（红字）

正确的会计分录：

借：银行存款　　9 040

　贷：其他业务收入　　8 000

　　　应交税费——应交增值税（销项税额）　　1 040

处理方法二：如果该错账在账务处理后的次月发现，则由于业务发生当月已做了月终结算，因而有关收入、成本、费用已经结转，相关税金已经缴纳。在做账务调整时，无须考虑“收入”“费用”账户的相关金额，只按规定计算逃避的增值税税额并记入相关会计科目的贷方，应减少本年度的利润额并记入“本年利润”账户的借方，同时说明相关情况。

会计调账分录：

借：本年利润　　1 040

　贷：应交税费——增值税检查调整　　1 040

处理方法三：如果上述错账在账务处理后的次年发现，则由于业务发生当年已做了年终决算，因而有关收入、成本、费用已经结转，相关税金已经缴纳。在做账务调整时，无须考虑“收入”“费用”账户的相关金额，只按规定计算逃避的增值税税额并记入相关会计科目的贷方，将影响以前年度的利润额记入“以前年度损益调整”账户的借方，同时说明相关情况。

计算逃避的增值税税额和影响以前年度的利润额与上述计算方法相同，只需将“本年利润”账户替换为“以前年度损益调整”账户即可。

会计调账分录：

借：以前年度损益调整　　1 040

　贷：应交税费——增值税检查调整　　1 040

二、特殊销售方式下销售额的检查

特殊销售方式是指在销售活动中出现某种特定的行为，如折扣销售、以旧换新、以物易物等。在这些特殊销售方式下，主要把握相关的法律规定，检查其会计处理与核算是否规范。

（一）折扣方式销售货物的检查

纳税人采取折扣方式销售货物，按照税法规定，具体方式有四种：

1. 折扣销售

折扣销售是一种薄利多销的行为，按照税法规定：如果纳税人采取折扣销售方式销售货物，若是销售额和折扣额在同一张发票上分别注明且折扣额填在金额栏内，可按折扣后的销售额征收增值税；若是将折扣额另开发票，无论其在财务上如何核算、在账务上如何处理，均不得从销售额中减除折扣的金额。

检查方法：主要检查当期销售额的扣减数。第一，将本期增值税申报表中的销售额与企业本期“主营业务收入”账户的总额核对，看其金额是否一致。如果两者不一致，可能是因为存在折扣销售方式。第二，将增值税申报表与“主营业务收入”账户的差额和企业销售货物的折扣额进行核对，看是否一致。第三，重点检查企业在销售货物时的折扣额是否在同一张发票上注明，查“主营业务收入”账户，看有无红字冲销的情况。如果有红字冲销的情况，则应调出记账凭证，核实其所附的发票，看折扣额的处理是否符合规定；如果另开发票，则应将其折扣额并入销售额中计税。第四，检查企业采用折扣销售方式销售货物的合同（协议）等资料，看是否与执行的折扣标准相符。

2. 销售折扣

销售折扣是指销货方在销售货物或应税劳务后，为了鼓励购货方及早偿还货款而协议许诺给购货方的一种折扣优待。按照税法的规定，销售折扣发生在销货后，是一种融资性质的理财费用，因而销售折扣不得从应税销售额中减除。如果纳税人将销售折扣的金额从其销售总额中做了扣除，就应将其扣除额按规定的税率计算补缴增值税。

3. 销售折让

销售折让是指在货物销售后，由于其品种、质量等原因，虽然购货方未退货，但销货方给予购货方的一种价格折让。因此，税法规定，对销售折让可以按折让后的货款作为销售额。

检查方法：注意折扣销售、销售折扣和销售折让在税法规定上的区别，正确判断纳税人发生的折扣销售方式属于哪一种类型。如果纳税人故意错用概念，实施偷税行为，应按规定从严处理。

4. 销货退回

纳税人发生销货退回，实际上这笔销售业务就没有发生。按照税法规定，在发生销货退回时，应根据具体情况进行税务处理。

（1）销售方开具增值税专用发票尚未交付购买方，以及购买方未用于申报抵扣并将发票联及抵扣联退回的，销售方在系统中填开并上传《开具红字增值税专用发票信息表》（以下简称《信息表》）。销售方在填开《信息表》时应填写相应的蓝字增值税专用发票信息。

（2）购买方取得增值税专用发票后已用于申报抵扣的，购买方可在增值税发票管理系统中填开并上传《信息表》。此外，购买方在填开《信息表》时不填写相应的蓝字增值税专用发票信息，应暂依《信息表》所列增值税税额从当期进项税额中转出，待取得销售方开具的红字增值税专用发票后，与《信息表》一并作为记账凭证。

购买方取得增值税专用发票后未用于申报抵扣，但发票联或抵扣联无法退回的，购买方在填开《信息表》时应填写相应的蓝字增值税专用发票信息。

主管税务机关通过网络接收纳税人上传的《信息表》，在系统自动校验通过后，生成带有“红字发票信息表编号”的《信息表》，并将信息同步至纳税人端系统中。

销售方凭税务机关校验通过的《信息表》开具红字增值税专用发票，在新系统中以销项负数开具。红字增值税专用发票应与《信息表》一一对应。

(3) 纳税人发生销售退回，依据退回的增值税专用发票或主管税务机关校验通过后生成的带有“红字发票信息表编号”的《信息表》，按退货金额冲减原销售额。

检查方法：将“主营业务收入”、“预计负债”账户和“应交税费——应交增值税（销项税额）”账户相互进行核对，检查纳税人的销货退回是否冲减了当期的销项税额，有无将销售折扣做销售折让处理；对纳税人开具的红字增值税专用发票存根联进行检查，查看其有无主管税务机关校验通过后生成的带有“红字发票信息表编号”的《信息表》，有无擅自开具红字增值税专用发票的问题。

（二）以旧换新方式销售货物的检查

增值税法规定，采取以旧换新方式销售货物，应按新货物的同期销售价格确认应税销售额，不得将收回的旧货物抵扣新货物的金额。

检查方法：注意纳税人是否按新货物的同期销售价格确认应税销售额。应重点检查货物的销售价格，防止企业按实际收取的价款计算销项税额。具体方法是检查纳税人的主营业务收入账户，看有没有哪一种产品（商品）的销售价格明显低于正常时期的销售价格。如果有所售货物的价格明显偏低但无其他特殊情况的，一般是实行以旧换新让价销售造成的，应按规定调增应税销售额。

（三）还本方式销售货物的检查

还本方式销售货物是指纳税人在销售货物后，到一定期限时，由销售方分一次或多次退还给购货方全部或部分价款的行为。这种销售方式是纳税人为了加速资金周转而采取的一种促销手段，其还本支出按规定可作为产品销售费用处理。但增值税法规定，纳税人采取还本销售方式销售货物，其还本的金额不得从销售额中减除。

检查方法：注意纳税人是否按扣除还本支出后的销售额确认应税销售额，从而少计销项税额。在检查时，首先应了解纳税人有无还本销售业务。如果有，则应重点检查“销售费用”账户的摘要记录，看该账户有无还本支出核算业务以及记账是否正确；如果没有还本支出核算，则一般就是将扣除还本支出后的余额确认为应税销售额，应要求纳税人按照还本支出凭证的汇总数补记销售收入，补缴增值税。

（四）以物易物方式销售货物的检查

1. 检查内容及规定

以物易物方式销售货物是指购销双方不是以货币结算，而是以等同或不等同价款的非货币性资产相互结算，实现货物购销的一种方式（也称非货币性资产交换）。增值税法规定：按以物易物方式销售货物，购销双方都应做购销业务处理，以各自发出的货物确认销售额并计算销项税额，以各自收到的货物按规定核算购货额并计算进项税额。

[**例 3-4**] 甲、乙两公司均为一般纳税人，适用的增值税税率为13%。甲公司以成本价为10万元、公允价格及计税价格为12万元的库存商品与乙公司成本价为10万元、公允价格及计税价格为12万元的库存商品（无须安装的机器设备）进行交换。甲公司换入该设备作为固定资产使用。双方均开具了增值税专用发票。在不考虑其他税费的情况下，按照《企业会计准则》的规定，两个公司的会计处理如下：

甲公司的会计处理为：

借：固定资产	120 000	
应交税费——应交增值税（进项税额）	15 600	
贷：主营业务收入		120 000
应交税费——应交增值税（销项税额）		15 600

乙公司的会计处理为：

借：库存商品	120 000	
应交税费——应交增值税（进项税额）	15 600	
贷：主营业务收入		120 000
应交税费——应交增值税（销项税额）		15 600

需要注意的是，在以物易物业务中，双方应分别开具增值税专用发票。若换进的货物不能取得增值税专用发票或其他合法票据，则不能确认进项税额，更不能予以抵扣。

2. 检查方法

（1）检查“库存商品”等账户的贷方发生额。若其借方对应账户为“原材料”“库存商品”“周转材料”“固定资产”“无形资产”“应付账款”，并且只有借记“应交税费——应交增值税（进项税额）”账户，而无贷记“应交税费——应交增值税（销项税额）”账户，则属于异常会计分录，说明企业以物易物未通过销售，未计算增值税的销项税额。

（2）检查交换价格，作出正确处理。在检查时，根据产成品发货单记录的发出数量、“库存商品”账户贷方发生额记录的发出金额，得到兑换商品的单价，再与该商品的正常售价比较，判断并核实兑换商品的单价有无故意压低价格、隐瞒税款的现象。

（3）在上述以物易物业务中，如果按照《企业会计准则》判定非货币性资产交换业务不具有商业实质，或者不满足收入确认的条件，在会计上不做收入核算，则与税法规定的处理不符。税法规定，交换双方都应做购销业务处理，换出商品应做收入核算，同时结转换出商品的销售成本，否则会造成隐瞒销售利润及企业所得税的现象。

甲公司换入资产时，税务处理为：

借：固定资产	120 000	
应交税费——应交增值税（进项税额）	15 600	
贷：应付账款——乙公司		135 600

甲公司换出库存商品时，税务处理为：

借：应收账款——乙公司	135 600	
贷：主营业务收入		120 000
应交税费——应交增值税（销项税额）		15 600

与此同时，结转换出商品的销售成本，转销应收账款和应付账款的金额：

借：主营业务成本　　100 000

　贷：库存商品　　100 000

借：应付账款——乙公司　　135 600

　贷：应收账款——乙公司　　135 600

（五）销售使用过的货物性固定资产的检查

1. 检查内容及规定

按照增值税法的规定，单位和个体经营者销售自己使用过的旧货和应税固定资产，无论销售者是否属于一般纳税人，均按简易计税方法依照规定的征收率计算缴纳增值税，并开具普通发票，不得由税务机关代开增值税专用发票。

根据《财政部、国家税务总局关于简并增值税征收率政策的通知》（财税〔2014〕57号）的规定，一般纳税人销售自己使用过的属于不得抵扣且未抵扣进项税额的固定资产，按照简易计税方法依照3%的征收率减按2%征收增值税，同时不得开具增值税专用发票。上述纳税人也可以放弃减税，按照简易计税方法依照3%的征收率缴纳增值税，并可以开具增值税专用发票。

2. 检查方法

检查“固定资产”“固定资产清理”“持有待售资产”“资产处置损益”账户并进行核对，看处理的固定资产是正常清理，还是将固定资产转入持有待售资产或将固定资产直接对外销售。如果是对外销售，首先，应确认在固定资产购置时是否进行了进项税额抵扣。如果已经做了进项税额抵扣，其销售额应按适用税率计算销项税额；如果购置时未抵扣进项税额，则应按上述简易计税方法计算缴纳增值税，在会计处理时应确认为“应交税费——简易计税”。其次，应确认是否按规定申报缴纳了增值税以及应纳税额的计算是否正确。

（六）没收包装物押金收入的检查

1. 检查内容及规定

根据增值税法的规定，纳税人为销售货物而出租、出借包装物收取的押金，单独记账核算的，时间在一年以内，又未过期的，不并入销售额征税；但对因逾期未收回包装物不再退还的押金，应按所包装货物的适用税率计算销项税额。其中，“逾期”是指按合同约定实际逾期或以一年为期限，对收取一年以上的押金，除另有规定者外，无论是否退还，均应并入销售额征税；对销售除啤酒、黄酒以外的其他酒类产品而收取的包装物押金，无论是否返还以及会计上如何核算，均应并入当期销售额征税。

2. 检查方法

（1）检查出租、出借包装物的有关合同和协议，掌握各种包装物的回收期限。对于已收取超过一年的包装物押金，若仍挂在“其他应付款”账户上，应做转账处理，并依税法规定计算补缴增值税。

（2）检查“其他应付款”账户借方发生额的对应账户，看有无异常的对应关系。如果发现有与“盈余公积”“营业外收入”等账户相对应的情况，一般就是将应没收的包装物押金挪作他用。经检查核实后，应按税法规定计算补缴增值税。

（3）对销售酒类产品企业（除啤酒、黄酒外）收取的包装物押金，检查是否按税法规定在当期计提增值税，有无滞后计提税金的问题。

［例 3-5］ 某生产企业（一般纳税人）上年 8 月销售一批易碎产品，开具增值税专用发票，取得的产品销售额为 30 万元、增值税税额为 3.9 万元；另外，开具收款收据，取得包装物押金收入 1.13 万元。按照合同约定，包装物的退还时间为 3 个月，如果逾期不退还就没收押金。

业务发生时企业的会计处理为：

借：银行存款	350 300	
贷：主营业务收入		300 000
应交税费——应交增值税（销项税额）		39 000
其他应付款——押金收入		11 300

3 个月后，该项业务的包装物仍未返回，企业将押金没收，会计处理为：

借：其他应付款——押金收入	11 300	
贷：营业外收入		11 300

经税务机关次年检查，该企业销售业务发生时的会计处理正确，但对没收的包装物押金收入的会计处理错误。虽然没收的包装物押金计入了营业外收入，但它是利润总额的组成部分，因而少计了增值税税额。因此，应补缴的增值税税额为：

$$11\,300 \div (1+13\%) \times 13\% = 1\,300\text{（元）}$$

会计调账分录为：

借：以前年度损益调整	1 300	
贷：应交税费——增值税检查调整		1 300

三、视同销售的检查

（一）检查内容及规定

按照《增值税暂行条例》的规定，单位或个体经营者的下列行为，视同销售货物：

（1）将货物交付他人代销。

（2）销售代销货物。

（3）设有两个以上机构并实行统一核算的纳税人，将货物从一个机构移送至其他机构用于销售，但相关机构设在同一县（市）的除外。

（4）将自产、委托加工或购买的货物作为投资，提供给其他单位或个体经营者。

（5）将自产、委托加工或购买的货物分配给股东或投资者。

（6）将自产、委托加工的货物用于集体福利或个人消费。

（7）将自产、委托加工或购买的货物无偿赠送他人。

（8）向其他单位或者个人无偿提供交通运输业、邮政业和部分现代服务业服务，但以公益活动为目的或者以社会公众为对象的除外。

(9) 财政部、国家税务总局规定的其他情形

从上述规定可以看出，纳税人对于自产的货物、委托加工的货物，无论是自己使用还是他人使用，一律要视同销售并按规定计算增值税的销项税额。而外购的货物只有在他人使用时才视同销售，按规定计算销项税额；如果是自己使用外购的货物，不视同销售并计算增值税的销项税额，而是做进项税额转出。

纳税人将自产、委托加工或外购的货物用作对外投资、提供给其他单位或个体经营者、分配给股东或投资者、无偿赠送他人，按规定均应视同销售货物并计算销项税额。按其实际投资额、分配额和赠送额记入销售收入科目，并将按实现的收入和适用税率计算的销项税额记入税金科目，然后将实现的收入和计算的增值税销项税额合计数记入投资科目、分配额和营业外支出，同时按规定结转货物的成本。当业务发生时，正确的账务处理为：

借：长期投资（或应付利润、营业外支出）
　贷：主营业务收入
　　　应交税费——应交增值税（销项税额）

[例 3-6]　某工业企业（一般纳税人）适用的增值税税率为13%。某月将成本价值为180 000元、公允价值及计税价值为200 000元的自产货物提供给外单位作为投资。按照税法规定，该企业正确的账务处理为：

借：长期股权投资	226 000	
贷：主营业务收入		200 000
应交税费——应交增值税（销项税额）		26 000

与此同时，结转投资货物成本：

借：主营业务成本	180 000	
贷：库存商品		180 000

目前，《企业会计准则》规定：将自产、委托加工或外购货物用于对外投资、分配给股东、抵偿债务等，均应先按销售处理，按规定计算销项税额。例如，将货物用于机构间移送时，按成本价贷记“库存商品”账户，按市场公允价值乘以税率计算销项税额并贷记“应交税费——应交增值税（销项税额）”账户，再将库存商品和销项税额的合计金额借记“应收账款”账户。

[例 3-7]　某服装零售企业（一般纳税人）适用的增值税税率为13%，某月将成本价为200 000元的服装移送至邻市另一实行统一核算的连锁机构用于销售。这批服装的市场公允价值为220 000元。该企业的会计处理为：

借：应收账款	228 600	
贷：库存商品——服装		200 000
应交税费——应交增值税（销项税额）		28 600

对于这种行为和账务处理方法，应该计算缴纳增值税，但按照企业所得税的相关规定，只要资产的权属未发生改变，就不计算应纳税所得额。如果纳税人会计处理的贷方发生额未用“应交税费——应交增值税（销项税额）”账户来加以反映，就可能逃避增值税。

（二）检查方法

（1）检查“库存商品”“委托加工物资”账户的贷方发生额的对应账户关系是否正常。追查出库商品的去向和用途，从中发现问题。

（2）检查在货物、劳务、服务改变用途时的核算账户（即“其他业务收入”“其他业务成本”“应付职工薪酬”“营业外支出”等账户）的对应账户，逆向核对是否符合处理规定。

（3）核对税金计算是否正确，检查“应交税费——应交增值税（销项税额）”账户的贷方发生额与货物、劳务、服务改变用途时会计核算对应账户的借方发生额，以便核对领用数量。在核实的基础上将金额除以数量，即可得出结转单价，再与日常销售价相比，看它们是否相等。

（4）检查自用商品的领用时间，看有无人为延期做账，只要核对发货单记载时间与记账凭证的时间是否一致就可发现问题。

四、组成计税价格的检查

（一）检查内容及规定

税法规定，纳税人销售货物或者提供应税劳务或应税服务的价格明显偏低或偏高，并无正当理由或商业目的的，以及单位或个体经营者有视同销售货物行为而无销售额的，税务机关有权按下列顺序确定其销售额：

（1）按纳税人当月同类货物的平均销售价格确定。

（2）按纳税人最近日期同类货物的平均销售价格确定。

（3）按组成计税价格确定。

增值税的组成计税价格有两种情况。

第一种，该货物只征收增值税，而不征收消费税的。其组成计税价格为：

组成计税价格＝成本×(1＋成本利润率)

该公式中的成本利润率，如果能确认，则适用真实的比例；如果不能确认，则按国家税务总局规定的比例10％确认。该公式中的成本，如果是销售自产货物，则为实际生产成本；如果是销售外购货物，则为实际采购成本。

第二种，该货物既征收增值税，同时又征收消费税的。其组成计税价格为：

组成计税价格＝成本×(1＋成本利润率)＋消费税税额

或

组成计税价格＝成本×(1＋成本利润率)÷(1－消费税税率)

组成计税价格的公式往往是税务机关在检查时运用，纳税人自己用得不多。即便纳税人自己运用，计算的内容往往也不真实。因此，如果纳税人销售货物或者提供应税劳务的价格明显偏低，以及单位或个体经营者有视同销售货物行为而无销售额的，很容易逃避缴纳税款。

（二）检查方法

税务机关应注意组成计税价格公式中的成本是否真实。按照规定，销售自产货物的成本为实际生产成本。其生产成本除了生产货物的直接费用外，还包括生产货物的制造费用。销售外购货物的成本为实际采购成本，主要分为两种情况：一是国内购进并用于国内销售和用于出口的商品，以进货原价为其实际采购成本，不包括购进商品所发生的进货费用；二是企业进口的商品，其采购成本包括进口商品的国外进价、应分摊的外汇差价和进口环节的各种税金。如果是企业委托其他单位代理进口的商品，则其采购成本为实际支付给代理单位的全部价款。在成本和相关因素无误的情况下，还应检查其计算过程是否正确。

五、混合销售行为的检查

（一）检查内容及规定

如果一项销售行为既涉及货物又涉及服务，为混合销售行为。从事货物的生产、批发或者零售的单位和个体工商户的混合销售行为，按照销售货物缴纳增值税；其他单位和个体工商户的混合销售行为，按照销售服务缴纳增值税。

上述从事货物的生产、批发或者零售的单位和个体工商户，包括以从事货物的生产、批发或者零售为主，并兼营销售服务的单位和个体工商户。

（二）检查方法

1. 检查企业混合销售行为的增值税归类判断是否正确

以纳税人申报的或检查核实的各部分销售额为依据，查明纳税人的税务登记，落实经营范围，核实纳税人的实际经营业务是以销售货物为主还是以提供应税服务为主，进而判断其混合销售行为是按销售货物缴纳增值税还是按应税服务缴纳增值税。

2. 检查混合销售行为申报销项税额的收入额是否正确

如果判断混合销售行为是按销售货物缴纳增值税，应以纳税申报表为依据，结合“主营业务收入”“其他业务收入”账户，查明申报的销售额是否正确，以及销售额中是否包括了应税服务的销售额，同时还应重点检查“应付职工薪酬”“营业外收入”“其他应付款”等账户的贷方发生额，查看其摘要栏的内容，看其是否将应税服务收入记入这些不征收增值税的账户核算，进一步对照账、证予以核实。

需要注意的是，如果对应税服务的收入一并征收增值税，则应将应税服务收入涉及的进项税额予以抵扣。

[例 3-8] 某税务机关对辖区内的某家电销售公司（一般纳税人）上年 12 月的增值税进行检查。该公司当月某次业务销售了 20 台空调给某使用单位并负责安装，开具了增值税专用发票，收取的空调价款为 100 000 元、增值税销项税额为 13 000 元；同时开具普通发票，收取的安装费为 2 520 元、安装所需的材料费为 2 000 元（材料的成本价格为 1 500 元）。公司销售空调和安装所需材料的增值税税率均为 13%，业务发生时公司的会计处理为：

借：银行存款	117 520
贷：主营业务收入	100 000

应交税费——应交增值税（销项税额） 13 000
其他业务收入 2 520
原材料 2 000

该公司的会计处理错误：一是没有对取得的安装费和材料费计算销项税额；二是会计科目用错，安装空调耗费的原材料没有做收入处理，而是直接冲减了原材料。按照规定，该公司销售空调并负责安装所收取的全部价款和价外收入应视为混合销售收入，一并按销售货物征收增值税，同时耗费材料所负担的进项税额也予以抵扣。该公司少计算的增值税税额为：

$$(2\ 520+2\ 000)\div(1+13\%)\times13\%-1\ 500\times13\%=325\ (\text{元})$$

检查时的会计调账分录为：

借：以前年度损益调整 325
贷：应交税费——增值税检查调整 325

（说明：因相关材料成本结转不正确影响的企业所得税，此处不做解答。）

六、兼营业务的检查

（一）检查内容及规定

在全面实施“营改增”后，兼营是指纳税人销售货物、加工修理修配劳务、服务、无形资产或者不动产适用不同税率或者征收率的，应当分别核算适用不同税率或者征收率的销售额，未分别核算销售额的，按照以下方法适用税率或者征收率：

（1）兼有不同税率的销售货物、加工修理修配劳务、服务、无形资产或者不动产，从高适用税率。

（2）兼有不同征收率的销售货物、加工修理修配劳务、服务、无形资产或者不动产，从高适用征收率。

（3）兼有不同税率和征收率的销售货物、加工修理修配劳务、服务、无形资产或者不动产，从高适用税率。

（二）检查方法

（1）检查纳税人兼营不同税率或不同征收率的应税业务是否分别核算了销售额。在检查时，以“主营业务收入”“其他业务收入”账户为主要内容，结合记账凭证，落实应税业务的核算方法。如果纳税人未分别核算或者未能准确核算不同税率或不同征收率应税业务的销售额，按照规定：对适用不同税率应税业务的销售额，从高适用税率计算销项税额；对适用不同征收率应税业务的销售额，从高适用征收率计算增值税税额。如果兼营不同税率和征收率的应税业务未分别核算其销售额，从高适用税率计算销项税额。

（2）对兼营不同税率的应税业务而又不分别核算的纳税人，以主营业务收入乘以税率得出的销项税额，与“应交税费——应交增值税（销项税额）”账户相核对，看两者是否相符。若计算出的销项税额大于账面对应的销项税额的合计数，则应逐笔核对产品销售收入明细账和“应交税费——应交增值税（销项税额）”账户，查清兼营收入计算销项税额错误的问题。需要注意的是，如果对不同税率或不同征收率应税业务的销售额一并计算销项税额或增值税税额，也应将对应的进项税额予以抵扣。

第二节 进项税额的检查

进项税额是指一般纳税人购进货物、应税劳务和应税服务所支付或者负担的增值税税额。进项税额是与销项税额相对应的另一个概念，在开具增值税专用发票的情况下，它们之间的对应关系是：销售方取得的销项税额就是购买方支付的进项税额。对于一般纳税人来说，进项税额的大小直接影响当期应纳税额的多少，在当期销项税额一定时，当期应纳税额与当期进项税额呈反向变化。

一、进项税额扣除范围的检查

根据增值税法的规定，准予从销项税额中抵扣的进项税额，限于增值税扣税凭证上注明的增值税税额和按规定的扣除率计算的进项税额。

（一）从销售方取得的增值税专用发票上注明税额的检查

1. 检查内容及规定

按照规定，一般纳税人购进货物、应税劳务和应税服务，从销售方取得的增值税专用发票上注明的增值税税额可以扣除，但扣除的范围有严格的规定，一般是直接与应税货物、应税劳务和应税服务相关的进项税额，比如外购的用于生产应税货物的原材料、低值易耗品和外购的用于生产应税货物的机械设备的进项税额，均能扣除。如果外购的应税货物或应税服务用于不征税项目或免税项目，其进项税额不允许扣除。

2. 检查方法

（1）检查购进货物、应税劳务和应税服务是否按规定取得增值税专用发票和增值税专用发票抵扣联，取得的增值税专用发票是否合法有效，有无不符合规定的情况。

（2）检查取得的增值税专用发票的内容，看其摘要栏所填内容与实物是否相符，有无乱立名目、以假乱真的现象。检查增值税专用发票上的数量、单价、金额是否正确；使用的税率和计算的税额是否有误；各项目的信息填写是否齐全、清晰，有无涂改的痕迹；税务登记号是否正确，票面是否有规定的印章；采取汇总开票的，其所附的销货清单是否符合规定要求。

（3）检查纳税人据以核算进项税额的增值税专用发票的发票联、抵扣联所记载的内容是否一致，有无只有抵扣联而无发票联或者只有发票联而无抵扣联的增值税专用发票。将企业当期申报纳税中所抵扣的进项税额，与其所取得的增值税专用发票上注明的进项税额合计数进行比较。如果两者不等，就有可能发生多缴税或少缴税的情况。与此同时，还应将增值税专用发票上反映的进项税额与其“应交税费”总账金额进行比较，看两者的数额是否相等。若两者不相等，则有多计或少计账簿数额的情况，进而影响当期的应缴税额。

(4) 检查纳税人购进的货物是否与购货方的生产经营相关。第一，核对生产经营范围。第二，核对“原材料”“库存商品”账户，防止虚开、代开的情况。在检查增值税专用发票、会计分录及有关税金账簿的同时，为了进一步证实进项税额的正确性，还可以函查销售方的纳税人，看其销售的内容及有关数据与纳税人所取得的增值税专用发票所填列的内容、数据是否相等。如果两者的同联次发票反映着不同的内容或数据有异，就证明存在问题，很有可能存在虚假行为。

(二) 购、销货物运输费用进项税额的检查

1. 检查内容及规定

对一般纳税人外购货物和销售货物所支付的运输费用，取得的运输业开具的增值税专用发票上注明的进项税额准予扣除，随同运费支付的装卸费、保险费等其他杂费只要是取得的增值税专用发票上注明的进项税额，也准许扣除。无论是运输费用，还是装卸费、保险费等其他杂费，没有取得增值税专用发票的都不能抵扣。

2. 检查方法

(1) 检查纳税人抵扣票据的合理性和合法性。审核抵扣运费的增值税专用发票是否属于规定的可抵扣票据，票面项目是否符合要求，运费凭证与有关资金或存货类账户的核算内容是否相关。如果只有运费凭证，而无相应的资金或存货，则要进一步核实。

(2) 检查纳税人“应交税费——应交增值税（进项税额）”账户的记账凭证。审核有无对不属于运费范围的款项或免税货物发生的运输费用也进行了进项税额抵扣。

(3) 检查纳税人的“库存商品”“原材料”“周转材料”等账户。审核单据所列项目与实物是否相符，有无与按简易计税方法征收增值税相对应的为购入建筑物、房屋而支付的运费也计入了抵扣范围。

(4) 将购进货物的进项税额与支付运费的进项税额进行比较分析，查看有无异常现象，重点检查是否存在虚假抵扣进项税额的现象。

(三) 购进免税农产品进项税额的检查

1. 检查内容及规定

对于购进免税农产品准予抵扣的进项税额，要检查其原始凭证是否符合规定，有无超范围计算进项税额抵扣的问题。依据增值税法的规定，一般纳税人购进农业生产者销售的农产品，或者向小规模纳税人购买农产品，从 2019 年 4 月 1 日起，准予按照买价和 9%的扣除率计算进项税额（说明：核定扣除农产品进项税额除外），纳税人购进用于生产或者委托加工 13%税率货物的农产品，按照 10%的扣除率计算进项税额，从当期销项税额中扣除。其计算公式为：

准予抵扣的进项税额＝买价×扣除率

2. 检查方法

(1) 检查企业的收购凭证。将税务部门出售的收购凭证领购簿与企业使用的收购凭证对照检查，审核其使用的收购凭证是否合法。

(2) 检查企业收购凭证的汇总数和收购实物数。审核购进的货物是否属于免税农产品，是否向规定的对象收购，是否以规定的价格为依据计算抵扣税额。

(3) 检查企业计算免税农产品进项税额的凭证与有关资金和往来账户。若只有开具的凭证而无相应的资金运动或负债产生，以及虽有资金运动或负债产生但内容不一致、数额不相符，则不得计算抵扣进项税额。

3. 农产品增值税进项税额核定扣除办法

(1) 适用《农产品增值税进项税额核定扣除试点实施办法》(财税〔2012〕38 号) 的范围。自 2012 年 7 月 1 日起，以购进农产品为原料生产销售液体乳及乳制品、酒及酒精、植物油的增值税一般纳税人，纳入农产品增值税进项税额核定扣除试点范围，其购进农产品无论是否用于生产上述产品，增值税进项税额均按照《农产品增值税进项税额核定扣除试点实施办法》的规定抵扣。除上述规定以外的纳税人，其购进农产品仍按现行增值税的有关规定抵扣农产品进项税额。

(2) 农产品增值税进项税额核定方法。农产品是指列入《财政部、国家税务总局关于印发〈农业产品征税范围注释〉的通知》(财税字〔1995〕52 号) 的初级农产品。试点纳税人购进农产品不再凭增值税扣税凭证抵扣增值税进项税额，购进除农产品以外的货物、应税劳务和应税服务，增值税进项税额仍按现行有关规定抵扣。

1) 试点纳税人以购进农产品为原料生产货物的，农产品增值税进项税额可按照以下方法核定：

第一，投入产出法。参照国家标准、行业标准（包括行业公认标准和行业平均耗用值）确定销售单位数量货物耗用外购农产品的数量（以下简称“农产品单耗数量”）。

当期允许抵扣农产品增值税进项税额依据农产品单耗数量、当期销售货物数量、农产品平均购买单价（含税，下同）和农产品增值税进项税额扣除率（以下简称“扣除率”）计算。其计算公式为：

$$\begin{matrix}\text{当期允许抵扣农产品}\\ \text{增值税进项税额}\end{matrix}=\begin{matrix}\text{当期农产品}\\ \text{耗用数量}\end{matrix}\times\begin{matrix}\text{农产品平均}\\ \text{购买单价}\end{matrix}\times\frac{\text{扣除率}}{1+\text{扣除率}}$$

$$\begin{matrix}\text{当期农产品}\\ \text{耗用数量}\end{matrix}=\begin{matrix}\text{当期销售}\\ \text{货物数量}\end{matrix}\left(\begin{matrix}\text{不含采购除农产品以外的}\\ \text{半成品生产的货物数量}\end{matrix}\right)\times\begin{matrix}\text{农产品}\\ \text{单耗数量}\end{matrix}$$

对于以单一农产品原料生产多种货物或者以多种农产品原料生产多种货物的，在核算当期农产品耗用数量和农产品平均购买单价时，应依据合理的方法归集和分配。

农产品平均购买单价是指购买农产品的期末平均买价，不包括买价之外单独支付的运费和入库前的整理费用。期末平均买价的计算公式为：

$$\begin{matrix}\text{期末}\\ \text{平均买价}\end{matrix}=\frac{\begin{matrix}\text{期初库存}\\ \text{农产品数量}\end{matrix}\times\begin{matrix}\text{期初}\\ \text{平均买价}\end{matrix}+\begin{matrix}\text{当期购进}\\ \text{农产品数量}\end{matrix}\times\begin{matrix}\text{当期}\\ \text{买价}\end{matrix}}{\begin{matrix}\text{期初库存}\\ \text{农产品数量}\end{matrix}+\begin{matrix}\text{当期购进}\\ \text{农产品数量}\end{matrix}}$$

第二，成本法。依据试点纳税人的年度会计核算资料，计算确定耗用农产品的外购金额占生产成本的比例（以下简称“农产品耗用率”）。当期允许抵扣农产品增值税进项税额依据当期主营业务成本、农产品耗用率以及扣除率计算。其计算公式为：

$$\text{当期允许抵扣农产品增值税进项税额}=\text{当期主营业务成本}\times\text{农产品耗用率}\times\frac{\text{扣除率}}{1+\text{扣除率}}$$

$$\text{农产品耗用率}=\frac{\text{上年投入生产的农产品外购金额}}{\text{上年生产成本}}$$

农产品外购金额（含税）不包括不构成货物实体的农产品（包括包装物、辅助材料、燃料、低值易耗品等）和在购进农产品之外单独支付的运费、入库前的整理费用。

对于以单一农产品原料生产多种货物或者以多种农产品原料生产多种货物的，在核算当期主营业务成本以及核定农产品耗用率时，试点纳税人应依据合理的方法进行归集和分配。

农产品耗用率由试点纳税人向主管税务机关申请核定。

年度终了，主管税务机关应根据试点纳税人本年实际对当年已抵扣的农产品增值税进项税额进行纳税调整，重新核定当年的农产品耗用率，并作为下一年度的农产品耗用率。

第三，参照法。新办的试点纳税人或者试点纳税人新增产品的，试点纳税人可参照所属行业或者生产结构相近的其他试点纳税人确定农产品单耗数量或者农产品耗用率。次年，试点纳税人向主管税务机关申请核定当期的农产品单耗数量或者农产品耗用率，并据此计算确定当年允许抵扣的农产品增值税进项税额，同时对上一年度的增值税进项税额进行调整。核定的进项税额超过实际抵扣增值税进项税额的，其差额部分可以结转下期继续抵扣；核定的进项税额低于实际抵扣增值税进项税额的，其差额部分应按现行增值税的有关规定将进项税额做转出处理。

2）试点纳税人购进农产品直接销售的，农产品增值税进项税额按照以下方法核定扣除：

$$\text{当期允许抵扣农产品增值税进项税额}=\frac{\text{当期销售农产品数量}}{1-\text{损耗率}}\times\text{农产品平均购买单价}\times\frac{13\%}{1+13\%}$$

$$\text{损耗率}=\frac{\text{损耗数量}}{\text{购进数量}}$$

3）试点纳税人购进农产品用于生产经营且不构成货物实体的（包括包装物、辅助材料、燃料、低值易耗品等），增值税进项税额按照以下方法核定扣除：

$$\text{当期允许抵扣农产品增值税进项税额}=\text{当期农产品耗用数量}\times\text{农产品平均购买单价}\times\frac{13\%}{1+13\%}$$

农产品单耗数量、农产品耗用率和损耗率统称农产品增值税进项税额扣除标准（以下简称“扣除标准”）。

（3）试点纳税人销售货物，应合并计算当期允许抵扣农产品增值税进项税额。

（4）试点纳税人购进农产品取得的农产品增值税专用发票和海关进口增值税专用缴款书，按照注明的金额及增值税税额一并计入成本科目；自行开具的农产品收购发票和取得的农产品销售发票，按照注明的买价直接计入成本。

（5）《农产品增值税进项税额核定扣除试点实施办法》规定的扣除率为销售货物的适

用税率。

(6) 省级（包括计划单列市，下同）税务机关应根据上述第（2）条规定的核定方法顺序，确定试点纳税人适用的农产品增值税进项税额核定扣除方法。

(7) 试点纳税人应自执行《农产品增值税进项税额核定扣除试点实施办法》之日起，将期初库存农产品以及库存半成品、产成品耗用的农产品增值税进项税额做转出处理。

(8) 试点纳税人应当按照上述第（2）条的规定准确计算当期允许抵扣农产品增值税进项税额，并从相关账户转入“应交税费——应交增值税（进项税额）”账户。未能准确计算的，由主管税务机关核定。

(9) 试点纳税人购进的农产品价格明显偏高或偏低，且不具有合理商业目的的，由主管税务机关核定。

(10) 试点纳税人在计算农产品增值税进项税额时，应按照下列顺序确定适用的扣除标准：

1）财政部和国家税务总局不定期公布的全国统一的扣除标准。

2）省级税务机关与同级财政机关根据本地区实际情况，报经财政部和国家税务总局备案后公布的适用于本地区的扣除标准。

3）省级税务机关依据试点纳税人申请，按照《农产品增值税进项税额核定扣除试点实施办法》第十三条规定的核定程序审定的仅适用于该试点纳税人的扣除标准。

（四）进口货物进项税额的检查

1. 检查内容及规定

依据规定，一般纳税人进口货物，从海关取得的专用缴款书上注明的增值税税额可从销项税额中抵扣。没有从海关取得注明增值税税额的法定扣税凭证，不能抵扣进项税额。进口货物属于不得抵扣范围的，也不得抵扣。

2. 检查方法

(1) 检查海关在代征进口货物增值税时的增值税专用缴款书的真实性，即原件的唯一性、企业名称的准确性。若增值税专用缴款书上标有两个单位名称，既有代理进口单位名称，又有委托进口单位名称，则只准予其中取得增值税专用缴款书原件的单位抵扣税款。

(2) 检查增值税专用缴款书上注明的进口货物入库单。重点追踪进口货物的流向，若无库存，则查看其是否已做销售申报纳税。

(3) 核定完税凭证上注明的增值税税额是否正确，有无将用于免税产品生产或集体福利的进口机械设备或固定资产的进项税额也作为抵扣的金额。

（五）进货退回或折让进项税额的检查

1. 检查内容及规定

依据规定，进货退回或折让涉及的进项税额，只要按规定取得红字增值税专用发票，就必须从当期的进项税额中扣减。如果纳税人进货退回或折让涉及的进项税额不从进项税额中扣除，就会逃避增值税。

2. 检查方法

(1) 根据主管税务机关为纳税人校验通过后生成的带有“红字发票信息表编号”的《信息表》，检查纳税人留存的《信息表》，看纳税人是否按照规定保存了相关的《信息表》。如果纳税人未按规定保存，则证明其有可能将已退回货物的进项税额抵扣了销项税额。

(2) 对照《信息表》和销货方开具的红字增值税专用发票的发票联、抵扣联，检查纳税人的“应交税费——应交增值税（进项税额）”账户，查明纳税人在发生退货后，相应的进项税额是否已从进项税额中扣减，或所扣减的进项税额是否小于《信息表》、红字增值税专用发票抵扣联上注明的税额。

(3) 依据纳税人收到的红字增值税专用发票上注明的开具时间，检查发生退货或索取折让的纳税人是否有延期扣减进项税额的现象。

（六）纳税人购进国内旅客运输服务进项税额的检查

1. 检查内容及规定

自 2019 年 4 月 1 日起，纳税人购进国内旅客运输服务，其进项税额允许从销项税额中抵扣。纳税人未取得增值税专用发票的，暂按照以下规定确定进项税额：

(1) 取得增值税电子普通发票的，为发票上注明的税额。

(2) 取得注明旅客身份信息的航空运输电子客票行程单的，按照下列公式计算进项税额：

$$航空旅客运输进项税额=(票价+燃油附加费)\times\frac{9\%}{1+9\%}$$

(3) 取得注明旅客身份信息的铁路车票的，按照下列公式计算进项税额：

$$铁路旅客运输进项税额=票面金额\times\frac{9\%}{1+9\%}$$

(4) 取得注明旅客身份信息的公路、水路等其他客票的，按照下列公式计算进项税额：

$$公路、水路等其他旅客运输进项税额=票面金额\times\frac{3\%}{1+3\%}$$

2. 检查方法

(1) 允许抵扣的国内旅客运输服务，限于与本单位签订了劳动合同的员工以及本单位作为用工单位接受的劳务派遣员工发生的国内旅客运输服务。检查增值税电子普通发票上注明的购买方“名称”“纳税人识别号”等信息与实际抵扣税款的纳税人是否一致。纳税人为非雇员支付的旅客运输费用，不能纳入抵扣范围。

(2) 一般纳税人购进国内旅客运输服务，可以作为进项税额抵扣的凭证有：增值税专用发票，增值税电子普通发票，注明旅客身份信息的航空运输电子客票行程单、铁路车票以及公路、水路等其他客票，不包括增值税普通发票。在检查时应注意，除了增值税发票外的旅客运输扣税凭证，只有注明了旅客的身份信息，才可以抵扣进项税额，手写无效。由于出租车票没有旅客的个人信息，因而不能抵扣进项税额。纳税人取得旅行社、航空票务代理等票务代理机构依 6%的税率开具的代理旅客运输费用电子普通发票，是购进“现代服务——商务辅助服务”，不属于购进国内旅客运输服务，不能作为抵扣凭证。

(3) 购进的旅客运输服务要抵扣进项税额的，还需要符合进行抵扣的基本规定，比如用于免税、简易计税项目的不得抵扣，用于集体福利、个人消费、非正常损失等情形的不得抵扣等。

二、不得抵扣进项税额及转出的检查

（一）不得抵扣进项税额的基本规定

按照税法规定，一般纳税人发生下列行为的，进项税额不得抵扣：

（1）购进货物或者应税劳务和应税服务，未按规定取得增值税专用发票或者取得增值税专用发票后未妥善保存的，不得抵扣进项税额。

（2）购进货物或者应税劳务和应税服务的增值税扣税凭证，未按规定注明增值税税额及其他有关事项，或者虽有注明但不符合规定的，不得抵扣进项税额。

（3）用于简易计税项目的购进货物或者应税劳务和应税服务，不得抵扣进项税额。

（4）用于免税项目的购进货物或者应税劳务和应税服务，不得抵扣进项税额。

（5）用于集体福利或个人消费的购进货物或者应税劳务和应税服务，不得抵扣进项税额。

（6）非正常损失的购进货物或者应税劳务和应税服务，不得抵扣进项税额。

（7）非正常损失的在产品、产成品所耗用的购进货物或者应税劳务和应税服务，不得抵扣进项税额。

发生上述行为不得抵扣进项税额的有两种情况：一是购进货物时明确知道不能用于应税项目，在这种情况下产生的进项税额在会计核算时就不能作为进项税额核算，而应将相应的进项税额计入对应成本或营业外支出；二是购进货物时因不明确货物的用途，而将与货物相对应的进项税额做了当期的进项税额核算，又因我国增值税采用的是购进扣税法，除特殊规定外，不管外购货物是否当期使用，只要取得合法票据，其进项税额均可在当期扣除，因此已经做了进项税额抵扣的货物有可能改变用途而用于免税项目或集体福利，在这种情况下就应在货物改变用途的当期做进项税额转出。

（二）检查的内容与方法

（1）正确区分原材料、周转材料、可移动固定资产和不动产固定资产的范围，防止纳税人将购进的用于集体福利的不动产固定资产的进项税额纳入进项税额的扣除范围。

（2）检查纳税人购进原材料、商品的用途及对象，是否用于生产应税货物，是否将其负担的进项税额由“应交税费——应交增值税”账户的贷方转出。

（3）检查计算转出的进项税额是否正确，进项税额转出的时间与增值税会计处理的规定是否一致。

三、销售返还进项税额转出的检查

（一）取得返还资金的形式和冲减进项税额的计算

自 2004 年 7 月 1 日起，对商业企业向供货方收取的与商品销售量、销售额挂钩（如以一定比例、金额、数量计算）的各种返还收入，均应按照平销返利行为的有关规定冲减当期增值税进项税额。当期应冲减进项税额的计算公式调整为：

$$\text{当期应冲减进项税额}=\text{当期取得的返还资金}\times\frac{\text{所购货物适用的增值税税率}}{1+\text{所购货物适用的增值税税率}}$$

商业企业向供货方收取的各种返还收入，一律不得开具增值税专用发票。

一般纳税人因购买货物而从销售方取得的返还资金一般有以下表现形式：

（1）购买方直接从销售方取得货币资金。

（2）购买方直接从销售方支付的货款中坐扣。

（3）购买方向销售方索取或坐扣有关销售费用或者管理费用。

（4）购买方在销售方直接或间接列支或者报销有关费用。

（5）购买方取得销售方支付的货币资金或实物补偿。

（二）检查的内容与方法

（1）检查“营业收入”账户，判断是否存在将因购买货物而取得的返还资金列入该账户核算的情况，特别是“代销手续费”是否符合代销的条件。

（2）检查“其他业务收入”账户，分析该收入的性质及取得该收入的原因。

（3）检查“投资收益”“本年利润”账户，分析是否未向销售方投资或未与销售方联营协作而以投资收益或联营分利的名义取得利润。

（4）检查“应付账款”账户的明细账。若购货方与供货方始终保持业务往来，而购货方应付账款的余额越滚越大，要进一步分析原因。若应付账款余额被核销，需要了解核销的原因，销售方对此债权是否也予以核销，而让购货方取得了除实物形式以外的返还利润。

（5）检查“银行存款”“库存现金”等账户的贷方发生额与购货发票票面所载金额的差额，对照购、销双方的结算清单，确定应结算与实际结算货款的差额，分析差额部分是否有代扣广告费、促销费、管理费等问题。

（6）检查“销售费用”“管理费用”账户，了解“销售费用”“管理费用”账户的贷方发生额或红字冲销的原因，或“销售费用”“管理费用”账户在某一会计期间大幅减少的原因，是否向销售方转移了费用支出。对于个别特殊企业（如跨地区的总分支机构、关联企业），应检查其经销机构的费用来源、费用支出及核算的操作手段是否正确。

四、进项税额抵扣时间的检查

（一）抵扣时间的相关规定

一般纳税人取得 2017 年 1 月 1 日及以后开具的增值税专用发票、海关进口增值税专用缴款书、机动车销售统一发票、收费公路通行费增值税电子普通发票，取消认证确认、稽核比对、申报抵扣的期限。纳税人在进行增值税纳税申报时，应当通过本省（自治区、直辖市和计划单列市）增值税发票综合服务平台对上述扣税凭证信息进行用途确认。

一般纳税人取得2016年12月31日及以前开具的增值税专用发票、海关进口增值税专用缴款书、机动车销售统一发票，超过认证确认、稽核比对、申报抵扣期限，但符合规定条件的，仍可按照《国家税务总局关于逾期增值税扣税凭证抵扣问题的公告》（国家税务总局公告2011年第50号，国家税务总局公告2017年第36号、2018年第31号修改）、《国家税务总局关于未按期申报抵扣增值税扣税凭证有关问题的公告》（国家税务总局公告2011年第78号，国家税务总局公告2018年第31号修改）规定，继续抵扣进项税额。

（二）检查方法

（1）检查各种应抵扣进项税额的票据是否真实，有无利用假票抵扣进项税额的迹象。

（2）检查票据中各栏目的填写是否规范，是否符合票据管理的有关规定，填列的金额有无虚假，时间有无提前或者滞后。

第三节　应纳增值税税额的检查

应纳增值税税额的检查重点是对当期销项税额和当期进项税额两个部分的检查，当期销项税额和当期进项税额的检查方法前面已做了介绍，此处主要阐述对增值税“应交税费——应交增值税”账户的检查。

一、增值税“应交税费”账户的检查方法

“应交税费——应交增值税”账户是为了全面核算和反映增值税的进项税额、销项税额、进项税额转出、出口退税以及应缴、已缴情况而设置的。对纳税人“应交税费——应交增值税”账户的检查，主要有以下几个方面：

（一）“应交税费——应交增值税（进项税额）”账户的检查

该账户记录企业购入货物、接受应税劳务和应税服务而支付的、准予从销项税额中抵扣的增值税税额。企业购入货物或接受应税劳务和应税服务支付的进项税额，借方用蓝字登记，退回所购货物应冲销的进项税额用红字登记。在检查时，注意该账户中各项核算内容及财务处理方法是否符合有关增值税会计处理的规定，如外购的专用物资用于免税货物的进项税额就不能记入该账户中。

（二）“应交税费——应交增值税（销项税额）”账户的检查

该账户记录企业销售货物或提供应税劳务和应税服务应收取的增值税税额。企业销售货物或提供应税劳务和应税服务应收取的销项税额，贷方用蓝字登记，退回销售货物应冲销的销项税额用红字登记。在检查该账户时，应注意两个问题：一是纳税人在销售货物并

开具普通发票时，是否对含税的销售额核算了销项税额，有无漏记、错记的现象；二是纳税人将自产、委托加工或外购的应税货物和应税服务用于对外投资或其他方面，应视同销售处理的，是否核算了销项税额。

（三）“应交税费——应交增值税（进项税额转出）”账户的检查

设立该账户是因为有些纳税人在购进货物时不清楚其货物的具体用途，往往在购进时已按照增值税专用发票上记载的进项税额或采用其他计算方法计算的进项税额记入了“进项税额”账户，而后这些货物实际上又用于免税项目或其他方面。按照税法规定，这些进项税额不能从销项税额中抵扣，而必须由其他相对应的项目承担。为了方便增值税的核算，该账户记录企业的购进货物、在产品、产成品等发生非正常损失以及由于其他原因，不应从销项税额中抵扣，而应按规定转出的进项税额。在检查时，应重点检查外购应税货物的流向，是否属于进项税额规定的抵扣范围，有无用于免税项目或其他改变用途的情况而未做进项税额转出。

（四）“应交税费——应交增值税（出口退税）”账户的检查

该账户记录企业出口适用零税率的货物，在向海关办理报关出口手续后，凭出口报关单等有关凭证，向税务机关申报办理出口退税而应收或收到退回的税款。出口货物退回的增值税税额，贷方用蓝字登记，出口货物办理退税后发生退货或者退关而补缴已退的税额用红字登记。

另外，对于企业内部管理控制制度较完善、会计核算水平较高、账簿设置较规范的纳税人，一般采用复核法、抽查法等方法进行检查。将“应交税费——应交增值税”账户各栏目的记录，与账簿记载的各项指标和会计报表、增值税纳税申报表相对应的数据进行核对，与增值税专用发票抵扣联进行核对，检查有无错误的情况。对于会计核算不规范或内部管理控制制度不健全的纳税人，其增值税账簿记录往往不能作为检查的主要依据。对于这些纳税人往往采用详查法、全查法，即检查每一笔经营业务的情况，并可从销货发票、存货或银行存款等方面检查其纳税情况。

二、增值税检查后的调账方法

一般纳税人的应纳税额等于当期销项税额减当期进项税额，如果当期进项税额大于当期销项税额，则不但当期无须缴纳增值税，而且未抵扣完的进项税额可继续结转下期抵扣。由于一般纳税人应纳税额计算方法的特殊性，所以在对其进行检查时，必须检查所属期进项税额未抵扣完的余额。如果检查所属期的期末存在未抵扣完的进项税额，那么即便对所属期检查出部分销项税额或部分不准抵扣的进项税额，也不能肯定检查所属期就一定要补缴增值税。为了解决上述问题，根据税法规定，对于增值税检查后的账务调整，应设立“应交税费——增值税检查调整”专门账户。具体核算方法如下：

（1）凡检查后应调减账面进项税额或调增销项税额和进项税额转出的数额，借记有关账户，贷记本账户。会计调账分录为：

借：有关账户（产品成本、营业外支出等）

　　贷：应交税费——增值税检查调整

（2）凡检查后应调增账面进项税额或调减销项税额和进项税额转出的数额，借记本账户，贷记有关账户。会计调账分录为：

借：应交税费——增值税检查调整

　　贷：有关账户（材料成本、固定资产等）

（3）在全部调账事项入账后，应结出本账户的余额，并对该余额进行处理：

1）若余额在借方，全部视同留抵进项税额，按借方余额数借记“应交税费——应交增值税（进项税额）”账户，贷记本账户。会计调账分录为：

借：应交税费——应交增值税（进项税额）

　　贷：应交税费——增值税检查调整

2）若余额在贷方，检查所属期“应交税费——应交增值税”账户无借方余额，按贷方余额数借记本账户，贷记“应交税费——未交增值税”账户。会计调账分录为：

借：应交税费——增值税检查调整

　　贷：应交税费——未交增值税

3）若余额在贷方，检查所属期“应交税费——应交增值税”账户有借方余额且等于或大于这个贷方余额，按贷方余额数借记本账户，贷记“应交税费——应交增值税”账户。会计调账分录为：

借：应交税费——增值税检查调整

　　贷：应交税费——应交增值税

4）若余额在贷方，检查所属期“应交税费——应交增值税”账户有借方余额但小于这个贷方余额，应将这两个账户的余额冲减后，其差额贷记“应交税费——未交增值税”账户。会计调账分录为：

借：应交税费——增值税检查调整（差额）

　　贷：应交税费——未交增值税（差额）

三、增值税检查案例

［例3-9］ 某工业生产企业（一般纳税人）适用的增值税税率为13%。202×年2月25—28日，当地主管税务机关对其上年12月的生产经营情况及应缴纳的增值税进行了检查，发现问题如下：

（1）12月5日12号凭证：购进原材料一批，已验收入库，取得增值税专用发票一张，注明的价款为200 000元、增值税税额为26 000元。取得运输部门开具的运输业普通发票一张，注明的运费为10 000元；取得装卸费增值税专用发票一张，注明的装卸费用为2 000元，税款为120元，款项均未支付。企业的账务处理为：

借：原材料	211 100
应交税费——应交增值税（进项税额）	27 020
贷：应付账款——××单位	238 120

(2) 12月10日26号凭证：购进一台机械设备并投入使用，取得的增值税专用发票上注明的价款为150 000元、增值税税额为19 500元；取得运输业增值税专用发票一张，注明的运费为8 000元、进项税额为720元；取得增值税普通发票一张，注明的搬运费用为3 000元；款项已付。企业的账务处理为：

借：固定资产　　160 820

　　应交税费——应交增值税（进项税额）　　20 400

　贷：银行存款　　181 220

(3) 12月12日42号凭证：销售一批产品，开出增值税专用发票一张，注明的价款为100 000元、增值税税额为13 000元，货已发出；开具普通发票一张，取得包装物的销售收入为33 900元，款已收存银行。企业的账务处理为：

借：银行存款　　146 900

　贷：主营业务收入　　100 000

　　　应交税费——应交增值税（销项税额）　　13 000

　　　营业外收入　　33 900

(4) 12月18日50号凭证：没收逾期的出租包装物押金9 040元。企业的账务处理为：

借：其他应付款——××单位　　9 040

　贷：利润分配——未分配利润　　9 040

(5) 12月21日60号凭证：本单位职工食堂基建工程领用外购已抵扣进项税额的一批材料，成本价（不含运输费用）为180 000元。企业的账务处理为：

借：在建工程　　180 000

　贷：库存物资　　180 000

(6) 12月24日96号凭证：收购一批免税农产品（非核定办法扣除的范围）作为原材料，支付收购价款120 000元，支付运输单位的运输费用5 000元，未取得增值税专用发票，货物已验收入库。企业的账务处理为：

借：原材料　　125 000

　贷：库存现金　　125 000

(7) 12月25日102号凭证：将成本价格为90 000元（同类产品的不含税市场售价为100 000元）的自产应税产品捐赠给受灾地区。企业的账务处理为：

借：营业外支出　　90 000

　贷：库存商品　　90 000

(8) 12月26日133号凭证：销售下脚料，开具普通发票，取得的含税销售收入为11 300元。企业的账务处理为：

借：银行存款　　11 300

　贷：销售费用　　11 300

(9) 12月28日150号凭证：接受某单位一批捐赠货物，取得了对方开具的增值税专用发票，注明的货物金额为100 000元、增值税税额为13 000元。企业的账务处理为：

借：原材料——接受捐赠的原材料　　113 000

　贷：营业外收入　　113 000

(10) 12 月 30 日 180 号凭证：后附一张存货盘存表，盘亏原材料成本 41 000 元（其中含运输费用 1 000 元，材料和运输费用均在上月抵扣了进项税额，附件资料说明盘亏的原材料因管理不善被盗)。企业的账务处理为：

借：待处理财产损益　　41 000

　贷：原材料　　41 000

(11) 其他资料：上年 12 月末"应交税费——应交增值税（进项税额)"账户有借方余额 20 000 元。

检查要求：

(1) 根据增值税的相关规定，检查该企业会计核算存在的问题；计算上年 12 月该企业应补（或退）的增值税税额。

(2) 根据检查的经济业务，对"应交税费——应交增值税"账户做相关的调账处理。

检查分析处理如下：

(1) 12 月 5 日 12 号凭证：购进原材料发生的运输费用 10 000 元，没有取得增值税专用发票，不应该计算进项税额抵扣，应调减进项税额 900 元（=10 000×9%)。会计调账分录为：

借：原材料　　900

　贷：应交税费——增值税检查调整　　900

(2) 12 月 10 日 26 号凭证：购进一台机械设备，取得了增值税专用发票，注明的增值税税额 19 500 元可进行进项税额抵扣；运费 8 000 元的进项税额 720 元可以抵扣；搬运费用 3 000 元未取得增值税专用发票，不得计算进项税额抵扣。应将搬运费 3 000 元计算的进项税额 180 元计入固定资产的原值，并调减进项税额 180 元。会计调账分录为：

借：固定资产　　180

　贷：应交税费——增值税检查调整　　180

(3) 12 月 12 日 42 号凭证：开具普通发票，取得的包装物销售收入 33 900 元，不应记入"营业外收入"账户核算，应将其作为"其他业务收入"处理，同时计算销项税额，并调增销项税额 3 900 元 [=33 900÷(1+13%)×13%]。会计调账分录为：

借：以前年度损益调整　　3 900

　贷：应交税费——增值税检查调整　　3 900

(4) 12 月 18 日 50 号凭证：没收逾期的包装物押金 9 040 元，不应记入"利润分配——未分配利润"账户核算，应记入"营业外收入"账户核算，同时计算销项税额，并调增销项税额 1 040 元 [=9 040÷(1+13%)×13%]。会计调账分录为：

借：利润分配——未分配利润　　9 040

　贷：以前年度损益调整　　8 000

　　　应交税费——增值税检查调整　　1 040

(5) 12 月 21 日 60 号凭证：本单位职工食堂属于集体福利，其基建工程领用外购的材料，应将其进项税额转出，计入工程成本。在检查时，应调减进项税额 23 400 元（=180 000×13%)。会计调账分录为：

借：在建工程　23 400
　贷：应交税费——增值税检查调整　23 400

(6) 12月24日96号凭证：收购免税农产品作为原材料，应按规定的扣除比例9%计算进项税额，纳税人购进用于生产或者委托加工13%税率货物的农产品，按照10%的扣除率计算进项税额并予以扣除。在检查时，应调增进项税额12 000元（=120 000×10%）。会计调账分录为：

借：应交税费——增值税检查调整　12 000
　贷：原材料　12 000

(7) 12月25日102号凭证：将自产应税货物用于对外捐赠，按照规定应视同销售处理，依照同类货物的市场销售价格计算销项税额。企业直接按成本价转账，未计算销项税额不正确。在检查时，应调增销项税额13 000元（=100 000×13%）。会计调账分录为：

借：以前年度损益调整　13 000
　贷：应交税费——增值税检查调整　13 000

(8) 12月26日133号凭证：销售下脚料，按规定应做“其他业务收入”处理，同时按规定计算销项税额，企业将收入冲减“销售费用”不正确。在检查时，应调增销项税额1 300元[=11 300÷(1+13%)×13%]。会计调账分录为：

借：以前年度损益调整　1 300
　贷：应交税费——增值税检查调整　1 300

(9) 12月28日150号凭证：接受某单位一批捐赠货物，取得了对方开具的增值税专用发票，注明的货物金额为100 000元、增值税税额为13 000元。按规定，13 000元的增值税可以作为进项税额且可以抵扣。在检查时，应调增进项税额13 000元。会计调账分录为：

借：应交税费——增值税检查调整　13 000
　贷：原材料——接受捐赠的原材料　13 000

(10) 12月30日180号凭证：盘亏原材料41 000元（其中含运输费用1 000元），按规定应将其对应的进项税额转出，企业只转出盘亏的材料成本不正确。在检查时，应调减进项税额5 290元（=40 000×13%+1 000×9%）。会计调账分录为：

借：以前年度损益调整　5 290
　贷：应交税费——增值税检查调整　5 290

(11) 企业上年12月末“应交税费——应交增值税（进项税额）”账户有借方余额20 000元。本期检查，“应交税费——增值税检查调整”账户的借方发生额为25 000元，贷方发生额为49 010元，在借、贷发生额相抵后，贷方余额为24 010元。按照规定，在检查时，“应交税费——增值税检查调整”账户的贷方余额将检查所属期纳税人未抵扣完的“应交税费——应交增值税（进项税额）”账户的借方余额冲减后，为实际应补缴的增值税税额。会计调账分录为：

借：应交税费——增值税检查调整　24 010
　贷：应交税费——应交增值税（进项税额）　20 000
　　　应交税费——未交增值税　4 010

增值税入库时：

借：应交税费——未交增值税 4 010

　贷：银行存款 4 010

［例 3-10］ 202×年 8 月 20 日，某建筑公司（一般纳税人）的主管税务机关对其 202×年 6 月的增值税纳税情况进行核查，发现该公司 202×年 6 月的有关会计核算资料如下：

(1) 6 月 5 日销售工程未使用完的原材料，开具增值税专用发票且已收款，注明的金额为 20 000 元、增值税税额为 2 600 元。由该公司负责运送，途中支付高速公路通行费，取得的通行费增值税电子普通发票上注明的通行费为 95.24 元、增值税税额为 4.76 元。公司的账务处理为：

借：银行存款 22 600

　贷：其他业务收入 20 000

　　　应交税费——应交增值税（销项税额） 2 600

借：销售费用 100

　贷：库存现金 100

(2) 6 月 10 日领用一批已抵扣 13 000 元进项税额的原材料，用于不动产在建工程。这批原材料的不含税成本为 100 000 元。公司的账务处理为：

借：在建工程 100 000

　贷：原材料 100 000

(3) 6 月 12 日税控系统专用设备发生技术维护费，取得增值税专用发票，注明的金额为 500 元、增值税税额为 65 元。公司的账务处理为：

借：管理费用 500

　　应交税费——应交增值税（进项税额） 65

　贷：银行存款 565

借：应交税费——应交增值税（减免税款） 565

　贷：管理费用 565

(4) 6 月 16 日购进一批原材料，用于修建施工现场的临时建筑物，取得增值税专用发票，注明的金额为 200 000 元、增值税税额为 26 000 元，款项已支付。公司的账务处理为：

借：原材料 200 000

　　应交税费——应交增值税（进项税额） 15 600

　　应交税费——待抵扣进项税额 10 400

　贷：银行存款 226 000

借：在建工程 200 000

　贷：原材料 200 000

(5) 6 月 22 日收到业主预付的一般计税项目的工程款 654 000 元。公司的账务处理为：

借：银行存款 654 000

　贷：合同负债 654 000

(6) 6 月 25 日与业主办理价税合计为 327 000 元的工程结算，开具增值税专用发票，注明的金额为 300 000 元、增值税税额为 27 000 元，款项收到 60%。公司的账务处理为：

借：银行存款　　196 200
　　应收账款　　130 800
　贷：工程结算　　300 000
　　　应交税费——应交增值税（销项税额）　　16 200
　　　其他应付款——待结转销项税额　　10 800

其他资料：假定检查所属期的"应交税费——应交增值税（进项税额）"账户无借方余额。

检查要求：

(1) 根据"营改增"的相关规定，检查该公司会计核算存在的问题；计算当年 6 月该公司应补（或退）的增值税税额。

(2) 根据检查的经济业务，对"应交税费——应交增值税"账户做相关的调账处理。

检查分析处理如下：

(1) 公司运送途中支付高速公路通行费 100 元，取得通行费增值税电子发票，未计算进项税额抵扣存在问题。按照《财政部、税务总局关于租入固定资产进项税额抵扣等增值税政策的通知》（财税〔2017〕90 号）的规定，自 2018 年 1 月 1 日起，一般纳税人支付的高速公路通行费，按取得的通行费增值税电子普通发票上注明的增值税税额抵扣进项税额。

会计调账分录为：

借：应交税费——增值税检查调整（一般计税）　　4.76
　贷：本年利润　　4.76

(2) 自 2019 年 4 月 1 日起，纳税人取得不动产或者不动产在建工程的进项税额不再分 2 年抵扣。该业务的账务处理正确。

(3) 将减免的税额仍然作为进项税额抵扣存在问题。《财政部、国家税务总局关于增值税税控系统专用设备和技术维护费用抵减增值税税额有关政策的通知》（财税〔2012〕15 号）规定：增值税一般纳税人支付的两项费用在增值税应纳税额中全额抵减的，其增值税专用发票不作为增值税抵扣凭证，其进项税额不得从销项税额中抵扣。因此，计入"进项税额"的 65 元应转出。会计调账分录为：

借：本年利润　　65
　贷：应交税费——增值税检查调整（一般计税）　　65

(4) 将临时修建的建筑物进项税额的 40%作为待抵扣税额存在问题。《财政部、税务总局、海关总署关于深化增值税改革有关政策的公告》（财政部、国家税务总局、海关总署公告 2019 年第 39 号）规定：自 2019 年 4 月 1 日起，纳税人取得不动产或者不动产在建工程的进项税额不再分 2 年抵扣。

该公司应将待抵扣进项税额 10 400 元作为当期进项税额抵扣。会计调账分录为：

借：应交税费——增值税检查调整（一般计税）　　10 400
　贷：应交税费——待抵扣进项税额　　10 400

(5) 收到预收款未计算缴纳税额存在问题。《营业税改征增值税试点实施办法》(财税〔2016〕36号文的附件1) 规定：纳税人提供建筑服务、租赁服务采取预收款方式的，其纳税义务发生时间为收到预收款的当天。因此，6月应缴纳的增值税为54 000元[＝654 000÷(1＋9%)×9%]。会计调账分录为：

借：合同负债——待结算销项税额　　54 000

　贷：应交税费——增值税检查调整（一般计税）　　54 000

(6) 在开具发票后未及时缴税存在问题。《营业税改征增值税试点实施办法》(财税〔2016〕36号文的附件1) 规定：增值税纳税义务、扣缴义务发生时间为纳税人发生应税行为并收讫销售款项或者取得索取销售款项凭据的当天；先开具发票的，为开具发票的当天。6月，该业务应补缴增值税10 800元（＝27 000×40%）。会计调账分录为：

借：其他应付款——待结转销项税额　　10 800

　贷：应交税费——增值税检查调整（一般计税）　　10 800

检查汇总：

"应交税费——增值税检查调整"账户的借方发生额为10 404.76元，贷方发生额为64 865元，在借、贷发生额相抵后，贷方余额为54 460.24元。按照规定，检查所属期无借方余额，因而"应交税费——增值税检查调整"账户的贷方余额为实际应补缴的增值税税额。会计调账分录为：

借：应交税费——增值税检查调整　　54 460.24

　贷：应交税费——未交增值税　　54 460.24

增值税入库时：

借：应交税费——未交增值税　　54 460.24

　贷：银行存款　　54 460.24

[例3-11]　202×年7月20日，某市农商行（一般纳税人）的主管税务机关对其202×年第二季度(6月) 应缴纳的增值税进行检查，发现相关的会计核算资料如下：

(1) 6月8日取得一笔贷款利息收入200万元，另对该笔贷款超过付息期限收取罚息10万元。农商行确认贷款利息收入200万元，确认营业外收入10万元。会计处理为：

　　销项税额＝2 000 000÷(1＋6%)×6%＝113 207.55（元）

借：贷款应收利息　　2 000 000

　贷：贷款利息收入　　1 886 792.45

　　　应交税费——应交增值税（销项税额）　　113 207.55

款到账时：

借：单位活期存款　　2 100 000

　贷：贷款应收利息　　2 000 000

　　　营业外收入　　100 000

(2) 6月10日转让金融债取得转让收入1 500万元，该金融债在购入时的买入价为1 300万元。上年12月转让金融债取得转让收入3 000万元，该金融债在购入时的买入价为 3 100 万元，亏损 100 万元。会计处理为：

6 月转让价差收益＝1 500－1 300－100＝100（万元）

销项税额＝1 000 000÷(1＋6%)×6%＝56 603.77（元）

借：资金系统往来　　15 000 000

　贷：交易性金融债成本　　13 000 000

　　交易性金融债处置收益　　1 943 396.23

　　应交税费——应交增值税（销项税额）　　56 603.77

(3) 6 月 17 日取得企业贴现的一张银行承兑汇票，票面金额为 1 000 万元（不计息），期限为 6 个月。银行收取贴现利息 60 万元，支付给企业的金额为 940 万元。会计处理为：

收到汇票时：

借：银行承兑汇票贴现　　10 000 000

　贷：单位活期存款　　9 400 000

　　银行承兑汇票贴现递延利息收入　　600 000

农商行的会计核算按月确认收入，当年 6 月确认的贴现利息收入为 10 万元。

销项税额＝100 000÷(1＋6%)×6%＝5 660.38（元）

利息摊销确认计税时：

借：银行承兑汇票贴现递延利息收入　　100 000

　贷：银行承兑汇票贴现利息收入　　94 339.62

　　应交税费——应交增值税（销项税额）　　5 660.38

(4) 6 月 22 日购买办公楼，用于分行网点。购入时取得增值税专用发票，注明的金额为 5 000 万元、进项税额为 450 万元。会计处理如下：

银行一次性抵扣进项税额，当期抵扣的进项税额为 450 万元。

借：固定资产　　50 000 000

　应交税费——应交增值税（进项税额）　　4 500 000

　贷：资金系统往来　　54 500 000

(5) 6 月 25 日购买服务、办公用品、低值易耗品，取得增值税专用发票，注明的总金额为 600 万元、增值税税额为 60 万元。会计处理为：

借：管理费用　　6 000 000

　应交税费——应交增值税（进项税额）　　600 000

　贷：资金系统往来　　6 600 000

农商行 6 月取得贷款利息收入 8 000 万元、手续费佣金及其他应税收入 200 万元、政策性银行金融债利息收入 500 万元、国债利息收入 400 万元、质押式买入返售金融商品利息收入 300 万元、转贴现利息收入 100 万元。购买服务、办公用品、低值易耗品取得的增值税进项税额无法划分多少用于应税项目、多少用于免税项目。

其他资料：假定检查所属期的“应交税费——应交增值税（进项税额）”账户无借方余额。

检查要求：

(1) 根据“营改增”的相关规定，检查该农商行会计核算存在的问题；计算第二季度

(6 月) 该农商行应补 (或退) 的增值税税额。

(2) 根据检查的经济业务，对“应交税费——应交增值税”账户做相应的调账处理。

检查分析处理如下：

(1) 该行取得的罚息收入 10 万元未计算销项税额存在问题。根据《营业税改征增值税试点实施办法》(财税〔2016〕36 号文的附件 1) 第三十七条的规定：销售额是指纳税人发生应税行为取得的全部价款和价外费用，财政部和国家税务总局另有规定的除外。应计算的销项税额为：

销项税额=100 000÷(1+6%)×6%=5 660.38 (元)

会计调账分录为：

借：本年利润 (或营业外收入)　　5 660.38

　贷：应交税费——增值税检查调整　　5 660.38

(2) 该行将上年度转让金融债亏损的 100 万元抵扣 6 月转让盈利不符合规定。《营业税改征增值税试点有关事项的规定》(财税〔2016〕36 号文的附件 2) 规定：金融商品转让，按照卖出价扣除买入价后的余额为销售额。转让金融商品出现的正负差，按盈亏相抵后的余额为销售额。若相抵后出现负差，可结转下一纳税期与下期转让金融商品销售额相抵，但年末时仍出现负差的，不得转入下一个会计年度。

6 月 10 日转让价差收益 200 万元 (=1 500-1 300)，少计收益 100 万元。

少计算销项税额=1 000 000÷(1+6%)×6%=56 603.77 (元)

会计调账分录为：

借：交易性金融债处置收益 (或本年利润)　　56 603.77

　贷：应交税费——增值税检查调整　　56 603.77

(3) 农商行按月确认汇票贴现利息收入 10 万元不正确。《营业税改征增值税试点实施办法》(财税〔2016〕36 号文的附件 1) 第四十五条规定：增值税纳税义务、扣缴义务发生时间为纳税人发生应税行为并收讫销售款项或者取得索取销售款项凭据的当天；先开具发票的，为开具发票的当天。收讫销售款项是指纳税人销售服务、无形资产、不动产过程中或者完成后收到款项。6 月少计汇票贴现利息收入 50 万元，应补缴增值税。如果在其他月份确认了收入，应进行调整。

少计销项税额=500 000÷(1+6%)×6%=28 301.89 (元)

会计调账分录为：

借：银行承兑汇票贴现递延利息收入　　500 000

　贷：银行承兑汇票贴现利息收入 (或本年利润)　　471 698.11

　　　应交税费——增值税检查调整　　28 301.89

(4) 银行将购进办公楼的进项税额一次性抵扣正确。按照旧规定，购进不动产取得的进项税额应分 2 年抵扣，第一年抵扣 60%，第二年抵扣 40%。《财政部、税务总局、海关总署关于深化增值税改革有关政策的公告》规定：自 2019 年 4 月 1 日起，纳税人取得不动产或者不动产在建工程的进项税额不再分 2 年抵扣。

(5) 农商行将管理费用涉及的进项税额全部抵扣不正确。《营业税改征增值税试点实施办法》（财税〔2016〕36 号文的附件 1）第二十九条规定：适用一般计税方法的纳税人，兼营简易计税方法计税项目、免征增值税项目而无法划分不得抵扣的进项税额，按照下列公式计算不得抵扣的进项税额：

$$\text{不得抵扣的进项税额}=\text{当期无法划分的全部进项税额}\times\left(\text{当期简易计税方法计税项目销售额}+\text{免征增值税项目销售额}\right)\div\text{当期全部销售额}$$

6 月应税收入销售额共计 8 000＋200＝8 200（万元）

免税收入销售额共计 500＋400＋300＋100＝1 300（万元）

总收入销售额＝8 200＋1 300＝9 500（万元）

不得抵扣的进项税额＝600 000×13 000 000÷95 000 000＝82 105.26（元）

因此，应做进项税额转出。

会计调账分录为：

借：管理费用　　82 105.26

　贷：应交税费——增值税检查调整　　82 105.26

检查汇总：

“应交税费——增值税检查调整”账户的借方发生额为 0 元，贷方发生额为 172 671.30 元，借、贷发生额相抵后，贷方余额为 172 671.30 元。按照规定，检查所属期无借方余额，“应交税费——增值税检查调整”账户的贷方余额为实际应补缴的增值税税额。会计调账分录为：

借：应交税费——增值税检查调整　　172 671.30

　贷：应交税费——未交增值税　　172 671.30

增值税入库时：

借：应交税费——未交增值税　　172 671.30

　贷：银行存款（资金系统往来）　　172 671.30

第四节　小规模纳税人应纳税额的检查

小规模纳税人销售货物或者应税劳务，按照销售额和《增值税暂行条例》规定的 3％的征收率计算应纳税额，不得抵扣进项税额。应纳税额的计算公式为：

应纳税额＝销售额×征收率

小规模纳税人取得的销售额与一般纳税人的规定相同，都是销售货物或提供应税劳务向购买方收取的全部价款和一切价外收入，但不包括按 3％的征收率收取的增值税税额。小规模纳税人不得抵扣进项税额，这是因为小规模纳税人的会计核算不健全，不能准确核算销项税额和进项税额，不实行按销项税额抵扣进项税额求得应纳税额的税款抵扣制度，而是实行简易计税方法。对小规模纳税人实施 3％的征收率，是结合销售货物或应税劳务、应税服务的税收负担水平而设计的，其税收负担与一般纳税人基本一致，因而不能再抵扣进项税额。

一、应纳税额的计算

小规模纳税人在销售货物或应税劳务时，只能开具普通发票，取得的销售收入均为含税销售额。为了符合增值税作为价外税的要求，小规模纳税人在计算应纳税额时，必须将含税销售额换算为不含税销售额后才能计算应纳税额。小规模纳税人不含税销售额的换算公式为：

不含税销售额＝含税销售额÷(1＋征收率)

[**例 3-12**] 某商店（小规模纳税人）在某月取得零售收入总额 123 600 元。该商店当月应缴纳的增值税税额为：

123 600÷(1＋3%)×3%＝3 600（元）

二、检查的内容与方法

（一）检查内容

根据前述应纳税额的计算可知，小规模纳税人的应纳税额涉及销售额和征收率两个因素，其中销售额是最主要的因素。小规模纳税人在经营过程中不使用增值税专用发票，也不抵扣进项税额，与业务往来单位的关系并不明显，再加上部分纳税人的财务制度很不健全，因而隐瞒销售收入的行为时有发生。隐瞒收入可分为两种情况：一是收入不上账。具体情况是，要么不做账，局外人根本就不清楚；要么做两套账，假账对外，真账对内。在现金交易普遍存在的情况下，对其进行检查是很困难的，即使要进行检查，也需要花费大量的人力和物力。二是做错账。不按财务会计制度和税法的规定进行核算，往往将应税收入记入“往来”账户，不按时、按量确定收入，有时甚至将收入从“往来”账户直接转入“所有者权益”类账户，或是将应税收入直接冲减费用。这些行为最终都会导致逃避税款，而平时的检查主要也在这些方面。

（二）检查方法

1. 用科学方法对经营情况进行评估

在检查时，应根据纳税人的生产经营规模、员工人数、资产价值、市场对产品的需求等情况测算出正常的、较实际的数据，并与纳税人申报的收入数进行对比。如果两者的差距不大，证明纳税人在经营活动中的涉税问题较小；如果两者悬殊，就需要进一步检查。

2. 检查账、证是否齐全

在正常情况下，纳税人在经营活动中应该根据业务取得的各种合法凭据，依照会计核算的程序编制会计凭证，再将这些凭证中的各种数据分类记入设立的各种明细分类账和总分类账。在检查时，如果发现纳税人的账、证不全，甚至未按会计核算的程序记账，就有可能存在问题。

3. 检查纳税人核算的内容是否与实际相符

在检查时，应将原始凭据中记载的业务内容与会计凭证、明细账簿、总分类账簿中摘要栏的内容进行核对，注意有无人为替换内容逃避纳税的行为；与此同时，还要注意原始凭证中记载的内容是否与开具凭证单位的经营范围相符。

4. 检查数据、金额是否正确

首先，核对纳税申报表中的填列数是否等于总分类账、明细分类账的相关数据；其次，核对账、证之间的相关数据是否一致，以及原始凭证中记载的数据有无虚假的现象，也可将有关数据与银行存款的有关数据核对，必要时还可与业务往来单位的相关数据进行核对。

第五节 出口货物退（免）税的检查

企业在出口货物时以不含税价格参与国际市场竞争是国际上的通行做法。我国为鼓励货物出口，按《增值税暂行条例》的规定，实行出口货物零税率的优惠政策。零税率是指货物在出口时的整体税负为零；这样，出口货物适用零税率使纳税人不仅在出口环节不必纳税，而且还可以被退还在以前纳税环节的已纳税款，这就是通常所说的“出口退税”。当然，由于各种货物在出口前涉及的征免税情况有所不同，而且国家对少数货物有限制出口政策，因此，对货物出口的不同情况，国家在遵循“征多少、退多少”“未征不退”基本原则的基础上，规定了不同的税务处理办法。1994 年，国家税务总局依据《增值税暂行条例》和《中华人民共和国消费税暂行条例》的规定，制定实施了《出口货物退（免）税管理办法》，具体规定了出口货物退（免）税的范围、出口货物退税率、出口退税的税额计算方法、出口退（免）税办理程序以及对出口退（免）税的审核和管理。

2002 年 1 月 23 日，财政部、国家税务总局发出《关于进一步推进出口货物实行免抵退税办法的通知》（财税〔2002〕7 号）。2002 年 2 月 6 日，国家税务总局又印发了《生产企业出口货物“免、抵、退”税管理操作规程（试行）》（国税发〔2002〕11 号）。至此，我国出口退（免）税政策得到了进一步完善。

出口货物退（免）税可以给纳税人带来直接经济效益。绝大部分纳税人积极运用这项优惠政策，既为自身经营带来了丰厚的利润，也对我国的产品占据国际市场起到了非常重要的作用。但是，也有个别纳税人钻国家政策的漏洞，采用各种非法手段骗取国家的退税款。前几年，这种大案、要案时有发生。因此，对出口货物退（免）税的检查非常重要。

一、核对纳税人出口货物是否符合退（免）税基本政策的规定

世界各国为了鼓励本国货物出口，一般都采取优惠的税收政策。有的国家采取对该货

物在出口前所缴纳的税金于出口后予以退还的政策（即出口退税），有的国家采取对出口货物在出口前就予以免税的政策。我国根据国内的实际情况，采取了出口退税与免税相结合的政策。鉴于我国的出口体制尚不成熟，拥有出口经营权的企业还限于小部分需要经国家批准的企业，并且我国生产的某些货物（如稀有金属等）还不能满足国内的需要，因而对某些非生产性企业和国家紧缺的货物则采取限制从事出口业务或限制该货物出口，不予出口退（免）税的政策。因此，目前我国的出口货物税收政策分为以下三种形式：

（一）出口免税并退税

出口免税是指对货物在出口销售环节不征增值税、消费税，这是把货物的出口环节与出口前的销售环节视为一个征税环节。出口退税是指对出口货物在出口前各环节实际承担的税收负担，按规定的退税率计算后予以退还。

（二）出口免税不退税

出口免税与上述含义相同。出口不退税是指适用这个政策的出口货物因在出口前的生产环节、销售环节或进口环节是免税的，不存在税收负担问题，所以在出口时该货物的价格本身就不含税，因而也无须退税。

（三）出口不免税也不退税

出口不免税是指对国家限制或禁止出口的某些货物的出口环节视同内销环节，照常征税。出口不退税是指在这些货物出口时不退还其出口前所负担的税款。适用这个政策的货物主要是税法限制或禁止出口的货物，如天然牛黄、麝香、铜及铜基合金、白银等。这些货物在我国还非常稀缺，不仅限制或禁止出口，而且有可能进口。

二、检查出口货物是否符合退（免）税的适用范围

出口货物退（免）税有着严格的规定，前述的出口货物退（免）税政策是从整体上把握的，而出口货物退（免）税的适用范围是对每个出口企业的出口货物而言的，后者才具有操作性。符合规定的出口企业可以退（免）税，否则不予退（免）税。目前，出口货物退（免）税的适用范围有：

1. 下列企业出口的货物，除另有规定外，给予免税并退税

（1）生产企业自营出口或委托外贸企业代理出口的自产货物。

（2）有出口经营权的外贸企业在收购后直接出口或委托其他外贸企业代理出口的货物。

（3）下列特定企业（不限于有出口经营权的外贸企业）出口的货物。

1）对外承包工程公司运出境外用于对外承包项目的货物。

2）对外承接修理修配业务的企业用于对外修理修配的货物。

3）外轮供应公司、远洋运输供应公司销售给外轮、远洋国轮并收取外汇的货物。

4）企业在国内采购并运往境外，作为在国外投资的货物。

需要说明的是，上述“除另有规定外”是指出口的货物属于税法列举的免税货物或限制、禁止出口的货物。若上述企业出口这些货物，不按“免税并退税”政策处理。

另外，除上述企业出口货物准予退（免）税外，其他非生产性企业委托外贸企业出口的货物不予退（免）税。这是对无进出口经营权的商贸企业从事出口贸易的限制。

2. 下列企业出口的货物，除另有规定外，给予免税，但不予退税

（1）属于生产企业的小规模纳税人自营出口或委托外贸企业代理出口的自产货物。

（2）外贸企业从小规模纳税人购进并持普通发票的货物出口，免税但不予退税。但对下列出口货物，考虑到其占出口比重较大及其生产、采购的特殊因素，特准退税：抽纱、工艺品、香料油、山货、草柳竹藤制品、渔网渔具、松香、五倍子、生漆、鬃尾、山羊板皮、纸制品。

（3）外贸企业直接购进国家规定的免税货物（包括免税农产品）出口的，免税但不予退税。

需要说明的是，上述“除另有规定外”是指，若上述企业出口的货物属于税法列举的限制或禁止出口的货物，则不能免税，当然更不能退税。

3. 下列出口货物，免税但不予退税

（1）来料加工复出口的货物，即原材料进口免税，加工自制的货物出口不退税。

（2）避孕药品和用具、古旧图书，内销免税，出口也免税。

（3）出口卷烟。有出口卷烟权的企业出口国家出口卷烟计划内的卷烟，在生产环节免征增值税、消费税，在出口环节不办理退税；其他非计划内出口的卷烟照章征收增值税和消费税，出口一律不退税。

（4）军品以及军队系统企业出口军需工厂生产或军需部门调拨的货物，免税。

4. 除经批准属于进料加工复出口贸易以外，下列出口货物既不免税也不退税

（1）国家计划外出口的原油。

（2）援外出口货物。

（3）国家禁止出口的货物，包括天然牛黄、麝香、铜及铜基合金、白银等。

5. 出口加工区耗用的水、电、气，准予退税

（1）出口加工区内生产企业（以下简称“区内企业”）生产出口货物耗用的水、电、气，准予退还所含的增值税。区内企业须按季填报《出口加工区内生产企业耗用水、电、气退税申报表》，并附送下列凭证，向主管出口退税的税务机关申报办理退税手续。

1）供水、供电、供气公司（或单位）开具的增值税专用发票（抵扣联）。

2）支付水、电、气费用的银行结算凭证（复印件加盖银行印章）。

（2）水、电、气应退税额按下列公式计算：

应退税额＝增值税专用发票注明的进项金额×退税率

水、电、气的退税率均为13%。如果供应单位按照简易计税方法征收增值税，则退税率为征收率。

（3）区内企业从区外购进的水、电、气，凡用于出租、出让厂房的，不予办理退税。已办理退税的，区内企业应在出租、出让行为发生的次月，向主管出口退税的税务机关申报并缴纳已退还的税款。

（4）区外企业销售并提供给出口加工区内企业的水、电、气，一律向区内企业开具增值税专用发票，不得开具普通发票或出口专用发票。

（5）区内企业水、电、气退税的登记、审批、管理工作，由主管出口退税的税务机关负责。主管出口退税的税务机关应按季核查区内企业水、电、气的实际耗用情况，在年度终了后，应按清算的规定，对上年水、电、气的退税进行清算。

6. 对生产企业出口的下列四类产品，视同自产产品给予退（免）税

（1）生产企业出口外购的产品，凡同时符合以下条件的，可视同自产货物办理退税：

1）与本企业生产的产品名称、性能相同。

2）使用本企业注册商标或外商提供给本企业使用的商标。

3）出口给进口本企业自产产品的外商。

（2）生产企业外购的与本企业所生产的产品配套出口的产品，若出口给进口本企业自产产品的外商，符合下列条件之一的，可视同自产产品办理退税：

1）用于维修本企业出口的自产产品的工具、零部件、配件。

2）不经本企业加工或组装，在出口后能直接与本企业自产产品组合为成套产品的。

（3）凡同时符合下列条件的，主管出口退税的税务机关可将其认定为集团成员，集团公司（或总厂，下同）收购成员企业（或分厂，下同）生产的产品，可视同自产产品办理退（免）税：

1）经县级以上政府主管部门批准为集团公司成员的企业，或由集团公司控股的生产企业。

2）集团公司及其成员企业均实行生产企业财务会计制度。

3）集团公司必须将有关成员企业的证明材料报送给主管出口退税的税务机关。

（4）生产企业委托加工收回的产品，同时符合下列条件的，可视同自产产品办理退税：

1）必须与本企业生产的产品名称、性能相同，或者是用本企业生产的产品再委托深加工收回的产品。

2）出口给进口本企业自产产品的外商。

3）委托方执行的是生产企业财务会计制度。

4）委托方与受托方必须签订委托加工协议，主要原材料必须由委托方提供。受托方不垫付资金，只收取加工费，开具加工费（含代垫的辅助材料）的增值税专用发票。

三、检查出口货物适用的退税率是否正确

出口货物的退税率是出口货物的实际退税额与退税计税依据的比率，也是出口退税的中心环节，体现着某类货物在一定时期内税收的实际征收水平。退税率的高低会影响和刺激对外贸易，影响和刺激国民经济的发展速度，也关系到国家、出口企业的经济利益。在出口货物退（免）税适用范围准确的情况下，退税率的正确运用也是税收检查的重要环节。

退税率在我国已做过几次调整，在最初退税时，出口货物的征税率是多少就退多少。

由于有个别纳税人采用各种非法手段骗取国家的退税款，因而造成了一定时期内的退税额往往大于相应的征税额。在监管不力的情况下，为了解决征、退平衡的问题，国家不得不采取降低退税率的政策。我国曾经有过将征税率为17%的出口货物的退税率降为9%、将征税率为13%的出口货物的退税率降为6%或5%、将征收率为6%的出口货物的退税率降为3%的先例。目前，我国实施的是《财政部、国家税务总局关于调整出口货物退税率的通知》（财税〔2003〕222号）的规定。自2004年1月1日起（以出口货物报关单上海关注明的离境日期为准），无论任何企业以何种贸易方式出口货物，均按以下规定的出口退税率执行：

（一）一般纳税人出口货物退税率

（1）出口棉花、大米、小麦、玉米等的退税率为13%，其他农产品的出口退税率为5%。

（2）增值税税率为13%的货物，其出口退税率为13%。

（3）船舶、汽车及其关键零部件、航空航天器、数控机床、加工中心、印刷电路、铁道机车等的出口退税率为13%。

（4）小麦粉、玉米粉、分割鸭、分割兔等货物的出口退税率由5%调高到9%。

（5）汽油（商品代码27101110）、未锻轧锌（商品代码7901）的出口退税率为11%。

（6）未锻轧铝、黄磷及其他磷、未锻轧镍、铁合金及其精矿等货物的出口退税率调低到8%。

（7）焦炭半焦炭、炼焦煤、轻重烧镁、萤石、滑石、冻石等货物的出口退税率为5%。

（8）除前面（1）～（7）条规定外，凡原出口退税率为13%和15%的货物，其出口退税率一律调低到13%；凡现行征税率和退税率均为13%的货物，其出口退税率一律调低到11%。

《财政部、税务总局、海关总署关于深化增值税改革有关政策的公告》规定：原适用16%税率且出口退税率为16%的出口货物和劳务，出口退税率调整为13%；原适用10%税率且出口退税率为10%的出口货物、跨境应税行为，出口退税率调整为9%。在2019年6月30日前（含2019年4月1日前），纳税人出口该规定所涉货物和劳务、发生该规定所涉跨境应税行为，适用增值税退（免）税办法的，购进时已按调整前税率征收增值税的，执行调整前的出口退税率，购进时已按调整后税率征收增值税的，执行调整后的出口退税率；适用增值税免抵退税办法的，执行调整前的出口退税率，在计算免抵退税时，适用税率低于出口退税率的，适用税率与出口退税率之差视为零参与免抵退税计算。

出口退税率的执行时间及出口货物和劳务、发生跨境应税行为的时间，按照以下规定执行：报关出口的货物和劳务（保税区及经保税区出口除外），以海关出口报关单上注明的出口日期为准；非报关出口的货物和劳务、跨境应税行为，以出口发票或普通发票的开具时间为准；保税区及经保税区出口的货物，以货物离境时海关出具的出境货物备案清单上注明的出口日期为准。

需要注意的是，国家的经济政策经常随着客观经济的发展变化而进行调整，若出口退税率发生变化，应以最新的规定执行。

(二) 小规模纳税人出口货物退税率

(1) 小规模纳税人自营和委托出口的货物继续执行免税政策，其进项税额不予抵扣或退税。出口企业从小规模纳税人购进货物出口准予退税的，凡财税〔2003〕222 号文规定出口退税率为 3%的货物，按 3%的出口退税率执行；凡财税〔2003〕222 号文规定出口退税率高于 3%的货物，一律按 3%的出口退税率执行。

(2) 计算机软件出口（海关出口商品代码为 9803）实行免税，其进项税额不予抵扣或退税。

(3) 外国驻华使（领）馆及其外交代表购买中国产物品和劳务，外商投资企业采购符合退税条件的国产设备以及利用外国政府贷款和国际金融组织贷款通过国际招标方式由国内企业中标的机电产品，《财政部、国家税务总局关于出口货物劳务增值税和消费税政策的通知》(财税〔2012〕39 号) 规定的国内生产企业向国内海上石油天然气开采企业销售的自产的海洋工程结构物，继续按原政策规定办理退税或免抵退税。

(4) 适用 13%税率的境外旅客购物离境退税物品，出口退税率为 11%；适用 9%税率的境外旅客购物离境退税物品，出口退税率为 8%。在 2019 年 6 月 30 日前，按调整前税率征收增值税的，执行调整前的出口退税率；按调整后税率征收增值税的，执行调整后的出口退税率。

退税率的执行时间，以退税物品增值税普通发票的开具日期为准。

(5) 除上述规定以外的其他国内销售、采购、视同出口准予退（免）税的货物，统一按财税〔2003〕222 号文规定的退税率计算并办理免抵退税或免抵税款。应计算不予免抵税额，并转入成本。

$$\text{不予免抵税额}=\frac{\text{普通发票}}{\text{列明的销售额}}\times\left(\frac{\text{销售货物的}}{\text{征税率}}-\frac{\text{销售货物的}}{\text{退税率}}\right)$$

退税率不是固定不变的，它会随着一国经济发展的需要而发生变化。因此，对某个具体的出口企业而言，应以检查所属期适用的退税率为标准。

四、检查出口货物退税额的计算是否正确

出口货物只有在适用既免税又退税的政策时，才会涉及如何计算退税的问题。由于各类出口企业对出口货物的会计核算办法不同，既有对出口货物单独核算的，又有对出口和内销的货物统一核算成本的，因此，为了与出口企业的会计核算办法相一致，目前采取了两种退税计算办法：一是免抵退税的计算方法，主要适用于自营和委托出口自产货物的生产企业；二是“先征后退”的计算方法，目前主要适用于收购货物出口的外（工）贸企业。

(一) 免抵退税的计算方法

按照《财政部、国家税务总局关于出口货物劳务增值税和消费税政策的通知》的规定：出口企业出口货物、对外提供加工修理修配劳务（以下统称“出口货物劳务”，包括视同出口货物），除另有规定外，实行免征和退还增值税［以下简称“增值税退（免）

税”〕政策。

出口企业是指依法办理工商登记、税务登记、对外贸易经营者备案登记，自营或委托出口货物的单位或个体工商户，以及依法办理工商登记、税务登记但未办理对外贸易经营者备案登记，委托出口货物的生产企业。

出口货物是指向海关报关后实际离境并销售给境外单位或个人的货物，分为自营出口货物和委托出口货物两类。

生产企业是指具有生产能力（包括加工修理修配能力）的单位或个体工商户。

适用增值税退（免）税政策的出口货物劳务，按照下列规定实行增值税免抵退税办法或退（免）税办法。

（1）免抵退税办法。生产企业出口自产货物和视同自产货物及对外提供加工修理修配劳务，以及列名生产企业出口非自产货物，免征增值税，相应的进项税额抵减应纳增值税额（不包括适用增值税即征即退、先征后退政策的应纳增值税额），未抵减完的部分予以退还。

（2）退（免）税办法。不具有生产能力的出口企业（以下简称“外贸企业”）或其他单位出口货物劳务，免征增值税，相应的进项税额予以退还。

增值税免抵退税和免退税的计算公式与计算方法如下：

1. 当期应纳税额的计算

当期应纳税额＝当期销项税额－(当期进项税额－当期不得免征和抵扣税额)

当期不得免征和抵扣税额＝当期出口货物离岸价×外汇人民币折合率×(出口货物适用税率－出口货物退税率)－当期不得免征和抵扣税额抵减额

当期不得免征和抵扣税额抵减额＝当期免税购进原材料价格×(出口货物适用税率－出口货物退税率)

出口货物劳务的实际离岸价（FOB）应以出口发票上的离岸价为准，但如果出口发票不能反映实际离岸价，主管税务机关有权予以核定。

2. 当期免抵退税额的计算

当期免抵退税额＝当期出口货物离岸价×外汇人民币折合率×出口货物退税率－当期免抵退税额抵减额

当期免抵退税额抵减额＝当期免税购进原材料价格×出口货物退税率

当期免税购进原材料价格包括当期国内购进的无进项税额且不计提进项税额的免税原材料的价格和当期进料加工保税进口料件的价格，其中当期进料加工保税进口料件的价格为组成计税价格。

当期进料加工保税进口料件的组成计税价格＝当期进口料件到岸价格＋海关实征关税＋海关实征消费税

3. 当期应退税额和免抵税额的计算

（1）如果当期期末留抵税额≤当期免抵退税额，则

当期应退税额＝当期期末留抵税额

当期免抵税额＝当期免抵退税额－当期应退税额

（2）如果当期期末留抵税额＞当期免抵退税额，则

当期应退税额＝当期免抵退税额

当期免抵税额＝0

当期期末留抵税额为当期增值税纳税申报表中的“期末留抵税额”。

［例 3－13］ 某自营出口的生产企业（一般纳税人）出口货物的征税率为 13％，退税率为 11％。202×年 7—9 月发生的经营业务如下：

业务 1 202×年 7 月的有关经营业务为：购进原材料一批，取得的增值税专用发票上注明的价款为 400 万元，外购货物准予抵扣的进项税额为 52 万元，货已验收入库；上月末的留抵税额为 5 万元；本月内销货物的不含税销售额为 200 万元，收款 226 万元存入银行；本月出口货物的销售额折合人民币 300 万元。

要求：试计算该企业 7 月的免抵退税额。

（1）7 月免抵退税不得免征和抵扣税额为 6 万元［＝300×(13％－11％)］。

（2）7 月应纳税额为－25 万元［＝200×13％－(52－6)－5］。

（3）7 月出口货物的免抵退税额为 33 万元（＝300×11％）。

（4）按规定，如果当期期末留抵税额≤当期免抵退税额，则

当期应退税额＝当期期末留抵税额

即该企业 7 月的应退税额为 25 万元。

（5）当期免抵税额。

当期免抵税额＝当期免抵退税额－当期应退税额

7 月免抵税额＝33－25＝8（万元）

业务 2 202×年 8 月的有关经营业务为：购进一批原材料，取得的增值税专用发票上注明的价款为 350 万元，外购货物准予抵扣的进项税额为 45.5 万元，货已验收入库；上月无留抵税额；本月内销货物的不含税销售额为 100 万元，收款 113 万元存入银行；本月出口货物的销售额折合人民币 200 万元。

要求：试计算该企业 8 月的免抵退税额。

（1）8 月免抵退税不得免征和抵扣税额为 4 万元［＝200×(13％－11％)］。

（2）8 月应纳税额为－28.5 万元［＝100×13％－(45.5－4)］。

（3）8 月出口货物免抵退税额为 22 万元（＝200×11％）。

（4）按规定，如果当期期末留抵税额＞当期免抵退税额，则

当期应退税额＝当期免抵退税额

即该企业 8 月的应退税额为 22 万元。

（5）当期免抵税额。

当期免抵税额＝当期免抵退税额－当期应退税额

该企业 8 月免抵税额＝22－22＝0（万元）

（6）8 月末留抵结转 9 月继续抵扣的税额为 6.5 万元（＝28.5－22）。

业务 3 202×年 9 月的有关经营业务为：购进一批原材料，取得的增值税专用发票上注明的价款为 500 万元，外购货物准予抵扣的进项税额为 65 万元，货已验收入库；当月进料加工免税进口料件的组成计税价格为 200 万元；上月末的留抵税额为 6.5 万元；本月内销货物不含税销售额为 300 万元，收款 339 万元存入银行；本月出口货物的销售额折合

人民币 400 万元。

要求：试计算该企业 9 月的免抵退税额。

(1) 9 月免抵退税不得免征和抵扣税额抵减额。

$$\text{9月免抵退税不得免征和抵扣税额抵减额}=\text{免税进口料件的组成计税价格}\times\left(\text{出口货物征税率}-\text{出口货物退税率}\right)$$

$$=200\times(13\%-11\%)=4\text{（万元）}$$

(2) 9 月免抵退税不得免征和抵扣税额。

$$\text{9月免抵退税不得免征和抵扣税额}$$

$$=\text{当期出口货物离岸价}\times\text{外汇人民币牌价}\times\left(\text{出口货物征税率}-\text{出口货物退税率}\right)-\text{免抵退税不得免征和抵扣税额抵减额}$$

$$=400\times(13\%-11\%)-4$$

$$=8-4=4\text{（万元）}$$

(3) 9 月应纳税额为 −28.5 万元 [＝300×13%−(65−4)−6.5]。

(4) 9 月免抵退税额抵减额为 22 万元（＝免税购进原材料价格×出口货物退税率）。

(5) 9 月出口货物免抵退税额为 22 万元（＝400×11%−22）。

(6) 按规定，如果当期期末留抵税额＞当期免抵退税额，则

当期应退税额＝当期免抵退税额

即该企业 9 月的应退税额为 22 万元。

(7) 当期免抵税额。

当期免抵税额＝当期免抵退税额－当期应退税额

9 月该企业免抵税额＝22－22＝0（万元）

(8) 9 月末留抵结转 10 月继续抵扣的税额为 6.5 万元（＝28.5－22）。

（二）“先征后退”的计算方法

1. 外贸企业以及实行外贸企业财务制度的工贸企业收购货物出口的退税规定

外贸企业以及实行外贸企业财务制度的工贸企业收购货物出口，其出口销售环节的增值税免征；其收购货物的成本部分，因外贸企业在支付收购货款的同时也支付了生产经营该类货物的企业已缴纳的增值税税款，所以在货物出口后按收购成本与退税率计算退税额退还给外贸企业，而征、退税之差计入企业成本。

外贸企业出口货物增值税退税的计算应依据购进出口货物增值税专用发票上注明的进项金额和退税率进行。

应退税额＝外贸收购不含增值税进项金额×退税率

2. 外贸企业收购小规模纳税人出口货物增值税的退税规定

(1) 凡从小规模纳税人购进持普通发票特准退税的抽纱、工艺品等 12 类出口货物，同样实行销售出口货物的收入免税，并退还出口货物进项税额的办法。由于小规模纳税人使用的是普通发票，其销售额和应纳税额没有单独计价，并且小规模纳税人应纳的增值税

也是价外计征的，因而必须将合并定价的销售额先换算成不含税价格，然后据以计算出口货物退税。其计算公式为：

$$应退税额=\frac{普通发票所列（含增值税）销售金额}{1+征收率}\times 3\%$$

对于出口企业购进小规模纳税人特准的 12 类货物出口，其提供的普通发票应符合《中华人民共和国发票管理办法》的有关使用规定，否则不予办理退税。

（2）凡从小规模纳税人购进税务机关代开增值税专用发票的出口货物，按以下公式计算退税：

应退税额＝增值税专用发票注明的金额×3％

3. 外贸企业委托生产企业加工出口货物的退税规定

外贸企业委托生产企业加工收回后报关出口的货物，按购进国内原辅材料的增值税专用发票上注明的进项金额，依原辅材料的退税率计算原辅材料应退税额。支付的加工费，凭受托方所加工货物的适用退税率，计算加工费的应退税额。

［例 3－14］ 202×年 9 月，某进出口公司向美国出口平纹布 3 000 米，进货增值税专用发票上注明的单价为 20 元/平方米，计税金额为 60 000 元（退税率为 13％）。该公司的应退税额为：

3 000×20×13％＝7 800（元）

［例 3－15］ 202×年 9 月，某进出口公司将购进某小规模纳税人的抽纱工艺品 200 打（套）全部出口，普通发票上注明的金额为 9 000 元；将购进另一小规模纳税人的西服 500 套全部出口，取得税务机关代开的增值税专用发票，发票上注明的金额为 7 000 元。该企业的应退税额为：

9 000÷(1＋3％)×3％＋7 000×3％≈472.14（元）

［例 3－16］ 202×年 5 月，某进出口公司购进牛仔布并委托加工成服装出口，取得牛仔布增值税专用发票一张，注明的计税金额为 30 000 元（退税率为 13％）；取得的服装加工费计税金额为 4 000 元（退税率为 13％）。该企业的应退税额为：

30 000×13％＋4 000×13％＝4 420（元）

五、出口货物退（免）税的检查方法

（一）利用出口退税的具体规定进行逐项核对检查

目前，出口退税的计算方法有免抵退税法和“先征后退”法两种，主要检查有：

（1）检查出口企业要求退税的项目是否符合国家规定的退税范围，有无弄虚作假、更改商品名称，以达到退税的目的。

（2）根据免抵退税法和“先征后退”法审核退税额的计算是否正确，有无乱用税率现象，发票依据和报送单证是否相符。

（3）检查出口货物要求退税的期限是否符合规定，前后调整数额是否在规定的期限内，相关数据的原始依据是否过期。

（二）对出口货物专用缴款书的检查及管理

为了提高出口退税的工作效率，应在加强管理的同时简化手续，加快退税进度。在2004年6月1日后，报关出口（以出口报关单上注明的出口日期为准，下同）的货物，凡增值税专用发票是在2004年6月1日以后开具的，出口企业在申请办理出口退税时，除出口企业从小规模纳税人购进的出口货物，其出口退税仍实行增值税专用税票管理，且出口企业出口的应纳消费税货物，其消费税专用税票管理办法仍按《国家税务总局关于使用出口货物消费税专用缴款书管理办法的通知》（国税明电〔1993〕071号）的有关规定执行外，免予提供增值税专用税票。在检查时，按以下规定处理：

（1）利用外国政府贷款和国际金融组织贷款，采用国际招标国内中标的机电产品，以及外商投资企业采购的国产设备，凡增值税专用发票或普通发票是在2004年6月1日以后开具的，中标企业、外商投资企业在申请退税时，免予提供增值税专用税票。

（2）外贸企业在2004年6月1日以后出口的货物、中标企业（不包括生产企业）销售的中标机电产品以及外商投资企业采购的国产设备，从2004年6月1日起（以发票的开具日期为准），凡属于从非生产企业购进的，若退税单证齐全，可按规定申请退税，主管出口退税的税务机关可按规定批准退税。

（3）生产企业在2004年5月31日以前因开具增值税专用税票而多缴的税款，可抵减2004年7月的增值税应纳税款；未抵减完的，由征税机关经稽核比对，在核实清楚进项发票没有问题、排除企业有偷税行为后，从原入库的金库中办理退库。

（4）加强对未纳入增值税防伪税控、稽核系统监控范围的增值税进项抵扣凭证的检查。要采取有效的措施，防止纳税人欠税或逃税；与此同时，要密切监控农产品收购、加工企业，废旧物资回收公司，以及利用废旧物资普通发票、海关税票和运输发票作为增值税主要抵扣凭证的企业的销售情况。对销售异常增长的货物以及新办的上述三类企业销售的货物，应重点检查，严防犯罪分子利用假抵扣凭证虚开发票，通过流通企业倒入外贸企业等手段进行骗税活动。

第4章 消费税的检查

学习目标

熟悉消费税的征税范围、税率及应纳税额的计算方法，掌握消费税各环节应纳税额缴纳的检查方法，掌握纳税检查后的账务调整方法。

消费税是以《中华人民共和国消费税暂行条例》（以下简称《消费税暂行条例》）中列举的特定消费品为课税对象所征收的一种税。消费税是在对货物普遍征收增值税的基础上再重复征收的一种流转税，其目的是调节产品结构、引导消费方向、保证国家财政收入。按照《消费税暂行条例》的规定，消费税于生产销售环节、委托加工环节、进口环节和零售环节缴纳。本章将对这四个环节的检查予以介绍。

第一节 生产销售环节应纳消费税的检查

按照现行规定，消费税实行从价定率或者从量定额的办法计算应纳税额，其计税依据分别是应税消费品的销售额和销售数量。由于消费税与增值税的特殊关系，在对同一货物既征收增值税又从价征收消费税时，两者的计税依据相同。前面对生产销售收入的增值税检查已经做了叙述，此处对生产销售收入的消费税检查不再详述，而是重点介绍以下几个方面。

一、征税范围的检查

（一）检查的内容及规定

现行消费税主要选择了非生活必需的部分高档消费品作为征税范围。按照《消费税暂行条例》的规定，确定征收消费税的只有烟、酒、高档化妆品等15个税目，有的税目还进一步划分成若干子目。消费税属于价内税，并实行单一环节征收，一般在应税消费品的生产、委托加工和进口环节缴纳，在以后的批发、零售等环节中，由于价款中已包含消费税，因而不再缴纳消费税。从1995年1月1日起，金银首饰由在生产销售环节征税改为在零售环节征税；从2002年1月1日起，钻石及钻石饰品由在生产、进口环节征税改为在零售环节征税；从2015年5月10日起，卷烟批发环节从价税税率由5%提高到11%，并按0.005元/支加征从量税。

1. 烟

凡是以烟叶为原料加工生产的产品，不论使用何种辅料，均属于该税目的征税范围，包括卷烟（进口卷烟、白包卷烟、手工卷烟和未经国务院批准纳入计划的企业及个人生产的卷烟）、雪茄烟和烟丝。

按照《国家税务总局关于卷烟生产企业购进卷烟直接销售不再征收消费税的批复》（国税函〔2001〕955号）的规定，从2001年12月20日起，对既有自产卷烟，同时又委托联营企业加工与自产卷烟牌号、规格相同卷烟的工业企业（以下简称“回购企业”），从联营企业购进后再直接销售的卷烟，对外销售时不论是否加价，凡是符合下述条件的，不再征收消费税；不符合下述条件的，则征收消费税。

（1）回购企业在委托联营企业加工卷烟时，除提供给联营企业所需加工的卷烟牌号外，还要同时提供税务机关已公示的消费税计税价格。联营企业必须按照已公示的调拨价格申报缴纳消费税。

（2）回购企业将联营企业加工的卷烟回购后再销售的，其销售收入应与自产卷烟的销售收入分开核算，以备税务机关检查；如果不分开核算，则一并计入自产卷烟销售收入征收消费税。

自2022年11月1日起，我国对电子烟征收消费税。电子烟是指用于产生气溶胶供人抽吸等的电子传输系统，包括烟弹、烟具以及烟弹与烟具组合销售的电子烟产品。烟弹是指含有雾化物的电子烟组件。烟具是指将雾化物雾化为可吸入气溶胶的电子装置。

2. 酒

酒是酒精度在1度以上的各种酒类饮料。酒类包括白酒、黄酒、啤酒和其他酒。

对饮食业、商业、娱乐业举办的啤酒屋（啤酒坊）利用啤酒生产设备生产的啤酒，应当征收消费税。

3. 高档化妆品

根据《财政部、国家税务总局关于调整化妆品消费税政策的通知》（财税〔2016〕103号）的规定，自2016年10月1日起，原“化妆品”税目改为“高档化妆品”税目。

该税目的征税范围包括高档美容、修饰类化妆品，高档护肤类化妆品和成套化妆品。高档美容、修饰类化妆品和高档护肤类化妆品是指生产（进口）环节销售（完税）价格（不含增值税）在10元/毫升（克）或15元/片（张）及以上的美容、修饰类化妆品和护肤类化妆品。高档美容、修饰类化妆品包括香水、香水精、香粉、口红、指甲油、胭脂、眉笔、唇笔、蓝眼油、眼睫毛以及成套化妆品。舞台、戏剧、影视演员化妆用的上妆油、卸妆油、油彩，不属于该税目的征税范围。

4. 贵重首饰及珠宝玉石

贵重首饰及珠宝玉石包括以金、银、白金、宝石、珍珠、钻石、翡翠、珊瑚、玛瑙等高贵稀有物质以及其他金属、人造宝石等制作的各种纯金银首饰及镶嵌首饰和经采掘、打磨、加工的各种珠宝玉石。对免税商店销售的金银首饰征收消费税。

5. 鞭炮焰火

鞭炮焰火包括各种鞭炮焰火。体育上使用的发令纸、鞭炮药引线，不按该税目征收消费税。

6. 成品油

该税目包括汽油、柴油、石脑油、溶剂油、航空煤油、润滑油、燃料油 7 个子目，根据《国家税务总局关于催化料、焦化料征收消费税的公告》(国家税务总局公告 2012 年第 46 号)的规定，自 2012 年 11 月 1 日起，催化料、焦化料属于燃料油的征税范围，应当征收消费税。

7. 小汽车

汽车是指由动力驱动，具有四个或四个以上车轮的非轨道承载的车辆。

该税目的征税范围包括含驾驶员座位在内最多不超过 9 个座位（含）的，在设计和技术特性上用于载运乘客和货物的各类乘用车，以及含驾驶员座位在内的座位数为 10～23 座（含 23 座）的，在设计和技术特性上用于载运乘客和货物的各类中轻型商用客车。

超豪华小汽车的征税范围为每辆零售价格 130 万元（不含增值税）及以上的乘用车和中轻型商用客车，即乘用车和中轻型商用客车子税目中的超豪华小汽车。对于超豪华小汽车，在生产（进口）环节按现行税率征收消费税的基础上，自 2016 年 12 月 1 日起，在零售环节加征消费税，税率为 10%。

电动汽车不属于该税目的征税范围。车身长度大于 7 米（含），并且座位数为 10～23 座（含 23 座）的商用客车，不属于中轻型商用客车的征税范围，不征收消费税。沙滩车、雪地车、卡丁车、高尔夫球车不属于消费税的征税范围，不征收消费税。

8. 摩托车

该税目包括轻便摩托车和摩托车两种。对最大设计车速不超过 50km/h、发动机气缸总工作容量不超过 50ml 的三轮摩托车不征收消费税。

9. 高尔夫球及球具

高尔夫球及球具是指从事高尔夫球运动所需的各种专用装备，包括高尔夫球、高尔夫球杆及高尔夫球包（袋）等。

10. 高档手表

高档手表是指销售价格（不含增值税）每只在 10 000 元（含）以上的各类手表。该税目的征税范围包括符合以上标准的各类手表。

11. 游艇

游艇是指长度大于 8 米小于 90 米，船体由玻璃钢、钢、铝合金、塑料等多种材料制作，可以在水上移动的水上浮载体。按照动力划分，游艇分为无动力艇、帆艇和机动艇。

12. 木制一次性筷子

木制一次性筷子，也称卫生筷子，是指以木材为原料，经过锯段、浸泡、旋切、刨切、烘干、筛选、打磨、倒角、包装等环节加工而成的各类一次性使用的筷子。

13. 实木地板

实木地板是指以木材为原料，经锯割、干燥、刨光、截断、开榫、涂漆等工序加工而成的块状或条状的地面装饰材料。实木地板按生产工艺的不同，可分为独板（块）实木地板、实木指接地板、实木复合地板三类；按表面处理状态的不同，可分为未涂饰地板（白坯板、素板）和漆饰地板两类。

14. 电池

电池是一种将化学能、光能等直接转换为电能的装置，一般是由电极、电解质、容器、极端，通常还有隔离层组成的基本功能单元，以及用一个或多个基本功能单元装配成的电池组。其范围包括原电池、蓄电池、燃料电池、太阳能电池和其他电池。

自2015年2月1日起，对电池（铅蓄电池除外）征收消费税；自2016年1月1日起，对铅蓄电池征收消费税。

15. 涂料

涂料是指涂于物体表面，能形成具有保护、装饰或特殊性能的固态涂膜的一类液体或固体材料的总称。自2015年2月1日起，我国对涂料征收消费税，但对在施工状态下挥发性有机物含量低于420克/升（含）的涂料免征消费税。

（二）检查方法

征税范围的检查看似简单，实际是最难判断的一个环节。如果征税范围确认准确，则税额的计算就很简单；相反，如果征税范围确认错误，则最终得出的税额就不可能正确。因此，征税范围的确认和检查是首要环节。消费税的征税范围有严格的规定，而且规定特别细，稍有不慎，就可能失去征税的机会或者出现纳税人逃避税款的情况。

（1）针对纳税人的经营业务与消费税征税范围的具体规定逐一进行检查和确认，防止纳税人通过变更应税范围的商品名称，逃避缴纳消费税。特别是各税目下设的征税子目，如果没有专业技术鉴定和认真核对，要想准确划分征税与非征税的界限是非常困难的。因此，在检查时，如果遇到特殊情况或较复杂的事项，必须引起重视。

（2）检查纳税人的应税商品有无相互间混串的情况。有些纳税人为了少缴纳税款，有可能将以高税率征税的货物计入以低税率征税的货物的销售额中，尽管销售收入总量没有减少，但仍可少缴税款。在检查时，应对纳税人的应税货物与征税范围进行逐一核对，鉴定货物的名称是否符合本质属性。与此同时，核对应税收入，检查有无故意压低高税率收入额而增加低税率收入额的情况。

二、一般情况下计税依据的检查

（一）检查的内容及规定

消费税的计税依据有两种规定，即应税货物的价格和应税货物的实物数量。实行从价定率征收的计税依据为应税消费品的销售额，按照规定，其销售额是向购买方收取的全部价款和一切价外收入，但不包括应向购买方收取的增值税税额。因为增值税属于价外税，所以其税额既不能作为计征增值税的计税依据，也不能作为计征消费税的计税依据。如果纳税人应税消费品的销售额中未扣除增值税税额或者因不得开具增值税专用发票而发生价款和增值税税额合并收取，则在计算消费税时，应将含增值税税额的销售额换算为不含增值税税额的销售额。其换算公式为：

应税消费品的销售额＝含增值税的销售额÷(1＋增值税税率或征收率)

[例 4-1] 某生产企业（一般纳税人）本期零售一批应税消费品给消费者，开具普通发票，价款和增值税税额合并收取，金额为 7 910 元。假定该产品既征收增值税，又征收消费税，增值税的税率为 13%，消费税的税率为 10%。销售这批消费品的计税依据和应缴纳的消费税税额为：

这批应税消费品的计税依据（销售额）＝7 910÷(1＋13%)＝7 000（元）

这批应税消费品应缴纳的消费税税额＝7 000×10%＝700（元）

（二）检查方法

计税依据是计算消费税的核心要素，纳税人为了逃避纳税，往往隐瞒计税依据，其手段与前述的增值税有相同之处，主要是隐瞒应税收入，将应税收入不列入“收入”账户核算，而是将收入长期挂“往来”账户，或者将应税收入直接冲减费用，或者将应税收入直接转入本单位的“所有者权益”类账户。根据少部分纳税人隐瞒收入的特点，主要有以下检查方法：

(1) 在检查时，将纳税人申报的销售额与销售明细账、总分类账的贷方发生额和本期利润表上的销售额进行核对，如果这几项的数字不符，就必然存在问题，应进一步查找原因。如果这几项的数字相符，还可以进一步与销售发票当期的合计金额进行核对，检查计税销售额是否符合规定。如果在核对过程中，销售发票的金额合计数与销售账簿、报表以及申报的销售额完全相符，则一般在账面上没什么大问题。

(2) 如果纳税人首先在销售发票上玩了手段，则应审查“银行存款”“应收账款”“应收票据”“应付账款”等账户的对应账户，看是否有销售业务发生。如果上述账户的对应账户不是销售收入，就应审查应收、应付或银行存款的来源属于什么经营业务。如果对销售发票上的数据有疑问，就可将当次业务的销售发票与对应的“出库单”数据进行核对，或是将销售发票存根联与购买当次货物的对方的发票联进行核对。

(3) 检查纳税人的“销售费用”“管理费用”“财务费用”“其他业务成本”等账户，看有无将价外收费直接冲减了这些账户的情况。如果这些账户有借方红字发生额或贷方发生额，则应对照有关会计凭证逐笔进行核对，并与“应交税费——应交消费税”账户的发生额进行对照，查看收取的相关价外费用是否按规定计算缴纳了消费税。

三、连同包装物销售计税依据的检查

（一）检查的内容及规定

按照规定，实行从价定率办法计算征收消费税的应税消费品连同包装物销售的，无

论包装物是否单独计价，也不论在会计上如何核算，均应并入应税消费品的销售额中征收消费税。如果包装物不作价随同产品销售，而只是收取押金，则该项押金不并入应税消费品的销售额中征税。但对因逾期不再退还的包装物押金和已收取一年以上的包装物押金（另有规定者除外），应并入应税消费品的销售额，按照应税消费品的适用税率征收消费税。在实践中，有部分纳税人认为，包装物不属于消费税的征税范围，在相关业务发生时，总是有意或无意地将包装物收入不列入“收入”账户核算，或是不列入应税销售额。

（二）检查方法

（1）检查包装物的销售方式，看其是与货物销售一起计价核算，还是单独计价核算。如果与货物销售一起计价核算，则与前述销售额的检查方法相同，应将“包装物”账户的贷方发生额与“生产成本”“销售费用”等账户的借方发生额对照审核，检查纳税人的会计处理是否正确以及结转领用包装物的成本是否真实，有无直接冲减产品销售收入的情况；如果单独计价核算，就应重点检查“其他业务收入”账户的贷方发生额与销售业务及销售金额是否全部相符，同时将“包装物”账户的贷方发生额与“其他业务成本”账户的借方发生额相核对。

（2）检查随同应税消费品销售的包装物是否按所包装产品适用的税率计算缴纳了消费税，以及逾期不再退还的包装物押金及收取时间已超过一年的包装物押金是否按规定缴纳了消费税。在检查时，可对照应税消费品的对应项目核对，查看有无错用税率的情况；与此同时，检查“其他应付款”账户，查看有无挂账的逾期包装物押金收入未按规定计算消费税的情况。

［例 4-2］ 某生产企业主要生产销售应纳消费税的应税货物，适用的增值税税率为13%，消费税税率为20%。本年度5月在对其上年度生产经营情况进行纳税检查时发现：上年度3月发生一次销售业务，向购买方开具增值税专用发票，取得的不含税销售额为500 000元、增值税销项税额为65 000元；同时开具收款收据，取得包装物押金收入9 040元。其会计处理为：

借：银行存款	574 040	
贷：主营业务收入		500 000
应交税费——应交增值税（销项税额）		65 000
其他应付款——包装物押金		9 040

经过进一步的检查确认，发现其取得的收入和增值税销项税额已做了正确的转账核算，而押金收入仍在“其他应付款——包装物押金”账户中，未做任何处理。根据销售合同确认，该包装物押金已过了退还的期限，而且在时间上也超过了一年的期限。按照规定，应补缴相关的各种税费。此处只做了增值税、消费税的计算和调账处理，涉及的其他税费不做处理。计算应补税款及调账处理如下：

（1）该企业应补缴的增值税。

该企业应补缴的增值税＝9 040÷(1＋13%)×13%＝1 040（元）

（2）该企业应补缴的消费税。

该企业应补缴的消费税＝9 040÷(1＋13%)×20%＝1 600（元）

（3）会计调账分录为：

借：其他应付款——包装物押金　　9 040

　贷：应交税费——增值税检查调整　　1 040

　　　应交税费——查补的消费税　　1 600

　　　以前年度损益调整　　6 400

四、自产自用应税消费品计税依据的检查

（一）检查的内容及规定

按照规定，纳税人将自产的应税消费品用于连续生产应税消费品的，在使用环节不缴纳消费税。纳税人将自产的应税消费品用于其他方面的，应视同销售处理，按其生产的同类消费品的销售价格计算纳税，没有同类消费品销售价格的，按照组成计税价格计算纳税。组成计税价格的计算公式为：

组成计税价格＝(成本＋利润)÷(1－消费税适用税率)

或

组成计税价格＝成本×(1＋成本利润率)÷(1－消费税适用税率)

公式中的利润是以应税消费品的全国平均成本利润率计算的利润，成本是指应税消费品的生产成本。

（二）检查方法

（1）检查纳税人是否将自用于其他方面的应税消费品视同销售处理，相应的账务处理是否正确。目前，在会计账务处理上是直接冲减“产成品”或“库存商品”，但在计算应纳税额时，必须按同类产品的市场销售价格或组成计税价格计算，否则就有可能逃避税款。在检查时，应对纳税人视同销售的相关业务所计算的应纳消费税税额进行核对，必要时可重新进行计算，以核定的正确数据与其比较。

（2）将纳税人自用于其他方面的应税消费品的会计记账数量和金额与其相应的应税消费品的出库数量和金额进行核对，看两者是否相符，从而判定其业务的真实性和应纳税额计算的正确性。

五、生产领用外购已税消费品抵扣消费税税额的检查

（一）检查的内容及规定

按照规定，纳税人用外购已缴纳消费税的应税消费品连续生产出来的应税消费品，在对这些连续生产出来的应税消费品计算征税时，除有特殊规定外，可按当期生产领用数量和规定的适用税率计算准予扣除的外购应税消费品已纳的消费税税款。目前，扣除范围

包括：

（1）烟丝生产卷烟的。

（2）鞭炮、焰火生产鞭炮、焰火的。

（3）杆头、杆身和握把生产高尔夫球杆的。

（4）木制一次性筷子生产木制一次性筷子的。

（5）实木地板生产实木地板的。

（6）石脑油、燃料油生产成品油的。

（7）汽油、柴油、润滑油分别生产汽油、柴油、润滑油的。

（8）集团内部企业间用啤酒液生产啤酒的。

（9）葡萄酒生产葡萄酒的。

（10）高档化妆品生产高档化妆品的。

上述当期准予扣除外购应税消费品已纳消费税税款的计算公式为：

$$\text{当期准予扣除的外购应税消费品已纳税款}=\text{当期准予扣除的外购应税消费品买价}\times\text{外购应税消费品适用税率}$$

$$\text{当期准予扣除的外购应税消费品买价}=\text{期初库存的外购应税消费品买价}+\text{当期购进的应税消费品买价}-\text{期末库存的外购应税消费品买价}$$

（二）检查方法

（1）检查生产领用外购已税原材料的抵扣范围是否正确。查看纳税人生产领用的原材料是否属于可以抵扣消费税的范围，可用当期抵扣的已税原材料与材料的“进料单”“出库单”进行核对。

（2）检查当期抵扣的消费税税额计算是否正确。纳税人当期抵扣的原材料数量是以生产领用数量为标准的，核定其数量是否正确，可用期初结存数量＋本期购进数量－期末结存数量的余额与纳税人自己核算的相关数据核对，防止纳税人虚列当期生产领用数量，逃避当期应缴纳的消费税税额。

第二节　委托加工环节应纳消费税的检查

一、检查的内容及规定

（一）委托加工应税消费品征税范围的确认

委托加工的应税消费品是指由委托方提供原料和主要材料，受托方只收取加工费和代垫部分辅助材料加工的应税消费品。对于由受托方提供原材料生产的应税消费品，或者受托方先将原材料卖给委托方，然后再接受加工的应税消费品，以及由受托方以委托方名义购进原材料生产的应税消费品，不论纳税人在财务上是否做销售处理，都不得作为委托加工应税消费品，而应当按照销售自制应税消费品缴纳消费税。因此，委托加工应税消费品与自制应税消费品的区分非常重要。

（1）为什么要对委托加工应税消费品规定严格的限定条件？这是因为委托加工应税消费品是由受托方代收代缴消费税的，且受托方只就其加工劳务缴纳增值税。如果委托方不能提供原料和主要材料，而是受托方以某种形式提供原料，那么就不称其为委托加工，而是受托方在自制应税消费品了。在这种情况下，就会出现受托方确定的计税价格偏低、代收代缴消费税虚假的现象。与此同时，受托方也只以加工劳务缴纳增值税，逃避了自制应税消费品要缴纳消费税的责任，这是税法所不允许的。因此，对委托加工应税消费品要规定严格的限定条件。

（2）从委托加工应税消费品和自制应税消费品缴纳消费税的计算也可以看出，委托加工应税消费品和自制应税消费品的税收负担不完全相等。在双方都没有同类货物市场销售价格的情况下，其组成计税价格的计算公式是不同的。

自产自用应税消费品的组成计税价格为：

组成计税价格＝成本×(1＋成本利润率)÷(1－消费税适用税率)

委托加工应税消费品的组成计税价格为：

组成计税价格＝(材料成本＋加工费)÷(1－消费税适用税率)

从公式对比可以发现，前者的组成计税价格是含利润的，而后者的组成计税价格不含利润。由此可见，在同等条件下，委托加工应税消费品的税收负担要轻于自制应税消费品的税收负担。

因此，必须严格检查委托加工应税消费品和自制应税消费品的范围。

（3）对于不符合委托加工应税消费品限定条件的，税法规定了严格的处理方法，即不论纳税人在财务上是否做销售处理，都不得作为委托加工应税消费品，而应当按照销售自制应税消费品缴纳消费税，也就是由受托方按销售自制应税消费品缴纳消费税。这种处理办法体现了税收管理的源泉控制原则，避免了应缴税款的流失。

（二）代收代缴消费税主体的确认

对于确实属于委托方提供原料和主要材料，受托方只收取加工费和代垫部分辅助材料加工的应税消费品，税法规定，由受托方在向委托方交货时代收代缴消费税。这样，受托方就是法定的代收代缴义务人。如果受托方对委托加工的应税消费品未代收代缴或少代收代缴消费税，就要按照《税收征管法》的规定，承担代收代缴的法律责任。因此，受托方必须严格履行代收代缴义务，正确计算和按时代缴税款。1994 年 5 月，为了加强对受托方代收代缴税款的管理，《国家税务总局关于消费税若干征税问题的通知》（国税发〔1994〕130 号）规定，对纳税人委托个体经营者加工的应税消费品，一律于委托方收回后在委托方所在地缴纳消费税。

对于受托方没有按规定代收代缴税款的，并不能因此免除委托方补缴税款的责任。在对委托方进行的税务检查中，如果发现对其委托加工的应税消费品，受托方没有代收代缴税款，则委托方要按规定补缴税款（受托方不再重复补税，但要按《税收征管法》的规定，对其处以应代收代缴税款 50%以上 3 倍以下的罚款）。对委托方补征税款的计税依据是：

如果在检查时，委托方收回的应税消费品已经直接销售了，则委托方按销售额计算补税；收回的应税消费品尚未销售或不能直接销售的（如收回后用于连续生产等），按组成计税价格计税。组成计税价格的计算公式与下面的组成计税价格公式相同。

对于委托加工的应税消费品，如果受托方在交货时已代收代缴了消费税，并且委托方在收回后直接出售的，不再征收消费税。

（三）组成计税价格及应纳税额计算的确认

委托加工应税消费品按照受托方同类消费品的销售价格计算纳税。同类消费品的销售价格是指受托方（即代收代缴义务人）当月销售的同类消费品的销售价格。如果当月同类消费品的各期销售价格高低不同，则应按销售数量加权平均计算。但销售的应税消费品有下列情况之一的，不得列入加权平均计算：1）销售价格明显偏低又无正当理由的；2）无销售价格的。如果当月无销售，则应按照同类消费品上月或最近月份的销售价格计算纳税。如果没有同类消费品的销售价格，则按照组成计税价格计算纳税。组成计税价格的计算公式为：

组成计税价格＝(材料成本＋加工费)÷(1－消费税税率)

应纳税额＝组成计税价格×适用税率

在检查时，注意组成计税价格公式中两个重要的因素：

1. 材料成本

按照《中华人民共和国消费税暂行条例实施细则》（以下简称《消费税暂行条例实施细则》）的解释，材料成本是指委托方所提供加工材料的实际成本。委托加工应税消费品的纳税人必须在委托加工合同上如实注明（或以其他方式提供）材料成本，凡未提供材料成本的，受托方所在地主管税务机关有权核定其材料成本。从这一条规定可以看出，税法对委托方提供的原料和主要材料，要求以明确的方式如实提供材料成本，其目的就是防止假冒委托加工应税消费品或少报材料成本而逃避纳税的现象。

2. 加工费

《消费税暂行条例实施细则》规定，加工费是指受托方加工应税消费品向委托方收取的全部费用（包括代垫辅助材料的实际成本，不包括增值税税额），这是税法对受托方的要求。受托方必须如实提供向委托方收取的全部费用，这样才能既保证准确地计算组成计税价格及代收代缴消费税，又能使受托方按加工费正确地计算其应纳的增值税。

（四）委托加工收回的应税消费品已纳税款扣除的确认

委托加工的应税消费品因为已由受托方代收代缴消费税，因此委托方收回货物后用于连续生产应税消费品的，其已纳税款准予按照规定从连续生产的应税消费品应纳消费税税额中抵扣。按照国家税务总局的规定，从 1995 年 6 月 1 日起，下列连续生产的应税消费品准予从应纳消费税税额中按当期生产领用数量计算扣除委托加工收回的应税消费品已纳消费税税款：

（1）以委托加工收回的已税烟丝为原料生产的卷烟。

（2）以委托加工收回的已税高档化妆品为原料生产的高档化妆品。

（3）以委托加工收回的已税珠宝玉石为原料生产的贵重首饰及珠宝玉石。

（4）以委托加工收回的已税鞭炮焰火为原料生产的鞭炮焰火。

（5）以委托加工收回的已税石脑油、燃料油、润滑油为原料生产的应税成品油。

（6）以委托加工收回的已税摩托车生产的摩托车。

（7）以委托加工收回的已税杆头、杆身和握把为原料生产的高尔夫球杆。

（8）以委托加工收回的已税木制一次性筷子为原料生产的木制一次性筷子。

（9）以委托加工收回的已税实木地板为原料生产的实木地板。

（10）以委托加工收回的已税葡萄酒为原料生产的葡萄酒。

上述当期准予扣除的委托加工应税消费品已纳税额的计算公式是：

$$\begin{array}{c}\text{当期准予扣除的}\\\text{委托加工应税消费品}\\\text{已纳税额}\end{array}=\begin{array}{c}\text{期初库存的}\\\text{委托加工应税消费品}\\\text{已纳税额}\end{array}+\begin{array}{c}\text{当期收回的}\\\text{委托加工应税消费品}\\\text{已纳税额}\end{array}-\begin{array}{c}\text{期末库存的}\\\text{委托加工应税消费品}\\\text{已纳税额}\end{array}$$

需要说明的是，纳税人用委托加工收回的已税珠宝玉石生产的改在零售环节征收消费税的金银首饰，在计税时一律不得扣除委托加工收回的珠宝玉石的已纳消费税税款。

二、检查方法

（一）检查委托加工业务是否符合税法的规定范围

对于委托加工的应税消费品，首先应审查是否符合税法中规定的委托加工方式。在检查时，先检查其加工合同，确认加工货物的原材料是委托方提供还是受托方提供。如果是受托方提供或者是以其他方式取得的，就不属于加工业务，应按受托方自制货物销售处理，并征收消费税。

（二）检查计税依据是否正确

检查代收代缴消费税所使用的计税价格是否正确。按照规定，如果没有同类货物的市场价格，就要按组成计税价格计算纳税。组成计税价格的计算是否正确，直接关系到税款计算的正确性。检查有无扩大或缩小加工材料成本的情况。应将委托方拨付加工材料登记的数量或金额与其组成计税价格所使用的材料成本、数量或金额进行核对，也可直接用“委托加工物资”“应交税费——应交消费税”等账户，对照委托加工合同等原始凭证进行检查，看纳税人委托加工的应税消费品是否按照受托方同类消费品的销售价格计算纳税；没有同类消费品销售价格的，是否按照组成计税价格计算纳税，代收代缴的消费税税额计算是否正确。

（三）检查应纳税额的计算是否正确

检查“委托加工物资”“生产成本”“应交税费——应交消费税”等账户，看纳税人用委托加工收回的已税烟丝等 10 种应税消费品连续生产应税消费品的，在计税时准予扣除收回的应税消费品的已纳消费税税款，是否按当期生产领用数量计算以及计算是否正确。

审查“委托加工物资”“应交税费——应交消费税”等账户，看委托加工应税消费品直接出售的，有无重复征收消费税的问题。

（四）检查代收代缴消费税的核算是否正确

消费税是价内税，纳税人应缴纳的消费税税款在计算会计利润或者企业所得税应纳税所得额时，要从收入总额中予以扣除。按照现行规定，委托加工应税消费品由受托方代收代缴的消费税，在会计核算中与外购的已税消费品所负担的消费税的会计处理方法不同。外购已税消费品所负担的消费税计入外购应税消费品的成本，不单独对消费税做账务处理。当期生产领用已税消费品应抵扣的税额，直接在当期销售的应税消费品应缴纳的消费税税额中抵扣，在会计处理上是将抵扣后的余额记入“税金及附加”账户核算，然后在计算会计利润或应纳税所得额时予以扣除即可。

委托加工环节由受托方代收代缴的消费税，委托方将加工收回的应税消费品直接加价销售或继续生产应税消费品，委托方在支付加工环节应缴纳的消费税时，要将消费税税额单独核算。其会计处理为：

借：应交税费——应交消费税

　贷：银行存款（或应付账款）——消费税

[例 4-3]　甲公司（一般纳税人）本期委托乙企业加工一批鞭炮、焰火，发出委托加工的原材料成本为 14 000 元，按合同规定支付给受托方的加工费为 3 000 元、增值税税额为 390 元，并取得乙企业开具的增值税专用发票。这批鞭炮、焰火无同类产品的市场销售价格。乙企业按规定收取代收代缴的消费税后，向甲公司开具了有关票据。甲公司收回委托加工的鞭炮、焰火后直接对外销售。鞭炮、焰火的消费税税率为 15%，甲公司应做的会计处理如下：

(1) 甲公司发出委托加工材料时：

借：委托加工物资——鞭炮、焰火	14 000	
贷：原材料		14 000

(2) 支付加工费时：

借：委托加工物资——鞭炮、焰火	3 000	
应交税费——应交增值税（进项税额）	390	
贷：银行存款——加工费		3 390

(3) 支付乙企业代收代缴的消费税时：

组成计税价格=(14 000+3 000)÷(1−15%)=20 000（元）

代收代缴的消费税税额=20 000×15%=3 000（元）

借：应交税费——应交消费税	3 000	
贷：银行存款——消费税		3 000

(4) 甲公司收回委托加工产品时：

借：库存商品——鞭炮、焰火	20 000	
贷：委托加工物资——鞭炮、焰火		20 000

[例 4-4] 甲企业（一般纳税人）本期委托乙企业加工一批应税消费品（半成品），发出委托加工的原材料成本为 30 000 元。按合同规定，甲企业支付给受托方的加工费为 6 000 元、增值税税额为 780 元，取得乙企业开具的增值税专用发票。该半成品无同类应税消费品的市场销售价格。乙企业按规定代收代缴消费税并向甲企业开具了有关票据。甲企业收回委托加工的半成品后，本期生产领用了 50%。本期内取得的连续生产应税消费品的销售价款为 50 000 元、增值税税额为 6 500 元，已向购货方开具了增值税专用发票。假定该应税消费品的消费税税率为 10%，甲企业应做的会计处理如下：

(1) 发出委托加工材料时：

借：委托加工物资——半成品	30 000	
贷：原材料		30 000

(2) 支付委托加工费时：

借：委托加工物资——半成品	6 000	
应交税费——应交增值税（进项税额）	780	
贷：银行存款		6 780

(3) 支付代收代缴的消费税时：

组成计税价格=(30 000+6 000)÷(1−10%)=40 000（元）

代收代缴的消费税税额=40 000×10%=4 000（元）

借：应交税费——应交消费税	4 000	
贷：银行存款		4 000

(4) 甲企业收回委托加工产品时：

借：原材料	36 000	
贷：委托加工物资——半成品		36 000

(5) 甲企业取得销售收入时：

借：银行存款	56 500	
贷：主营业务收入		50 000
应交税费——应交增值税（销项税额）		6 500

(6) 计算应纳消费税时：

应纳消费税税额=50 000×10%=5 000（元）

借：税金及附加	5 000	
贷：应交税费——应交消费税		5 000

(7) 本期上缴消费税时：

本期应抵扣的消费税税额=4 000×50%=2 000（元）

本期实际应上缴的消费税税额=5 000−2 000=3 000（元）

借：应交税费——应交消费税	3 000	
贷：银行存款		3 000

根据上述例题可以看出，加工收回的货物直接对外销售和继续用于生产应税消费品，其会计处理完全不同。在检查时，要注意纳税人在不同情况下的会计处理是否正确，否则不但影响消费税的正确核算，还会影响企业所得税的正确核算。

第三节　进口环节应纳消费税的检查

一、检查的内容及规定

按照规定，进口的应税消费品于报关进口时缴纳消费税。为了节约征税成本，进口消费税由海关代征，进口的应税消费品由进口商或其代理向报关地海关申报纳税。按照关税征收管理的相关规定，应当自海关填发税款缴纳书之日起15日内缴纳消费税税款。

纳税人进口应税消费品，按照组成计税价格和规定的税率计算应纳税额。其计算公式有以下几种情况：

（1）实行从价定率办法的应税消费品的应纳税额（非进口卷烟）为：

组成计税价格＝(关税完税价格＋关税)÷(1－消费税比例税率)

应纳税额＝组成计税价格×消费税比例税率

其中，关税完税价格是指海关核定的关税计税价格。

（2）实行从量定额办法的应税消费品的应纳税额为：

应纳税额＝进口数量×消费税定额税额

（3）实行从价定率和从量定额办法的应税消费品的应纳税额为：

应纳税额＝组成计税价格×消费税比例税率＋进口数量×消费税定额税额

（4）进口卷烟应缴纳的消费税税额为：

$$\text{组成计税价格}=\frac{\text{关税完税价格}+\text{关税}+\text{进口数量}\times\text{消费税定额税率}}{1-\text{消费税比例税率}}$$

二、检查方法

（一）检查进口货物的应税范围

检查纳税人在进口应税货物后，有无隐瞒真实情况、漏报应税项目的行为。在检查时，结合消费税的税目、税率表进行核对，确定其应税的具体货物的申报纳税是否正确。

（二）检查进口货物应缴纳的消费税税额是否正确

在检查时，查看其进口货物的报关单，核对其进口货物的买价、运输费、保险费等是否正确无误，有无将应计入关税完税价格的支出未计入关税完税价格，而不应计入关税完税价格的支出却计入了关税完税价格的情况。检查进口关税和消费税的组成计税价格的计算是否正确，有无错用税率的现象。然后，用核定的数据与纳税人自报的相关数据相比较，看有无差错。

[例 4-5] 某大型商场本期进口一批高档化妆品，进口货物的到岸价格为 100 000 元人民币，关税税率为 40%，消费税税率为 30%，增值税税率为 13%。该商场按规定用银行存款缴纳了进口环节相关的税款，商品已验收入库。该商场应做的会计处理如下：

(1) 支付进口货物到岸前的有关价款时：

借：在途物资——进口化妆品　100 000

　贷：银行存款　100 000

(2) 缴纳关税、消费税、增值税时：

应纳进口关税＝100 000×40%＝40 000（元）

$$消费税的组成计税价格=\frac{100\ 000+40\ 000}{1-30\%}=200\ 000（元）$$

应纳进口消费税＝200 000×30%＝60 000（元）

应纳进口增值税＝200 000×13%＝26 000（元）

借：在途物资——进口化妆品　100 000

　　应交税费——应交增值税（进项税额）　26 000

　贷：银行存款　126 000

(3) 商品验收入库时：

借：库存商品——进口化妆品　200 000

　贷：在途物资——进口化妆品　200 000

第四节　零售环节应纳消费税的检查

一、检查的内容及规定

目前，在零售环节征收消费税的货物主要为金银首饰，其他应税货物主要在前述的各环节缴纳。《财政部、国家税务总局关于调整金银首饰消费税纳税环节有关问题的通知》(财税字〔1994〕95 号）规定，从 1995 年 1 月 1 日起，金银首饰消费税由生产销售环节征收改为零售环节征收。从 2002 年 1 月 1 日起，钻石及钻石饰品由生产、进口环节征税改为零售环节征税，对未镶嵌的成品钻石和钻石饰品的消费税税率由 10%减至 5%。

金银首饰零售业务是指将金银首饰销售给中国人民银行批准的金银首饰生产、加工、批发、零售单位以外的单位和个人的业务（另有规定者除外）。另外，视同零售业务还包括：1）为经营单位以外的单位和个人加工金银首饰。加工包括带料加工、翻新改制、以旧换新等业务，不包括修理、清洗业务。2）经营单位将金银首饰用于馈赠、赞助、集资、广告、样品、职工福利、奖励等方面。3）未经中国人民银行总行批准经营金银首饰批发业务的单位将金银首饰销售给经营单位。

根据《国家税务总局关于印发〈金银首饰消费税征收管理办法〉的通知》（国税发〔1994〕267 号）的规定：经营单位兼营生产、加工、批发、零售业务的，应分别核算销售额，未分别核算销售额或者划分不清的，一律视同零售征收消费税。

对超豪华小汽车，在生产（进口）环节按现行税率征收消费税的基础上，自 2016 年 12 月 1 日起，在零售环节加征消费税，税率为 10%。

按照健全地方税体系改革的要求，在征管可控的前提下，将部分在生产（进口）环节征收的现行消费税品目逐步后移至批发或零售环节征收，拓展地方收入来源，引导地方改善消费环境。先对高档手表、贵重首饰和珠宝玉石等条件成熟的品目实施改革，再结合消费税立法对其他具备条件的品目实施改革试点。

二、检查方法

零售环节应缴纳消费税的检查方法，主要有以下几个方面：

（一）以旧换新、翻新改制应纳消费税的检查

首先，检查纳税人“主营业务收入”“库存商品”“其他业务收入”“原材料”“税金及附加”等账户，并与金银首饰零售发票核对，看其是否按规定申报缴纳消费税。其次，检查纳税人“其他应付款”“销售费用”等账户的贷方发生额或借方红字发生额，审查纳税人是否将收取的加工费挂“往来”账户或直接冲减费用而未申报缴纳消费税。最后，将核定的应纳税额与纳税人自行申报的应纳税额加以比较，查看有无少缴纳消费税的问题。

采用以旧换新方式销售的，应按照会计处理规定，按收取旧首饰的协议价格，借记“原材料”“库存商品”等账户；按新、旧首饰收取的差价和应收取的增值税税额，借记“库存现金”账户；按新首饰的不含增值税销项税额的销售价格，贷记“主营业务收入”账户；按应收取的增值税税额，贷记“应交税费——应交增值税（销项税额）”账户；按计算的应纳消费税税额，借记“税金及附加”账户，贷记“应交税费——应交消费税”账户。

［例 4-6］ 某金银首饰零售商店本期采用以旧换新销售方式收回旧金首饰 10 件，每件作价 1 000 元，每件新金首饰的零售价为 20 600 元（含增值税），顾客以现金补齐差额。增值税征收率为 3%，消费税税率为 5%，商店应做的会计处理如下：

（1）收回旧金首饰和差价时：

新金首饰不含税销售额＝20 600÷(1＋3%)＝20 000（元）

增值税税额＝20 000×3%＝600（元）

借：原材料——回收旧首饰	10 000	
库存现金	10 600	
贷：主营业务收入		20 000
应交税费——应交增值税		600

（2）计算应纳消费税时：

应纳消费税税额＝20 000×5%＝1 000（元）

借：税金及附加　　1 000
　贷：应交税费——应交消费税　　1 000

（二）带料加工业务的检查

首先，检查纳税人的带料加工业务是否真实。将“原材料”“生产成本”“其他业务收入”等账户与有关会计凭证对照检查，审查其是否符合带料加工业务的条件。其次，检查纳税人带料加工业务的计税依据是否正确。最后，对纳税人当期或最近时期的同类金银首饰销售价格的有关资料或“主营业务收入——加工收入”账户和委托加工合同进行检查，审查纳税人使用的计税价格或计算的组成计税价格是否正确。

（三）馈赠、赞助、集资、广告、样品、职工福利、奖励等行为的检查

首先，检查纳税人的“产成品”“库存商品”等账户的贷方发生额，并与“应付职工薪酬”“营业外支出”“管理费用”“销售费用”等账户核对，审查纳税人用于馈赠、赞助、职工福利等方面的金银首饰是否按规定申报缴纳了消费税。其次，检查纳税人当期或最近时期的同类金银价格的有关资料或“生产成本”账户，审查纳税人使用的计税价格或计算的组成计税价格是否正确。

（四）成套金银首饰销售行为的检查

首先，检查纳税人有无成套金银首饰的经营业务，并深入金银首饰专柜，查看和了解有无成套金银首饰销售的样品及情况。其次，审查纳税人“主营业务收入”账户及有关会计凭证，并与金银首饰销售发票核对，审查纳税人在有成套金银首饰销售业务时，是否按规定申报缴纳消费税，有无分解销售收入而少申报缴纳消费税的情况。

（五）旅游企业零售金银首饰应纳消费税的检查

按照会计处理规定，旅游企业销售金银首饰，取得的销售收入记入“主营业务收入”账户；销售金银首饰应缴纳的消费税，借记“税金及附加”账户，贷记“应交税费——应交消费税”账户。在检查时，首先注意应纳税额的计算是否正确，纳税人有无隐瞒收入的问题；其次检查相关会计处理是否正确，有无在核算中不反映应缴纳的消费税，以达到逃避税款的目的。

[例 4-7]　某旅游公司下设了一个专门销售金银首饰的销售部，该销售部由当地主管税务机关认定按小规模纳税人计算缴纳增值税。本期取得金银首饰的零售收入为 12 360 元，消费税税率为 5%，旅游公司应缴纳的增值税、消费税及会计处理如下：

(1) 取得销售收入时：

不含税销售额＝12 360÷(1＋3%)＝12 000（元）

应纳增值税税额＝12 000×3%＝360（元）

借：库存现金　　12 360
　贷：主营业务收入　　12 000
　　　应交税费——应交增值税　　360

(2) 计算应缴纳的消费税时：

应纳的消费税税额＝12 000×5%＝600（元）

借：税金及附加　　600

　贷：应交税费——应交消费税　　600

(3) 以银行存款上缴增值税、消费税时：

借：应交税费——应交消费税　　600

　　应交税费——应交增值税　　360

　贷：银行存款　　960

（六）检查案例

1. 销售收入实现时，不通过“销售收入”账户，而是直接冲销产成品

[例 4-8]　某企业上年度对外销售一批应税消费品，适用的增值税税率为13%。消费税税率为30%。这批货物的含税销售额为13 560元（实际成本为7 500元），货款已收存银行，给购买方开出普通发票。企业的会计处理如下：

借：银行存款　　13 560

　贷：库存商品　　13 560

检查分析处理如下：

该企业的会计处理有明显错误。首先，其会计分录的借方是银行存款，贷方是库存商品，不符合会计分录对应关系的规定。按照规定，借方的银行存款增加，贷方账户一般为“收入”类账户，或者为“应付账款”“其他应付款”“应收账款”“其他应收款”“合同负债”等账户；如果企业收到的存款属于外单位的投资或捐赠，则其分录的贷方就一定是“资本”类账户或“营业外收入”账户；如果企业的存款增加属于借入款项，则其分录的贷方应为“短期借款”或“长期借款”等账户，但贷方一般不会是“库存商品”账户。按照规定，库存商品在贷方，应属于减少。库存商品减少只有在结转库存商品销售成本或转移商品位置时才会出现，所以企业的会计处理是错误的。其次，根据企业的实际经营行为，这是因销售商品而增加的存款，理应作为销售收入处理，否则既逃避了消费税，又逃避了增值税。与此同时，按商品销售收入额直接冲转库存商品的成本也不正确，这样还逃避了企业所得税。

根据企业经销业务的实际情况，按照规定，企业销售应税消费品，给购买方开具的是普通发票，普通发票上的收入金额为含税销售额，企业在进行会计处理时还应将含税销售额换算为不含税（增值税）销售额。企业正确的会计处理如下：

(1) 相关税额的计算：

不含税销售额＝13 560÷(1＋13%)＝12 000（元）

增值税销项税额＝12 000×13%＝1 560（元）

应纳消费税＝12 000×30%＝3 600（元）

(2) 业务发生时正确的会计处理应为：

收入实现时，按不含增值税的销售额：

借：银行存款　13 560
　贷：主营业务收入　12 000
　　　应交税费——应交增值税（销项税额）　1 560
按照规定计提的消费税：
借：税金及附加　3 600
　贷：应交税费——应交消费税　3 600
同时结转成本：
借：主营业务成本　7 500
　贷：库存商品　7 500
（3）如果是在次年纳税检查时发现上述错误，则会计调账分录为：
借：以前年度损益调整　5 160
　贷：应交税费——增值税检查调整　1 560
　　　应交税费——查补的消费税　3 600
同时：
借：库存商品　5 160
　贷：以前年度损益调整　5 160

2. 将自制的应税消费品用于本企业基建工程、职工福利等方面，不计算纳税

这主要表现为两种情况：一是将自产的应税消费品使用了以后，不视同销售处理；二是将自产的应税消费品使用了以后，视同销售处理，但不按市场价格计算纳税，而是按成本价格入账计算。

[例4-9]　某轿车生产企业上年度将试制的2辆新型小轿车自用，并转为本企业的固定资产。该轿车无市场价格，但已知每辆小轿车的成本为96 000元，成本利润率为8%。该轿车适用的增值税税率为13%，消费税税率为5%，轿车已转移使用。企业的会计处理为：

借：固定资产　192 000
　贷：库存商品　192 000

检查分析处理如下：

上述会计处理错误。企业没有把自用的轿车视同销售，而是直接冲减轿车的生产成本，并转为固定资产的原值。这样就未按组成计税价格计算消费税。税款计算及会计处理如下：

（1）相关税额计算：

轿车的组成计税价格=96 000×(1+8%)÷(1−5%)×2≈218 273.68（元）

应纳消费税=218 273.68×5%≈10 913.68（元）

（2）业务发生时的会计处理为：

借：固定资产　202 913.68
　贷：库存商品　192 000
　　　应交税费——应交消费税　10 913.68

(3) 次年的会计调账分录为：

借：固定资产　10 913.68

　贷：应交税费——查补的消费税　10 913.68

如果检查时要考虑企业所得税，那么还应考虑城市维护建设税、教育费附加和固定资产折旧等因素。

3. 收回委托加工货物后，不按规定计算纳税

应缴纳消费税的委托加工产品，按照规定，应于委托方提货时，由受托方代扣代缴税款。委托方将委托加工产品收回后，用于直接销售的，应将委托加工产品所负担的消费税税额计入其加工产品的成本；将委托加工产品收回后用于连续生产应税消费品的，应按照规定将受托方代扣代缴的税款予以抵扣。

委托加工产品经常出现的错误有几种情况：一是受托方不愿意代扣税款；二是在委托加工产品时，若无同类产品的市场售价，没有按组成计税价格计算纳税，而是按成本价或是按估价计算应纳的消费税。

[例 4-10]　甲企业委托乙企业加工一批应税消费品。甲企业提供的原材料成本为49 000 元，支付给乙企业的加工费为 5 000 元。因甲、乙企业均为一般纳税人，甲企业在支付加工费的同时，取得了乙企业开具的增值税专用发票，所负担的增值税税额为 650元，加工的该应税消费品无同类产品的市场销售价格。甲企业在收回委托加工的消费品后，40%用于本企业继续生产应税消费品，60%用于直接对外销售，不含税销售额为40 000 元。该委托加工产品适用的消费税税率为 10%，增值税税率为 13%。甲、乙企业的账务处理如下：

乙企业的账务处理为：

(1) 乙企业在计算代收代缴消费税时：

应代收代缴消费税=(49 000+5 650)×10%=5 465 (元)

借：应收账款　5 465

　贷：应交税费——代收代缴消费税　5 465

(2) 乙企业收到加工费及增值税销项税额时：

借：银行存款　5 650

　贷：应交税费——应交增值税（销项税额）　650

　　　其他业务收入——加工费　5 000

甲企业的账务处理为：

(1) 甲企业提供委托加工材料时：

借：委托加工物资　49 000

　贷：原材料　49 000

(2) 甲企业支付乙企业的加工费时：

借：委托加工物资　5 650

　贷：银行存款　5 650

(3) 甲企业应付乙企业代收代缴的消费税时：

借：应交税费——应交消费税　　5 465

　贷：应付账款　　5 465

(4) 甲企业收回委托加工物资时：

借：库存商品　　54 650

　贷：委托加工物资　　54 650

检查分析处理如下：

上述甲、乙企业的账务处理有如下几处错误：

(1) 乙企业在计算代收代缴消费税时，组成计税价格公式中的加工费不应包含加工费所负担的增值税，因此计算出的消费税计税价格是错误的。

(2) 乙企业在计算代收代缴消费税时，组成计税价格公式中没有除以"1－消费税税率"，不符合消费税含税价格的基本原理，因此计算出的消费税计税价格不正确。

(3) 甲企业在支付给乙企业加工费时，取得的增值税专用发票上注明的增值税税额，应作为进项税额单独反映，不应计入委托加工应税消费品的成本中。

(4) 甲企业收回委托加工的应税消费品，只有40%用于连续生产应税消费品，60%直接对外销售。

(5) 甲企业销售60%的委托加工收回产品的收入应计算增值税销项税额，企业对此没有进行任何处理是错误的。根据消费税法的规定，委托加工收回的应税消费品直接对外销售，应计征消费税，但可扣除委托加工环节已经缴纳的消费税。因此，甲企业的会计科目使用正确，但金额有误。

根据检查分析，正确的计算和账务处理如下：

乙企业受托加工业务的账务处理为：

(1) 代收代缴消费税时：

代收代缴消费税的组成计税价格＝(49 000＋5 000)÷(1－10%)＝60 000（元）

应代收代缴的消费税＝60 000×10%＝6 000（元）

借：应收账款——消费税　　6 000

　贷：应交税费——代收代缴消费税　　6 000

(2) 乙企业收到甲企业交来的加工费及相应的增值税时，账务处理与原处理相同，是正确的。

甲企业委托加工业务的账务处理为：

(1) 甲企业提供委托加工材料时，账务处理与原处理相同，是正确的。

(2) 甲企业支付加工费及加工费应负担的增值税时，应做进项税额处理：

借：委托加工物资　　5 000

　　应交税费——应交增值税（进项税额）　　650

　贷：银行存款　　5 650

(3) 甲企业支付的加工环节的消费税税额6 000元，财务处理如下：

借：应交税费——应交消费税　　6 000

　贷：应付账款——消费税　　6 000

(4) 甲企业收回委托加工物资时：

借：库存商品　　54 000

　贷：委托加工物资　　54 000

(5) 甲企业销售委托加工收回的货物，应计算的增值税销项税额为：

　40 000×13%=5 200（元）

借：银行存款　　45 200

　贷：主营业务收入　　40 000

　　　应交税费——应交增值税（销项税额）　　5 200

(6) 甲企业结转直接对外销售60%的成本：

　54 000×60%=32 400（元）

借：主营业务成本　　32 400

　贷：库存商品　　32 400

第 5 章 企业所得税的检查

学习目标

熟悉企业所得税收入的确认方法、成本费用扣除的范围和标准、亏损弥补的方法，掌握企业所得税的检查重点和方法。通过综合案例的分析和练习，掌握风险识别方法以及纳税检查后各种税款的归集处理和账务调整方法。

企业所得税是所有税种中涉及内容最广、难度最大的税种。对企业所得税的检查，首先需要对以下几个涉税公式进行分析，这样就可以清楚地了解影响企业所得税的各个因素，从而掌握检查的重点和方法。

$$\text{应纳企业所得税税额}=\text{应纳税所得额}\times\text{税率}-\text{减免税额}-\text{抵免税额} \qquad (5-1)$$

(5－1) 式表明：应纳企业所得税的计算，主要取决于应纳税所得额和税率两个因素。其中，应纳税所得额是关键，因为它是企业所得税的计税依据。税率是计算应纳税额的比例，除少数优惠规定外，均为25%的固定税率。减免税额和抵免税额涉及的企业较少。

$$\text{应纳税所得额}=\text{收入总额}-\text{不征税收入}-\text{免税收入}-\text{准予扣除项目}-\text{以前年度亏损} \qquad (5-2)$$

在 (5－2) 式中，收入总额和准予扣除项目的金额是计算应纳税所得额的两个基本要素。收入总额既包括了企业的基本收入，也包括了企业的特殊收入。作为具体的纳税人，其收入项目是多样的，应根据实际情况逐项进行检查。准予扣除项目的金额是指与纳税人取得收入相关的成本、费用、税金、损失和其他支出等金额。成本（即生产经营成本）是指纳税人为生产经营商品和提供劳务等所发生的各项直接费用及间接费用。费用是指纳税人为生产经营商品和提供劳务等所发生的销售（经营）费用、管理费用和财务费用，在会计中称为期间费用。税金是指纳税人按规定缴纳的消费税、城市维护建设税、资源税、土地增值税、房产税、车船税、城镇土地使用税、印花税等以及教育费附加（视同税金）。

损失是指纳税人在生产经营过程中所发生的各项营业外支出，即发生的经营亏损和其他损失。

应纳税所得额＝企业会计利润总额±按税法规定调整的项目金额　　(5－3)

在（5－3）式中，企业会计利润总额（也称会计所得）是指纳税人按照会计制度的规定和计算方法所计算的经营成果。由于我国财务会计制度的规定与税收法规的规定在许多地方存在差异，因此在计算企业所得税应纳税所得额时，还必须按照税收法规的规定在会计利润的基础上进行纳税调整。按税法规定调整的项目金额主要表现为两方面：一是纳税人的财务会计处理与税法规定不一致而予以调整的金额；二是纳税人按税法规定准予抵免的税收金额。

根据上述分析，本章分别介绍了收入总额的检查、材料成本的检查、生产成本（存货采购入库、存货出库、存货耗用、存货销售、固定资产、无形资产）的检查、期间费用的检查以及损失的检查等。

第一节　收入总额的检查

对收入总额进行检查，是企业所得税检查的首要环节，其目的是审核纳税人是否将一切收入完整地纳入核算范围，防止纳税人将部分收入不记入收入账户，而直接用于其他方面的支出或做假账，从而达到少缴所得税的目的。

企业所得税的应税收入总额包括纳税人在生产经营过程中取得的各种主营业务收入、其他业务收入和各种特殊收入。按照《中华人民共和国企业所得税法》（以下简称《企业所得税法》）和《中华人民共和国企业所得税法实施条例》（以下简称《企业所得税法实施条例》）的规定，企业的主营业务收入和其他收入包括：1）销售货物收入；2）提供劳务收入；3）转让财产收入；4）股息、红利等权益性投资收益；5）利息收入；6）租金收入；7）特许权使用费收入；8）接受捐赠收入；9）其他收入。纳税人取得的部分特殊收入主要包括：1）以分期收款方式销售货物的收入；2）企业受托加工制造大型机械设备、船舶、飞机，以及从事建筑、安装、装配工程业务或者提供其他劳务等，持续时间超过12个月的收入；3）采取产品分成方式取得的收入；4）企业发生非货币性资产交换，以及将货物、财产、劳务用于捐赠、偿债、赞助、集资、广告、样品、职工福利或者利润分配等用途的，视同销售货物、转让财产或者提供劳务的收入。

企业以货币形式取得的收入，包括现金、存款、应收账款、应收票据、准备持有至到期的债券投资以及债务的豁免等；企业以非货币形式取得的收入，包括固定资产、生物资产、无形资产、股权投资、存货、不准备持有至到期的债券投资、劳务以及有关权益等，这些非货币资产应当按照公允价值确定收入额。公允价值是指按照市场价格确定的价值。

在检查纳税人的收入总额时，应注意两个问题：一是纳税人各项收入的结算是否真实、准确，有无为了逃避所得税而少计收入，或者为了人为调节利润而多计收入的情况；

二是处理好检查重点收入和其他收入的关系。一般来说，生产经营收入是纳税人从事主营业务活动取得的收入，是收入检查的重点。检查生产经营收入是否需要投入较多的时间和精力，要视具体情况而定。如果在检查企业所得税之前进行了较全面的商品劳务税检查，则此时对生产经营收入的检查就不用花费太多时间，可以不检查或少检查；反之，则要把生产经营收入作为检查的重点。对于生产经营收入以外的其他各项收入，虽然在收入总额中所占的比例不大，但由于项目众多，纳税人往往隐瞒这些收入，以达到偷税的目的。

一、生产经营收入的检查

生产经营收入是纳税人从事生产经营活动取得的主营业务收入或其他业务收入，是确定应纳税所得额的基础，也是企业所得税检查的重点。这里所指的生产经营收入的检查范围要比增值税、消费税检查中的生产经营收入的检查范围广泛得多，它不仅包括了各项应税（增值税、消费税）收入的检查，而且包括了各项免税（增值税、消费税）收入的检查。因此，在所得税检查中，对生产经营收入的检查应在增值税、消费税检查的基础上，重点检查免征和不征增值税、消费税的各项生产经营收入（有关增值税、消费税各项应税收入的检查，前已述及，本章略）。

（一）免征商品劳务税的收入的检查

按照税法和会计核算的账务处理规定，无论是流转税的应税收入还是免税收入，都应通过“主营业务收入”或“其他业务收入”账户核算。两者不同的是，在计算缴纳增值税、消费税税额时，应将生产经营收入总额中的免税收入金额扣除，而在计算缴纳所得税时，除另有规定者外，就要以全部收入为依据。但是，有些纳税人往往不将免税收入记入“主营业务收入”或“其他业务收入”账户，而是直接记入“所有者权益”类账户，或直接冲减“库存商品”账户或抵减“生产成本”账户，或将收入长期挂在往来账户中。这样就不能真实反映企业所得税的应税收入，其结果是纳税人偷漏国家的所得税。在检查时，首先应对有免税收入的纳税人，通过他们的生产计划和其他核算资料，掌握其生产经营的构成情况，明确划分征、免税收入的界限。其次，检查“库存商品”账户的贷方发生额，看纳税人有无将免税产品的销售收入直接冲减库存商品的情况。在一般情况下，与“库存商品”账户贷方对应的账户应该是“主营业务成本”账户和“发出商品”账户，若纳税人的账务处理不是这样，则说明纳税人有可能未将免税收入通过“主营业务收入”或“其他业务收入”账户核算，而是直接冲减了库存商品。最后，检查往来和“所有者权益”类账户贷方，重点对长期挂账或金额较大的项目进行检查分析，看有无免税产品的销售收入隐匿其中。

（二）检查应税收入和免税收入是否按期记入了“收入”账户

按照税法和财务会计制度的规定，纳税人一般在产品已经发出、劳务已经提供、收讫价款或取得索取价款凭据时确认销售收入的实现。其销售收入必须当月入账，并记入“主营业务收入”或“其他业务收入”账户。

在检查所得税的生产经营收入时，要特别注意纳税人取得的收入在当期与下期的划分是否准确，以免纳税人的本期会计所得与应税所得产生“时间性差额”。在实务处理中，有些纳税人往往将期末收到的各种收入在当期不入账，而是拖至下期（下季度或下年）入账。在检查这类问题时，应重点检查销货发票，并以销货发票为依据，核对账簿的记载和报表的填列，看两者是否一致，如果不一致，则说明存在问题，应进一步查明原因。

另外，如果发现纳税人有分期收款发出商品的业务，则需要检查双方的购销合同，看纳税人是否在合同约定的收款日期，将已收到或应当收取的货款记入“主营业务收入”或“其他业务收入”账户。与此同时，对纳税人的收据也要进行检查，看有无以收据代替发票、漏记收入的情况。凡漏记的各种收入均应调整补记于“主营业务收入”或“其他业务收入”账户中，或者调整“本年利润”或“以前年度损益调整”账户，或者直接调整应纳税所得额。

二、财产转让收入的检查

财产转让收入是指纳税人有偿转让各类财产取得的收入，包括转让固定资产、有价证券以及其他财产而取得的收入。

（一）固定资产转让收入的检查

纳税人由于生产经营方向或具体生产项目的改变，或者由于进行技术改造、更新设备等原因，导致某些固定资产成为不需要的固定资产。对于这些不需要的固定资产，纳税人可以有偿转让给其他纳税人，以避免资金闲置以及增加不必要的保管费用。

按照规定，在固定资产有偿转让时，首先应将其原值减去累计折旧后的余额转入“固定资产清理”或“持有待售资产”账户。出售固定资产所获得的价款，贷记“固定资产清理”或“持有待售资产”账户。因此，检查的主要内容包括：

（1）固定资产的售价是否正确、合理，有无故意低估售价、经办人从中渔利的现象。

（2）固定资产净值、出售固定资产的有关费用以及其与售价的差额的计算是否正确，是否通过“固定资产清理”或“持有待售资产”账户核算后区分情况转入“资产处置损益”或“营业外收入”、“营业外支出”账户。

（有关的检查实例，见第 3 章增值税的内容。）

（二）有价证券转让收入的检查

随着我国证券市场的建立和发展，纳税人持有的有价证券在纳税人资产构成中开始占有一定的比重。有价证券主要包括汇票、债券、股票，拥有有价证券的纳税人不仅有权获得一定比例的持有收益，而且在需要时还可随时转让变现并取得转让收益。

1. 汇票贴现收入的检查

这里介绍的汇票专指商业汇票，不包括银行本票、银行汇票和邮政汇票等属于现金范畴的票据。如果商业汇票的持有者急需资金，则经过背书后在汇票到期前可以自由转让，或向银行、证券公司贴现。下面举例说明贴现核算。

［例 5－1］ 假设某纳税人因急需资金周转，持两张未到期的银行承兑汇票到银行贴现。一张银行承兑汇票不带息，票面金额为 20 000 元，贴现额为 18 000 元，应做如下会计分录：

借：银行存款　　18 000
　　财务费用　　2 000
　贷：应收票据　　20 000

另一张银行承兑汇票带息，票面金额为 20 000 元，利率为 10%，在出票后第 10 个月贴现（票据期限为一年），贴现额为 21 400 元，应做如下会计分录：

借：银行存款　　21 400
　贷：财务费用　　1 400
　　　应收票据　　20 000

假如第二张汇票的票面金额和利率不变，票据期限为 3 个月，在出票后第 1 个月贴现，贴现额为 19 600 元，则应做如下会计分录：

借：银行存款　　19 600
　　财务费用　　400
　贷：应收票据　　20 000

由此可见，纳税人将汇票贴现，都要按贴现额借记“银行存款”账户，按票面金额贷记“应收票据”账户，按票面金额与贴现额之间的差额借记或贷记“财务费用”账户。但在实务处理中，有些纳税人不能正确核算贴现，多计“财务费用”账户的金额，从而减少了应纳税所得额，检查时需要特别注意。

2. 债券转让收入的检查

债券按其发行主体划分，有企业债券、金融债券和国债等。为了加强债券管理，国务院陆续颁布了《中华人民共和国国库券条例》《企业债券管理条例》等法规。按照规定，国库券、企业债券等都可以转让，但必须在经国家批准的交易场所办理。纳税人转让债券的核算是：将实际转让收入借记“银行存款”等账户，将账面价值贷记“债权投资”账户，将实际转让收入与账户价值的差额借记或贷记“投资收益”账户。

但在实际业务中，有的纳税人转让债券不按规定进行会计处理，他们在将购入的债券转让给其他单位时，对转让价格高于债券账面价值的部分不入账或少入账，故意偷漏这部分收入应上缴的企业所得税；有时可能将这部分收入作为账外收入供纳税人使用或由私人占用，在检查时应重点关注。

3. 股票（股权）转让收入的检查

纳税人可以通过购买股票的方式向其他单位间接投资，也可以现金、实物、无形资产向其他单位直接投资。纳税人在将拥有的股票或股权转让时，需要严格遵守国家的有关规定：一是纳税人在转让国有股时必须经国家有关部门批准，国有股的转让不得损害国家拥有的股份权益；二是股票交易必须在经中国证券监督管理委员会（以下简称“证监会”）批准的可以进行股票交易的证券交易场所进行；三是股票或股权转让的收入必须按照规定正确核算，企业在计算股权转让所得时，不得扣除被投资企业未分配利润等股东留存收益中按该项股权所可能分配的金额。

[例5-2] 纳税人将原先购入的普通股（价值为100 000元）以120 000元的价格出售，应做如下会计分录：

借：银行存款　120 000

　贷：交易性金融资产　100 000

　　投资收益——股票转让收益　20 000

在检查时，应对纳税人持有的金融资产按《企业会计准则》进行分类，如果发现纳税人“交易性金融资产”账户有减少，就应查实减少的原因，防止纳税人将转让的投资收益记入“所有者权益”类账户。

三、利息收入的检查

利息收入是指纳税人的资本资源或外单位欠款所形成的收入，包括购买各种债券等有价证券获得的利息、外单位欠款付给的利息以及其他利息收入。这里仅介绍债券利息收入的检查。

纳税人的债券投资可分为短期债券投资和长期债券投资两种。长期债券投资是指纳税人为获取远期利息收益而不准备在一年内变现的债券投资。按照税法和财务制度的规定，债券投资应当按实际支付的款项记账。在实际支付的款项中包括应计利息的，应当将这部分利息单独记账。溢价或者折价购入的债券，其实际支付的价款与债券面值的差额，应当在债券到期前分期摊销。在债券投资存续期内的应计利息及出售时收回的本息与债券账面成本及尚未收回应计利息的差额，应当计入当期损益。

但在实际中，有的纳税人不能正确地分摊债券的溢价或折价，导致少计或多计当期损益。

[例5-3] 202×年4月，某纳税人购入甲公司于上一年2月发行的3年期、分3期计息的债券总计500 000元，年息为12%，发行时的市场利率为8%，纳税人的买入价为121/100，另需支付手续费150元，共支付价款605 150元。在检查中发现，纳税人在购买后的次年2月结账时对该债券利息进行了如下记账：

借：债权投资——应计利息　50 000

　贷：债权投资——面值　20 000

　　投资收益　30 000

那么，这笔会计分录是否正确？下面联系购买时的会计分录来分析，在购买时：

债券中的应计利息=500 000×12%÷12×14=70 000（元）

债券投资=605 150-70 000=535 150（元）

所以，纳税人在付款时的正确分录应为：

借：债权投资——面值　535 150

　　债权投资——应计利息　70 000

贷：银行存款　　605 150

但是，这里的债券溢价 35 150 元（＝535 150－500 000）如何摊销？按规定，应在债券的存续期 22 个月（＝36－14）内分月平均摊销。所以，购买后次年 2 月该纳税人在结账时应分摊的溢价为 15 977.27 元（≈35 150÷22×10）。也就是说，应将利息 50 000 元（＝500 000×12％÷12×10）减去该分摊的溢价 15 977.27 元后的差额 34 022.73 元贷记“投资收益”账户。然而，纳税人记入“投资收益”账户的只有 30 000 元，少计当期损益 4 022.73 元，从而造成了应纳税所得额的错误。

四、租赁收入的检查

租赁收入是指纳税人出租固定资产、包装物以及其他财产而取得的租金收入。按照税法和财务制度的规定，租赁收入是纳税人除产品销售以外的其他销售或其他业务的收入，应在“其他业务收入”账户中反映。但在实际中容易发生的问题是纳税人将收到的租金挂在结算（往来）账户上，然后再将其做非法开支，或者租金收得过高或过低，或者为了搞关系而不收租金。

对于此类问题，在了解到被查单位存在出租经济业务后，注意审阅其“其他业务收入”账户中的记录内容，看有无租金收入，并将其收入标准与有关协议进行核对，在调查询问承租单位的基础上查证问题，看是否有将租金收入放入“小金库”或记入“其他应付款”账户内的问题。

五、股息收入的检查

股息收入是指纳税人对外投资入股分得的股息、红利收入。

纳税人对外投资，除债券投资形式外，还有两种主要的投资形式：一是纳税人通过在证券市场上购买被投资企业股票的形式投资；二是纳税人以货币资金或实物资产进行投资，由被投资人向纳税人（投资者）出具出资证明书，确认股权。这两种投资形式根据投资目的的不同可通过“交易性金融资产”“其他权益工具投资”“长期股权投资”账户反映。

纳税人对外投资入股分得的股息、红利收入，按规定应记入“投资收益”账户，年终并入利润总额，按有关规定计算征收企业所得税。

在检查股息收入时，应注意以下几个主要方面：

（1）纳税人是以货币资金、实物资产、无形资产进行直接投资，还是通过购买股票进行间接投资，是否在“其他权益工具投资”账户中设置了相应的“股票投资”账户。

（2）查看纳税人在进行长期投资时，对被投资人有没有实际控制权，以此判断纳税人是采用成本法核算还是采用权益法核算。在通常情况下，纳税人对合营企业投资、对联营企业投资，即投资人对被投资人具有控制、共同控制或重大影响时，股东对投资应采用权益法核算。

（3）对于采用成本法核算长期投资的纳税人，要注意其股息是否不入账或少入账，有无将其隐匿于“所有者权益”或“往来”账户中的现象。

[例5-4] 某纳税人于202×年4月取得被投资方分配的股息100 000元，款已收存银行。其会计处理为：

借：银行存款　　100 000

　贷：资本公积　　100 000

该账务处理错误，将取得的股息记入“资本公积”账户，有可能影响企业所得税。按照现行规定，居民企业直接投资居民企业取得的股息收入免征企业所得税，从表面上看，取得股息收入是否并入企业利润总额似乎与所得税没有关系，但会计利润核算错误，会影响税前可扣捐赠的额度，进而会影响应纳税所得额的准确计算。

(4) 对采用权益法核算长期投资的纳税人，要注意其是否根据被投资人财务报告的净收益或亏损，按该纳税人占被投资人全部实收资本的比例，计算该纳税人的效益或损失来调整“长期投资”账户，同时贷记或借记“投资收益”账户。需要注意的是，对投资收益是否确定为当期的收入，目前税法与会计的规定还不完全一致，具体规定为：

1) 在成本法核算下，税法与会计的规定是相同的，在收到被投资人的股息时确认收入，未收到时不确认收入。

2) 在权益法核算下，税法与会计的规定有所不同。在权益法核算下，无论被投资人当年是盈利还是亏损，投资人的股权投资都会随之变化，同时确认会计上的投资收益或投资损失。但税法规定，只有被投资人盈利且做了税后利润分配的决定，投资人才确认投资收入的实现。如果被投资人发生亏损，税法规定投资人不能确认为损失，只能由被投资人自己用以后年度的所得在规定的年限内弥补。

根据税法的规定，如果纳税人（投资方）在会计中确认了投资损失，则在计算应纳税所得额时应调增所得额；如果纳税人（投资方）在会计中确认了投资收益，而被投资方并未做利润分配，则在计算应纳税所得额时应调减所得额。

(5) 根据《企业所得税法》的规定，符合条件的居民企业之间的股息、红利等权益性投资收益和在中国境内设立机构、场所的非居民企业从居民企业取得的与该机构、场所有实际联系的股息、红利等权益性投资收益为企业的免税收入，投资方分回的股息不用缴纳企业所得税。符合条件是指居民企业直接投资于居民企业取得的股息、红利等权益性投资收益，不包括股权转让收入。

企业转让股权，应于转让协议生效且完成股权变更手续时确认收入的实现。股权转让收入扣除为取得该股权所发生的成本后，为股权转让所得。企业在计算股权转让所得时，不得扣除被投资企业未分配利润等股东留存收益中按该项股权可能分配的金额。

被投资企业将股权（票）溢价所形成的资本公积转为股本的，不作为投资方企业的股息、红利收入，投资方企业也不得增加该项长期投资的计税基础。

[例5-5] 2022年1月，甲企业以货币资金500万元向乙公司（高新技术企业，企业所得税税率为15%）投资并取得10%的股权。甲企业的企业所得税税率为25%。2023年10月，甲企业将其股权转让给乙公司并取得转让支付额650万元，其中包括属于2022

年的累计未分配利润和累计盈余公积的金额60万元，超过投资成本的金额90万元。但甲企业在取得转让收益时，其会计处理为：

借：银行存款　　6 500 000

　贷：长期股权投资——乙公司　　5 000 000

　　　盈余公积　　1 500 000

按照规定，甲企业的会计处理错误，它将投资收益直接记入“盈余公积”账户，逃避了企业所得税。按照税法的规定，属于累计未分配利润和累计盈余公积的60万元在转让时不能作为免税收入扣除，应与超过投资成本的90万元一并视同转让收益征收企业所得税。假定纳税检查时间为2024年6月，上述错误的会计核算按规定处理如下：

（1）应补缴企业所得税37.5万元（＝150×25%）。

（2）应做调账处理如下：

借：盈余公积　　1 500 000

　贷：应交税费——查补企业所得税　　375 000

　　　利润分配——未分配利润　　1 125 000

六、债务重组收入的检查

债务重组是指在不改变交易对手方的情况下，经债权人和债务人协商或法院裁定，就清偿债务的时间、金额或方式等重新达成协议的交易。在可能的情况下，债务重组可以帮助债务人渡过一时的财务难关，也有利于保护和实现债权人的经济利益。

为了加强对企业债务重组业务的所得税管理，财政部、国家税务总局于2009年4月30日发布了《关于企业重组业务企业所得税处理若干问题的通知》（财税〔2009〕59号），自2008年1月1日起施行。《关于企业重组业务企业所得税处理若干问题的通知》既要求将债务重组所得计入应纳税所得额，也允许用债务重组损失冲减应纳税所得额。按照规定，债务重组的形式包括：1）以低于债务账面价值的现金清偿债务；2）以非现金资产清偿债务；3）债务转换为资本，包括国有企业债转股；4）修改其他债务条件，如延长债务偿还期限、延长债务偿还期限并加收利息、延长债务偿还期限并减少债务本金或债务利息等；5）以上述两种或者两种以上方式组合进行的混合重组。下面仅对以低于债务账面价值的现金清偿债务和以非现金资产清偿债务的检查方法予以介绍。

（一）以低于债务账面价值的现金清偿债务的检查

按照规定，债务人以低于债务账面价值的现金清偿债务，应当将清偿债务的账面价值与支付的现金金额间的差额确认为债务重组所得，计入企业当期的应纳税所得额。

由于税法要求确认债务重组所得并计税，故在会计处理上应当将重组债务的账面价值与支付的现金金额间的差额记入“营业外收入”账户核算。

[例5-6]　甲公司一年前购入乙公司一批价值为100万元的货物，增值税税额为13

万元，货款未支付。现因甲公司发生财务困难而无法偿还所欠债务，于2020年1月双方达成债务重组协议，甲公司一次性支付所欠货款100万元给乙公司，其余货款不再支付。

甲公司在支付货款清偿债务时，其账务处理如下：

在清偿债务时，先将债务重组所得全额记入“营业外收入——债务重组收益”账户，到期末再计算缴纳企业所得税：

借：应付账款——乙公司　　1 130 000

　贷：银行存款　　1 000 000

　　营业外收入——债务重组收益　　130 000

如果当期期末生产经营发生亏损，则可用债务重组所得先弥补亏损，然后按其余额计算缴纳企业所得税。假定本例中甲公司的生产经营亏损为50 000元，则在用债务重组所得弥补亏损后，甲公司应以80 000元计算缴纳企业所得税。

借：所得税费用　　20 000

　贷：应交税费——应交所得税　　20 000

检查方法：

(1) 检查债务重组业务中债务重组所得的计算是否正确，有无将债务重组所得直接记入“资本公积——其他资本公积”账户核算，以故意逃避企业所得税。

(2) 检查是否将债务重组所得按期申报纳税或是否申报纳税。在检查时，针对“应付账款”账户的借方发生额，看其贷方的对应账户所核算的内容是否与债务重组有关，然后再结合“营业外收入——债务重组收益”账户的贷方发生额进行核对。

（二）以非现金资产清偿债务的检查

按照规定，债务人以非现金资产清偿债务的，除纳税人改组或者清算另有规定外，应当分解为先按公允价值转让非现金资产，再以与非现金资产公允价值相当的金额偿还债务这两项经济业务，然后进行企业所得税处理。也就是说，一方面要把偿债资产视同销售，另一方面为避免重复计算应税所得，要依规定按其公允价值计算抵债金额和债务重组所得。

[例5-7]　甲公司以一批库存商品抵偿所欠乙公司的债务70万元。这批库存商品的账面成本为40万元，市场销售价格（不含税）为50万元。这批商品的增值税税率为13%，假定不考虑其他税费。

甲公司的会计处理为：

以资产清偿债务方式进行债务重组的，债务人应当在相关资产和所清偿债务符合终止确认条件时予以终止确认，将所清偿债务账面价值与转让资产账面价值之间的差额计入当期损益。

借：应付账款——乙公司　　700 000

　贷：库存商品　　400 000

　　应交税费——应交增值税（销项税额）　　65 000

　　营业外收入——债务重组收益　　235 000

在检查时，需要注意的是：以非现金资产清偿债务的，对非现金资产的销售所得和债务重组所得要分别进行调整，否则计算的企业所得税很难正确。主要原因是，非现金资产的销售收入应作为计算业务招待费和广告费收入的基数，而债务重组收入不能作为计算业务招待费和广告费收入的基数。

另外，根据特殊性税务重组规定，若企业债务重组确认的应纳税所得额占该企业当年应纳税所得额50%以上的，可以在5个纳税年度的期间内，均匀计入各年度的应纳税所得额。但在会计核算时，资产处置收益和债务重组收益一并在“营业外收入——债务重组收益”账户核算，判断是否符合债务重组的特殊性税务处理条件时，要将两者区分开，防止将非现金资产处置收益纳入优惠范围。

七、接受捐赠收入的检查

按照规定，自2003年1月1日起，企业接受捐赠的货币性资产，须并入当期的应纳税所得额，依法计算缴纳企业所得税。企业接受捐赠的非货币性资产，须按接受捐赠时资产的入账价值确认捐赠收入，并入当期应纳税所得额，依法计算缴纳企业所得税。与此同时，企业接受捐赠的存货、固定资产、无形资产和投资等，在经营中使用或将来销售处置时，可按税法规定结转存货销售成本、投资转让成本或扣除固定资产折旧、无形资产摊销额。

（一）接受货币性捐赠收入的检查

按照会计规定，企业接受捐赠的收入应记入“营业外收入”账户核算。税法规定，记入“营业外收入”账户核算的数额，应该是接受捐赠的全额。如果取得增值税专用发票，则收入全额还应包括增值税进项税额。

[例5-8] 甲公司当期接受乙公司捐赠的货币资金100 000元，款项已收存银行。

甲公司接受捐赠时，会计处理为：

借：银行存款　　100 000

　贷：营业外收入——接受捐赠收入　　100 000

检查方法：

(1) 检查企业接受的捐赠收入是否记入“营业外收入”账户核算。在某些情况下，企业有可能将接受的捐赠收入予以隐瞒，故意逃避企业所得税：一是将捐赠收入不入账，全额隐瞒；二是将其记入“所有者权益”类账户，如记入“资本公积”或“盈余公积”等账户。

(2) 检查企业是否将捐赠收入按期申报纳税。在检查时，针对“营业外收入”账户的贷方发生额或“银行存款”账户的借方发生额等，查看有无取得捐赠收入的情况，如果“营业外收入”账户的贷方发生额不断增大，就应重点检查。

（二）接受非货币性资产捐赠收入的检查

企业接受的非货币性资产捐赠，可能是库存商品、固定资产、无形资产等。按照规定，无论是何种情况，均应按接受捐赠时资产的入账价值确认捐赠收入，并入当期应纳税所得额，依法计算缴纳企业所得税。

[例 5-9] 甲企业取得乙企业捐赠的一批库存商品，取得乙企业开具的增值税专用发票，发票上注明的价款为 300 000 元、增值税税额为 39 000 元。按照税法规定，会计处理应当如下：

接受捐赠时：

借：库存商品　　300 000

　　应交税费——应交增值税（进项税额）　　39 000

　贷：营业外收入——接受捐赠非货币性资产　　339 000

检查方法：

（1）检查企业接受的非货币性资产是否如实记入“营业外收入”账户，有无故意隐瞒捐赠收入，以逃避企业所得税。例如，在接受非货币性资产捐赠的情况下，企业是否将其记入“应付账款”的贷方，视同外购货物而未付款的业务处理。

（2）检查企业接受的非货币性资产捐赠的实物价值，有无错计金额、隐瞒税收。如果与增值税应纳税额相关，还应重点检查接受捐赠方是否取得了合法的票据，有无多计增值税进项税额的情况。检查企业是否对扣除增值税税额后的余额计算了企业所得税。

第二节　材料成本的检查

成本是指纳税人销售商品（材料、下脚料、废料、废旧物资等）、提供劳务、转让固定资产和无形资产（包括技术转让）的成本。纳税人必须将经营活动中发生的成本合理地划分为直接成本和间接成本：直接成本是指可根据有关会计凭证、记录直接计入有关成本计算对象或劳务的经营成本中的直接材料、直接人工等；间接成本是指多个部门为同一成本对象提供服务的共同成本，或者同一种投入可以制造、提供两种或两种以上的商品或劳务的联合成本。间接成本必须根据与成本计算对象之间的因果关系、成本计算对象的数量等，以合理的方法分配计入有关成本计算对象中。

（1）成本内容。外购存货的实际成本包括购货价格、购货费用和税金，计入存货成本的税金是指购买、自制或委托加工存货发生的消费税、关税、资源税和不能从销项税额中抵扣的增值税进项税额。纳税人自制存货的成本包括制造费用等间接费用。

（2）成本计价方法。纳税人的各种存货应以取得时的实际成本计价。各种存货的发出或领用的成本计价方法，可以采用个别计价法、先进先出法、加权平均法、计划成本法、毛利率法或零售价法等。纳税人采用计划成本法或零售价法确定存货成本或销售成本，必须在年终申报纳税时及时结转成本差异或商品进销差价。

实际上，成本的检查主要是指销售产品成本的检查，因为销售产品成本的多少直接影响到当期的应纳税所得额。但是，销售产品成本的真实、正确与否，取决于完工产品成本的正确程度；完工产品成本的正确程度又取决于生产成本的正确程度以及在完工产品与在产品之间的分配；生产成本的正确程度来源于生产领用的材料成本、人工成本和其他费用等的正确核算。因此，成本的检查主要从材料成本、生产成本、完工产品成本和销售产品成本等几个环节着手。

材料成本是指生产企业为了生产某种产品而备用的原材料的价值量。原材料的取得形式是多样的，如外购原材料、自制原材料、接受捐赠的原材料等。在一般情况下，原材料成本金额的大小主要取决于材料的数量和单价两个因素，但工业生产企业的原材料成本还包括外购材料的附带成本，即运输费用、装卸费用、入库前的挑选费用等。下面以外购材料成本的检查为例予以介绍。

一、外购材料成本的检查

纳税人为了生产经营的需要，总要购进相当数量的存货。存货是指纳税人在生产经营过程中为销售或耗用而储备的各种资产，包括材料、在产品、自制半成品、产成品、商品、包装物和低值易耗品等。检查外购存货的成本有两个方面：一是购货价格；二是附带成本。

（一）购货价格的检查

按照会计制度的规定，凡购入的材料或商品都应根据发票金额确定购货价格，但在实际工作中，纳税人常常出现采购不合理、核算不正确的问题，从而导致购货价格不真实。

1. 采购不合理的问题

采购不合理的问题是通过价格过高反映出来的。某些纳税人购进的存货价格往往高于市价，可能有如下原因：一是纳税人为了转移利润、逃避所得税，向关联纳税人高价购进存货；二是纳税人的采购部门为了建立“小金库”而高价购进存货；三是纳税人的采购人员为了收受“回扣”、中饱私囊而高价采购存货。

在对这个问题进行检查时，要求检查人员掌握相关的价格信息，结合采购渠道、地点进行分析判断。若发现有舍低求高、舍近求远的情况，应进一步查明原因。

2. 核算不正确的问题

这里有三种表现：一是固定资产错作存货入账；二是价外税虽做了进项税额处理，但仍将其并入购货价格；三是购货折扣的核算不正确。

固定资产和存货在理论上有严格区别，在实际中，纳税人只要认真执行财务会计制度和资产的税务处理规定，就不难搞好两者的核算。但是，纳税人有时为了早日收回固定资产的投资支出，就采取将固定资产计入存货核算的方法，如把固定资产化整为零、改换名称，作为材料、商品、低值易耗品入账，或直接领用后打入生产成本，从而扩大了当期的生产成本，等于把按规定需要在以后若干年内收回全部价值的固定资产，在一年内快速收回了全部价值，结果是减少了当年的应纳税所得额。在检查时，要注意以下两点：一是检查购货发票，如识别商品名称、进货周期等；二是检查领料凭证，通过其领料部门和发料用途来鉴别究竟是属于存货还是属于固定资产。一般来说，外购半成品是供基本生产车间装配产品的零部件；修理用备件是供检修部门修理固定资产的备用件；低值易耗品是车间领用并定有消耗定额的工具、用具和劳动保护用品等。

目前，价外税仅指增值税。按照增值税法的规定，一般纳税人采购存货，取得的是价税分开的增值税专用发票，即存货采购成本不包含所支付的增值税税额。但是，有些纳税人虽然将增值税做了进项税额处理，但仍将其并入购货价格，从而影响了购进价格的真实性。在检查时，主要是核对增值税专用发票，看有无混淆价、税的情况。

关于购货折扣核算不正确的问题。购货折扣包括销售方实施的商业购货折扣和现金购货折扣。按照相关规定，当纳税人以商业折扣方法购进存货时，在提货时取得增值税专用发票，并按应付货款的净额借记“材料（物资）采购”账户，按增值税专用发票所填列的增值税税额借记“应交税费——应交增值税（进项税额）”账户，按应付的货款净额和增值税税额之和，贷记“银行存款”或“应付账款”等账户；当纳税人以现金折扣方法赊购货物时，在交付货款时取得增值税专用发票，并按扣除现金折扣后的应付货款借记“材料采购”账户，按增值税专用发票所填列的增值税税额借记“应交税费——应交增值税（进项税额）”账户，按应付的货款净额和增值税税款之和贷记“银行存款”等账户。

［例 5-10］ 甲公司于 4 月 17 日向乙公司赊购一批商品，不含税价为 10 000 元，付款条件为 2/10、全/30（即在 10 天内付清账款的，可从总价中扣减 2%；若在 10～30 天内付清账款的，付全价）。甲公司在 10 天内付款并取得增值税专用发票，应做如下分录：

借：库存商品　　9 774
　　应交税费——应交增值税（进项税额）　　1 300
　贷：银行存款　　11 074

但是，有些纳税人习惯采取“总价法”核算，他们往往如下做账：

借：库存商品　　10 000
　　应交税费——应交增值税（进项税额）　　1 300
　贷：银行存款　　11 074
　　　财务费用——现金折扣　　226

采用这种核算方法，由于采购成本是按未扣除现金折扣的总价计算入账的，因此既会使存货数额偏高、财务收益不实，又违反了增值税专用发票管理制度。对此，在检查中应予以纠正。

（二）附带成本的检查

1. 检查内容

对于生产企业外购的货物，其采购成本除购买价格外，还应包括在购入、保管这些物品的过程中所需支付的一切直接费用或间接费用，如由购货方负担的运杂费、包装费、保险费、保管费等。这些费用构成购货成本的一部分，是货物成本的附加，即附带成本。

附带成本是否计入存货成本，一般根据《企业会计准则》、行业财务会计制度、税法规定及纳税人的具体情况而定。我国商品流通企业的外购商品附带成本如果金额偏小，也可不计入存货成本，而是将其作为经营费用，属于期间费用的范畴，直接计入当期损益；如果金额偏大，可能影响经营利润的正确计算，也应计入存货成本。其他行业存货附带成本中的包装费、运杂费直接计入存货采购成本；采购保管费在工业企业计入管理费用，而不计入存货采购成本，施工企业的采购保管费是单独核算的，并且分配计入物品的采购成本。

在实际中出现的问题是，有些纳税人不能正确核算存货的附带成本。例如，工业企业将运输途中的不正常损耗和短缺损失、超额完成采购计划而发放的奖金、在采购过程中请客送礼所支付的费用等计入材料成本，从而扩大了材料成本，造成材料实际成本的不真实。有的纳税人把附带成本直接计入当期生产成本，虚增了当期完工产品的单位成本。

2. 检查方法

(1) 检查原始凭证及其汇总表，一些不属于存货采购成本的支出，通常都会在原始凭证中表现出来。

(2) 检查“材料（物资）采购”账户。在工业企业“材料采购”账户的借方金额栏中有“买价”“采购费用”“其他”“合计”四个小栏。其供应单位是外地的，就一定有运杂费，应在“采购费用”栏中表现出来；在运输途中有合理损耗和入库前需要加工、挑选及整理的材料，发生的费用也应在“其他”栏内表现出来。如果没有表现出来，就可能是将运杂费、运输途中的合理损耗和加工、挑选及整理费用记入了“管理费用”等账户。

二、材料入库核算的检查

在材料进入企业后，往往不是立即投入消耗或销售，而是要经过一段时间的储备，这就涉及一个入库核算问题。在实际中，对入库储备的存货有多种核算方法，比如在工业企业，有按实际成本核算的，也有按计划成本核算的；在商业企业，有按进价核算的，也有按售价核算的。

（一）按实际成本核算的检查

按照工业企业财务制度的规定，材料按照实际成本计价：购入的，按照买价加运输费，装卸费，保险费，运输途中的合理损耗，入库前的加工、挑选及整理费用以及不能计入进项税额的税金等计价；自制的，按照制造过程中的各项实际支出计价；委托外单位加工的，按照实际耗用的原材料或者半成品加运输费、装卸费、保险费和加工费等计价；投资者投入的，按照评估确认或者合同、协议约定的价值计价；盘盈的，按照同类存货的实际成本计价；接受捐赠的，按照发票账单所列金额加纳税人负担的运输费、保险费等计价，无发票账单的，按照同类存货的市价计价。

材料按实际成本核算是指不论材料的来源渠道如何，在它们被验收入库时，均按规定的实际成本登记“原材料”“周转材料——包装物”“周转材料——低值易耗品”等账户。“原材料”账户所反映的是材料的实际价格。下面仅针对加工改制材料介绍一下对按实际成本核算的检查。

加工改制材料有两种情况：一是自己加工改制的材料，叫作自制材料；二是委托外单位加工的材料，叫作委托加工材料。自制材料的会计核算是先通过“生产成本”账户进行归集核算，当加工的材料入库时，再按实际成本借记“原材料”账户，贷记“生产成本”账户。委托加工材料是通过“委托加工材料”或“委托加工物资”等账户进行核算，在发出材料委托加工时，借记“委托加工物资”账户，贷记“原材料”等账户。当发生运杂费和向受托方支付加工费时，借记“委托加工物资”账户，贷记“银行存款”账户。加工完成并验收入库的材料，按实际成本借记“原材料”账户，贷记“委托加工材料”或“委托加工物资”等账户。

1. 自制材料成本的检查

自制材料是指纳税人为了满足生产的需要，把某种库存的原材料改制成另一种原材料，比如把原木锯成木板、把生皮革制成熟皮革等。对自制材料成本的检查，主要是检查其实际成本是否正确，有无将自制材料成本计入当期完工产品成本。

自制材料的实际成本应包括直接材料费用、直接人工费用、制造费用。目前存在的问题是，有的纳税人只把直接材料费用作为自制材料成本转账，不计或少计直接人工费用和应负担的制造费用，从而把加工过程中发生的直接人工费用和制造费用计入了当月完工产品或销售产品的成本中，影响了当月的利润金额和应缴纳的企业所得税。

检查方法：

从账户处理来看，结转自制材料成本的对应账户应是“生产成本”，若是从“原材料”账户转账，就有可能没有包括加工过程中发生的其他成本。从燃料、动力、制造费用的分配表来看，自制材料分摊费用的工时数应与实耗工时数相等，与完工产品在统一分配标准下（如工时、生产工人工资等）分配费用的分配率也应该一致。如果不一致，则要检查自制材料有无少摊费用的现象。

2. 委托加工材料成本的检查

委托加工材料是指纳税人提供原材料及主要材料，委托外单位将原材料加工改制成另一种材料。对委托加工材料成本的检查，主要是检查其归集和结转是否正确。

通常说来，成本归集不实的情况有：提高拨付加工原材料的实际成本；将加工费、运杂费直接计入生产成本；以加工剩余的材料作价抵交加工费，不做销售处理。

对这类问题的检查，应结合原始凭证和加工合同，检查“委托加工物资”账户的借方发生额，按加工材料成本发生的顺序逐一核对：一查入账成本的计算是否正确；二查应该入账的成本有无不记入的情况，在必要时与“生产成本”“管理费用”等账户进行核对。

对于在收回委托加工材料时任意结转成本情况的检查：一是注意结转成本的账务处理，如果出现与往来账户对应的情况，如借记“其他应收款”账户，贷记“委托加工物资”账户，一般属于异常现象，应进一步核查其原始凭证以落实问题；二是直接检查“委托加工物资”账户，如果发现委托收回材料的结转单价偏高或出现红字余额，应责令纳税人及时调整账务。

（二）按计划成本核算的检查

材料品种繁多的企业一般采用计划价格进行日常核算。材料的计划价格也称材料的计划成本，通常是根据材料的市场价格，并结合运输方式、合理损耗、供货地点等因素制定的。计划价格一经确定，在一个年度内一般不做变动。

材料按计划成本计价，是指对每一种材料的收、发、结、存均按预先制定的计划成本计算记账，计划成本与实际成本之间的差异则通过“材料成本差异”账户另行核算，最终将收、发、结、存材料的计划成本调整为实际成本的一种计价方法。

材料入库成本在使用计划成本核算时，“原材料”等账户和“材料成本差异”账户是“形”与“影”的关系。事实上，“材料成本差异”账户既有调整账户的性质，又有成本费用账户的性质。

作为调整账户，“材料成本差异”账户既有附加调整的功能，又有备抵调整的功能。当其表现为借方余额时，借方余额与“原材料”等账户的借方余额相加之和为库存材料的实际成本（属附加调整）；当其表现为贷方余额时，贷方余额与“原材料”等账户的借方余额相减之差就是库存材料的实际成本（属备抵调整）。作为成本费用类账户，它将发出原材料（计入生产成本）的计划成本调整为实际成本。

需要注意的是：

（1）库存材料总是以计划成本反映，并不需要将计划成本调整为实际成本，而发出材料的计划成本必须按月、按材料类别调整为实际成本，以保证各期成本及财务成果核算的真实性。

（2）作为原料的调整账户，直接用材料成本差异的余额（无论是借方还是贷方）与被调整账户的借方余额求得代数和，即可得出库存材料的实际成本；而在调整发出材料的实际成本时，只应从差异账户的贷方转出。当月末为借方余额，属于计划成本小于实际成本，为超支差异时，借方差额的分配用蓝字借记“生产成本”等账户，贷记“原材料”账户；当月末为贷方余额，属于计划成本大于实际成本，为节约差异时，贷方差额的分配则用红字金额做上述登记。

在材料入库成本用计划成本反映时，错误往往发生在“材料成本差异”账户上：一是将不该记入此账户的金额记入此账户（借方或贷方），如将原材料盘盈记入“材料成本差异”账户；二是在调增或调减库存材料计划成本时，不记入此账户而转入其他账户；三是应记入此账户的金额记入其他账户，如将接受投资转来的材料成本差异记入“其他应付款”账户，从而挤占生产成本。

检查材料成本差异的发生额是否存在错误，可以从有关会计分录的对应科目来分析。第一，当借方发生额仅为差异科目时，若贷方科目不是差异正常调整的科目（如原材料），就应予以注意；当贷方发生额仅为差异科目时，除期末摊销发出材料应负担的差异及调整计划成本外，若对应的借方科目为“原材料”，通常是将本应由其他科目（如生产成本）转销的项目记入了差异科目。第二，若属于调整计划成本，必然涉及“材料成本差异”，否则必有问题。第三，自制完工、委托加工收回、建设单位转来的材料，如同外购材料一样，一般也应有差异金额，如未同时结转差异，则应查明原因，对此不应忽视。

三、存货出库耗用销售的检查

企业存货出库耗用销售的过程，一方面是储备减少的过程，如库存原材料、库存产成品、库存商品等减少，另一方面是成本增加的过程，如生产成本、在建工程成本、销售成本等增加。由此可见，存货出库问题不仅关系到如何核算生产成本、销售成本的问题，而且关系到纳税人的财务成果和国家的税收，所以对存货出库的检查是企业所得税检查的重要环节。

（一）存货出库数量的检查

对某种存货在一定时期的出库总数量进行检查，可以使用盘存倒挤法，即根据该存货正确的期末结存量倒挤出本期出库量。其计算公式为：

存货出库量＝期初结存量＋本期入库量－期末结存量

1. 对存货账面结存量的检查

（1）账面余额的数量、金额都是红字。一般来说，某种存货的账面余额通常表现为蓝字或零。如果账面余额的数量和金额都为红字，则除了外来存货不入账而耗用或销售之外，多数属于对发货的计量、计价偏高，多转出库存货的成本所致。

在计算企业多转发货成本的数额时，首先，检查是否有账外存货。账外存货是指账上没有记载，而实际在仓库中仍有存放的货物。如果经过盘点，发现有账外存货，就应查清其数量。其次，采用正确的计价方法，确定账外存货所适用的单价。

如果不存在账外存货，而出现了账面余额的数量和金额都为红字，则表明纳税人虚转发货的金额，可按下列公式计算：

多转发货成本＝存货的实际数量×适用单价＋账面结存红字金额

如果库存无存货数量，那么多转发货成本就等于账面结存红字金额。

（2）账面余额数量是蓝字，而金额是红字的，肯定属于发货计价偏高、多转成本的现象，多转发货成本的计算公式为：

多转发货成本＝存货的实际数量×适用单价＋账面结存红字金额

（3）账面数量结存是红字，而金额为蓝字的，多数属于发货计价偏低、少转成本的现象，应将全部蓝字金额转入生产成本或调减当期利润。

2. 对存货盘点及其处理的检查

为了真实反映存货的实有数额，做到账实相符，财务制度规定：企业要定期或不定期地进行各种存货盘点，年度终了前必须进行一次全面的盘点清查。在盘点以后，要把盘点的实存数与存货明细账账面结存数量进行核对，如有盘盈、盘亏的情况，还应查明盘盈、盘亏的数额和原因，并且编制“存货盘点报告表”，报有关部门审批。批准前先按实际盘点数额调整有关存货账簿，记入“待处理财产损益”账户，待有关部门批准后再进行转账。

但在实际工作中，有些企业长期不盘点，或盘点后不按实际情况入账，不按会计规定处理，比如提高盘亏单价、压低盘盈单价、少转盘盈的金额、不按规定转账等。在检查中应注意的主要问题有：

（1）检查“存货盘点报告表”的原始资料是否齐全，数字是否正确。可向企业索取盘点的原始记录，查对各仓库、车间盘点表的编号及页数是否齐全，核对“存货盘点报告表”有无漏计、错计的情况，有无记录该企业委托其他企业加工、代销、储备的存货。此外，还要将“存货盘点报告表”与有关存货明细账进行核对，看有无漏盘或隐瞒不报的存货，注意有无某个车间或某个材料品种漏盘的情况。如果发现有不符的情况，要向纳税人了解清楚，再进一步检查。

（2）检查“待处理财产损益——待处理流动资产损益”账户。以其贷方对照“存货盘点报告表”，核对盘盈存货是否如数入账。如果发现“存货盘点报告表”中有盘盈存货，而在“待处理财产损益”账户的贷方没有反映出盘盈数字，在这种情况下，就要查找“原材料”等账户上盘存入账的记账凭证，从其对应账户中检查分析，确定有无将盘盈存货金额直接记入结算账户的情况。以其借方对照“存货盘点报告表”，核对盘亏的存货数字有无出入。

（3）检查“待处理财产损益——待处理流动资产损益”账户的转销情况。对于盘盈发生额，检查有无违反规定擅自处理，或长期挂账不处理的问题；对于盘亏发生额，检查有无违反规定擅自处理的问题。如有发生，应转回“待处理财产损益——待处理流动资产损益”账户。

（4）检查盘点表的计价是否正确。用“存货盘点报告表”与“原材料”等有关存货账户核对，核实其使用的单价是否正确。在检查时应注意有无在盘盈时压低单价、在盘亏时提高单价，以及以盈补亏、自行削价等问题。如果存在这些问题，应根据税法的规定据实调整。

（5）对采用计划成本核算存货的企业，在盘点中发现的盈余，应按计划成本结转，借记“原材料”等账户，贷记“待处理财产损益”账户和“材料成本差异”账户；在盘点中发现的盘亏和毁损，先按计划成本结转，借记“待处理财产损益”账户，贷记“原材料”等账户，然后再分摊应由盘亏和毁损材料负担的成本差异，借记“待处理财产损益”账户，贷记“材料成本差异”账户（实际成本小于计划成本的差异用红字）。在检查时，应注意企业有无按正确的差异率及时调整盘亏存货应负担的差异额。

（二）存货出库计价的检查

由于材料或商品往往是以不同的单位成本购入和生产出来的，因此要确定出库存货的成本，就需要确定和选择合理的计价方法。存货的计价方法是指对发出物品和每次发出后存货价值的计算确定方法。从世界范围来看，存货的计价方法主要有三类：成本法、估计法和成本与市价孰低法。从我国的会计实务来看，以前主要使用成本法，包括使用先进先出法、加权平均法、移动平均法、个别计价法；商品流通企业由于其经营管理的需要，还可以使用估计法，包括使用毛利率法、综合差价分摊法和分柜组差价分摊法。目前，我国主要使用先进先出法、加权平均法和个别计价法。在日常核算中，采用先进先出法和加权平均法计价核算的偏多。

1. 先进先出法

先进先出法是以最先进库材料或商品最先出库为假设前提，即假定物品先进先出、后进作存，并依据这种假定的成本流动次序对出库存货和期末存货进行计价，也就是根据进货的先后顺序依次按每批进货的单位成本计算出发出物品的成本，从最后进货开始依次按每批进货的单位成本计算出期末存货的成本。在先进先出法下，具体方法有定期盘存法与永续盘存法两种。

（1）定期盘存法。在定期盘存法下，期末材料 1 000 件的成本金额见表 5－1。

表 5-1 材料明细账

202×年 12 月

日期	收入			发出			结存		
	数量（件）	单价（元/件）	金额（元）	数量（件）	单价（元/件）	金额（元）	数量（件）	单价（元/件）	金额（元）
12-01							600	1.80	1 080
12-05	400	2.00	800				1 000		1 880
12-15				700		1 280	300		600
12-20	700	1.90	1 330				1 000		1 930
12-26				500		980	500		950
12-31	500	2.20	1 100				1 000		2 050

倒数第一批购货：500 件按每件 2.20 元计算，其成本为 1 100 元。

倒数第二批购货：500 件按每件 1.90 元计算，其成本为 950 元。

因此，期末结存材料的成本金额为 2 050 元。

（2）永续盘存法。在永续盘存法下，逐笔收发、结存的材料成本金额见表 5-2。

表 5-2 材料明细账

202×年 12 月

日期	收入			发出			结存		
	数量（件）	单价（元/件）	金额（元）	数量（件）	单价（元/件）	金额（元）	数量（件）	单价（元/件）	金额（元）
12-01							600	1.80	1 080
12-05	400	2.00	800				600 400	1.80 2.00	1 880
12-15				600 100	1.80 2.00	1 280	300	2.00	600
12-20	700	1.90	1 330				300 700	2.00 1.90	1 930
12-26				300 200	2.00 1.90	980	500	1.90	950
12-31	500	2.20	1 100				500 500	1.90 2.20	2 050

由表 5-1 和表 5-2 的计算可见，在两种盘存法下，先进先出法的计算结果是相同的。

分析：采用先进先出法计价核算的优点是，计算出来的存货成本金额比较接近于市价，能较真实地体现资产负债表中存货的实际成本，但在物价上涨时，会造成出库存货成本偏低，从而使利润总额增加、企业所得税增加，对企业不利。与此同时，企业对出库存货往往要按两个或两个以上的单价进行计算，手续比较烦琐。因此，企业只在经营的存货品种较少且物价相对稳定时使用先进先出法。

检查方法：

第一，根据先进先出法计价核算发出材料成本金额的特点，用材料明细账上期末结存的数量与当期最后一批进货的数量进行对比，如果结存数量小于最后一批进货的数量，就必然存在期末结存材料的单价一定等于最后一批进货的单价。如果发现两者不等，就证明材料成本金额结转有误，应进一步查明原因。

第二，如果期末结存数量小于最后一批进货的数量，则可用核定的期末结存数量乘以最后一批进货的单价，计算出期末结存材料的成本金额，然后与账面结存金额对比。如果两者不等，则说明纳税人当期结转的材料成本金额存在问题，应进一步查明原因，核定错误金额。如果核定的期末结存材料金额等于账面结存金额，证明结转下期的材料成本金额是正确的，但还不能证明当期结转的材料成本就一定正确，还需进一步检查当期结转的材料成本是否全部进入生产成本，有无用于非应税项目的材料成本也计入了生产成本之中。

第三，如果检查时账面结存材料数量大于当期最后一批进货的数量而又小于最后两批进货数量之和，则应用期末结存的材料金额减去最后一批进货的材料金额的余额，除以账面结存数量减去最后一批进货数量的余额，用得到的材料单价与当期倒数第二批进货的材料单价进行对比，如果两者不等，则证明结转的材料成本仍然存在问题。同理，用上述检查方法进行审核，查找错误的金额。

2. 加权平均法

加权平均法是指企业的存货在按实际成本进行明细分类核算时，以本期各批入库数量和期初存货数量为权数计算存货的平均单位成本的一种方法。其计算公式为：

$$本期存货的平均单位成本金额=\frac{期初结存金额+本期各批购进成本金额之和}{期初结存数量+本期各批购进数量之和}$$

期末结存存货成本金额＝期末结存存货数量×平均单位成本金额

本期出库存货成本金额＝本期出库存货数量×平均单位成本金额

以前述表 5－1 为例计算如下，见表 5－3。

表 5－3 材料明细账

202×年 12 月

日期	收入			发出			结存		
	数量（件）	单价（元/件）	金额（元）	数量（件）	单价（元/件）	金额（元）	数量（件）	单价（元/件）	金额（元）
12－01							600	1.80	1 080
12－05	400	2.00	800				1 000		1 880
12－15				700			300		600
12－20	700	1.90	1 330				1 000		1 930
12－26				500			500		950
12－31	500	2.20	1 100				1 000		2 050
合计	1 600		3 230	1 200	1.959	2 351	1 000	1.959	1 959

本期存货的平均单位成本金额＝(1 080＋3 230)÷(600＋1 600)≈1.959（元）

期末结存存货成本金额＝1 000×1.959＝1 959（元）

本期出库存货成本金额＝1 200×1.959≈2 351（元）

采用加权平均法确定的存货成本，受每批进货数量和单价的影响，但可以较真实地反映一定期间存货的成本金额。当物价逐渐上升时，加权平均成本会低于现价成本；反之，则高于现价成本。因加权平均法一般是一个月计算一次，工作量相对较小，许多企业在结转材料成本金额时都采用此方法。

检查方法：

加权平均法计价核算的特点是：本期发出材料的单价与本期结存材料的单价应是相等的。在检查时，如果发现材料明细账上本期结转材料成本的单价不等于期末结存材料成本的单价，则证明本期发出材料的成本金额是错误的，可能造成多转或少转发出材料的成本金额。在此情况下，应用加权平均法核定的正确金额与账面结转的成本金额加以比较，计算出多转或少转的材料成本金额。

3. 移动平均法

移动平均法是以每批购进的材料数量和上一批结存材料的数量为权数，计算出材料的平均单位成本金额，再对存货进行计价的一种方法。其计算公式如下：

$$每批存货的平均单位成本金额=\frac{上一批结存存货的成本金额+本批购进的存货成本金额}{上一批结存存货的数量+本批购进的存货数量}$$

以前述表 5-3 为例计算如下，见表 5-4。

表 5-4 材料明细账

202×年 12 月

日期	收入			发出			结存		
	数量（件）	单价（元/件）	金额（元）	数量（件）	单价（元/件）	金额（元）	数量（件）	单价（元/件）	金额（元）
12-01							600	1.80	1 080
12-05	400	2.00	800				1 000	1.88	1 880
12-15				700	1.88	1 316	300	1.88	564
12-20	700	1.90	1 330				1 000	1.894	1 894
12-26				500	1.894	947	500	1.894	947
12-31	500	2.20	1 100				1 000	2.047	2 047

各批单位成本金额计算如下：

第一批购货后的平均单位成本金额=(1 080+800)÷(600+400)=1.88（元）

第二批购货后的平均单位成本金额=(564+1 330)÷(300+700)=1.894（元）

第三批购货后的平均单位成本金额=(947+1 100)÷(500+500)=2.047（元）

期末存货的成本=1 000×2.047=2 047（元）

分析：采用这种方法计算出的单位成本金额较为合理，而且能随时在账上反映出每种存货的数量和金额。但这种方法只适于材料或商品等存货品种较少，购进、发出业务不频繁的企业采用，否则会出现计算麻烦、工作量较大的情况。

检查方法：

在检查采用移动平均法的企业时，要注意该企业是否每购入一批存货就计算了一次平均单价，以及计算是否正确。此外，还要注意每购入一批存货后，发出存货和结存存货所使用的单价是否一致，有无抬高发出存货单价、压低结存存货单价而多转发出材料成本金额的情况。

第三节 固定资产、无形资产和长期待摊费用的检查

一、固定资产的检查

固定资产是指企业为生产产品、提供劳务、出租或者经营管理而持有的、使用时间超过12个月的非货币性资产，包括房屋、建筑物、机器、机械、运输工具以及其他与生产经营活动有关的设备、器具、工具等。

我们知道，固定资产与存货是有区别的，主要表现在两个方面：1）在生产经营过程中的物质形态不同。固定资产能够连续在一年以上或若干个生产经营周期中发挥作用，并保持原有的实物形态；存货只能在一年以内或一个生产经营周期内发挥作用，并在此期间完全改变其原有的实物形态。2）价值转移的方式不同。固定资产的价值是随着磨损程度逐渐地、部分地以折旧的形式转移到产品成本中的，而存货的价值是在一个生产经营周期中一次性转移的。

不过，固定资产与存货的区别并不是绝对的，有些存货（如低值易耗品）就具有固定资产的特征：能在若干个生产经营周期中发挥作用而保持原有的物质形态不变；有些低值易耗品的价值转移方式也与固定资产一样，采用逐渐、部分转移的方式。

在实际工作中，一些企业对固定资产的处理常常是既不符合税法规定，又不符合财会制度的要求，主要表现为混淆固定资产和存货的界限，将本属固定资产原值的费用计入生产成本，多提固定资产折旧费用等。这些行为都将影响应纳税额的正确性，因此，对固定资产的检查是非常必要的。

（一）固定资产增加计价的检查

固定资产增加的主要途径有建设单位交来、自行建造、购入、融资租入、接受赠予和投资、盘盈等。对于增加的固定资产，其价值计算得正确与否，不仅关系到成本、利润及折旧的提取，而且影响到税收，所以要认真检查。固定资产计价一般以原始价值为准，即企业为取得某项固定资产所实际支付的货币总额。但由于某些特殊原因，在无法确定固定资产的原始价值时，可采用重置完全价值计价。例如，企业在接受捐赠的固定资产或发现账外固定资产时，可采用这种计价标准。在检查时，由于固定资产增加的途径不同，所以检查计价的内容也有所不同。

（1）建设单位交来完工的固定资产，应根据建设单位交付使用的财产清册中所确定的价值计价。在检查时，应注意财产清册所列的内容是否完整、合法，有无将不应列入固定资产价值的费用（如待核销基建支出和低值易耗品以及其他不需要的物品）一并列入固定资产价值的情况。

（2）自制、自建的固定资产，在竣工使用时应按实际发生的成本计价。在检查时，应注

意工程成本计算的真实性，有无多计或少计的现象，有无将工程费用列入生产费用的现象。

（3）购入的固定资产，应按购入价加上发生的包装费、运杂费、安装费后的价值入账。从国外引进设备的入账价值应包括设备买价，进口环节的税金，国内运杂费、安装费。在检查时，应注意计入固定资产的费用是否有遗漏，是否有运杂费、安装费计入生产费用的情况。

（4）以融资租赁方式租入的固定资产，按照租赁协议或者合同确定的价款加上运输费、保险费、安装调试费等费用后入账。检查有无将运输费、安装调试费计入存货采购成本和生产费用的情况。

（5）纳税人接受赠予的固定资产应按发票所列金额加上由企业负担的运输费、保险费、安装调试费等确定；没有附带单据的，应按同类设备的市价确定。在检查时，应注意费用有无多计、少计的情况，没有附带单据的，检查市价的确定是否合理。

（6）盘盈的固定资产，应按同类固定资产的重置完全价值计价。重置完全价值是指在某一日期重新建造、购置或安装某项固定资产，根据当时的生产条件和市场情况所需要的全部支出。在检查时，应注意企业是否按规定计价，对盘盈固定资产的账务处理是否正确。

（7）纳税人接受投资的固定资产，应当按该资产的折旧程度，以合同、协议确定的合理价格或者参照有关市场价格估定的合理价格确定。在检查时，应注意合同、协议是否合理、合法，约定价格是否公平，有无故意抬高或压低价格的现象，评估价格是否正确地反映了固定资产的价值，有无不按标准估值的情况。

（8）在原有固定资产基础上进行改扩建的，应按照固定资产的原价，加上改扩建发生的支出，减去改扩建过程中发生的固定资产变价收入后的余额确定。在检查时，要注意是否有漏增漏减的情况。

（二）固定资产折旧的检查

固定资产折旧的提取，是为了补偿固定资产在使用过程中的损耗。企业正确地计提折旧，是正确核算商品成本、确定损益、保证固定资产更新以及保证国家税收的必要条件。固定资产折旧的检查包括两个方面：一是固定资产折旧计提范围的检查；二是固定资产折旧方法的检查。

1. 固定资产折旧计提范围的检查

企业的固定资产种类很多，但并不是所有的固定资产都可以提取折旧。按照税法的规定，下列固定资产应当提取折旧：

（1）房屋、建筑物。

（2）在用的机器设备、运输车辆、器具、工具。

（3）季节性停用和大修理停用的机器设备。

（4）以经营租赁方式租出的固定资产。

（5）以融资租赁方式租入的固定资产。

下列固定资产不得提取折旧：

（1）房屋、建筑物以外未投入使用的固定资产。

（2）以经营租赁方式租入的固定资产。

(3) 以融资租赁方式租出的固定资产。

(4) 已足额提取折旧仍继续使用的固定资产。

(5) 与经营活动无关的固定资产。

(6) 单独估价作为固定资产入账的土地。

(7) 其他不得计算折旧扣除的固定资产。

在检查时，应根据企业的实际生产经营情况，结合固定资产明细科目，分清哪些固定资产应计提折旧，哪些固定资产不能计提折旧。

在检查了固定资产折旧的计提范围后，还要注意提取折旧的依据。按照规定，纳税人的固定资产应当从使用月份的次月起计提折旧；停止使用的固定资产，应当从停止使用月份的次月起停止计提折旧。固定资产在计算折旧前，应当估计残值，并从固定资产的原始价值中减除。企业应当根据固定资产的性质和使用情况，合理确定固定资产的预计净残值。固定资产的预计净残值一经确定，不得变更。

2. 固定资产折旧方法的检查

我国分行业财会制度规定，企业可采用的提取折旧的方法有直线折旧法、工作量折旧法和加速折旧法三类。税法在此基础上又给予了进一步的明确。

(1) 直线折旧法的检查。根据税法规定，固定资产的折旧原则上采用直线法（即平均年限法）计算。根据直线法提取的固定资产折旧额是依据固定资产的原始价值和预计使用年限平均计算的。预计使用年限不仅要根据固定资产本身的质量和负荷程度以及未来技术发展的速度等因素确定，而且要符合税法规定的年限。税法规定，固定资产折旧年限在不短于以下规定年限内，可根据企业的不同情况，经主管税务机关审核批准后执行：1）房屋、建筑物为 20 年；2）飞机、火车、轮船、机器、机械和其他生产设备为 10 年；3）与生产经营活动有关的器具、工具、家具等为 5 年；4）飞机、火车、轮船以外的运输工具为 4 年；5）电子设备为 3 年。其中，国有企业固定资产的具体折旧年限可按分行业财务制度的规定执行。

在按直线法计算提取折旧额时，还要考虑其他两个因素，即预计在固定资产清理时的清理费用和残余价值。清理费用是指在固定资产清理时所发生的拆卸、搬运、清除等费用。这些清理费用和固定资产的原始价值是由使用期间的产品成本负担，并且计入产品成本的。残余价值（也称残值）是指在固定资产清理后剩下来的一些材料、零件、废料等的价值。这些残料或可供企业自己利用，或可出售，在计算折旧时，残余价值要从固定资产的原始价值中扣除。

在实际工作中，企业往往是根据国家规定的各类固定资产使用年限计算出每类固定资产的折旧率，再根据折旧率计算出每月或每年的折旧额。

固定资产年折旧率的计算公式如下：

$$固定资产年折旧率=\frac{原始价值+预计清理费用-预计残余价值}{预计使用年限\times原始价值}\times100\%$$

或

$$固定资产年折旧率=固定资产年折旧额\div固定资产原始价值\times100\%$$

根据固定资产年折旧率可得出月折旧率：

$$固定资产月折旧率=固定资产年折旧率\div12$$

根据折旧率计算折旧额的公式是：

固定资产年（月）折旧额＝固定资产原值×固定资产年（月）折旧率

平均年限法简便易行，但它只适用于固定资产在各个使用期间的使用程度比较均衡的情况。

直线法的检查方法：对于直线法，除了要检查固定资产的原值外，重点是检查折旧率。检查企业是否按照国家规定的折旧年限和净残值率进行计算，是否有任意变更、提高和降低折旧率的情况。

（2）工作量折旧法的检查。某些固定资产在各个使用期间的使用程度很不均衡，或者产品产量波动幅度很大，那么就不宜使用平均年限法计算应提取的折旧，而应采用工作量法。工作量法反映了工作量与使用程度之间的关系，根据工作量的多少计算应提取的折旧额。其基本计算公式为：

$$\text{单位工作量的折旧率}=\frac{\text{原始价值}+\text{预计清理费用}-\text{预计残值}}{\text{预计工作总量}}$$

一定作业量应提取的折旧额＝工作量×单位工作量的折旧率

工作量法主要用于交通运输企业和其他企业专业车队的客货运汽车、大型设备和施工企业的大型建筑施工机械的折旧的计提。检查的重点应是实际工作量（行驶里程、工作小时、工作台班）计算是否正确，是否有完整的使用记录和产量记录；固定资产在整个寿命期中预计可完成的工作量是否正确，是否参照了固定资产技术设计资料的规定或同类固定资产的历史资料。

（3）加速折旧法的检查。在会计制度中，允许部分行业的机器设备采用加速折旧法。实质上，加速折旧法就是在固定资产的整个使用期间，前期提取的折旧额较多，后期提取的折旧额较少，以加快固定资产成本的回收。采用加速折旧法应该说既合乎成本与收入相配合的公认会计原则，又能满足企业技术进步的客观要求，使企业在市场竞争中不至于因为技术落后、设备陈旧而遭淘汰。

然而，采用加速折旧法将推迟部分所得税的缴纳与股利的支付，所以国家要予以特殊规定。

按照税法规定，允许实行加速折旧的企业的固定资产是：为支持制造业企业加快技术改造和设备更新，全部制造业领域的固定资产；信息传输、软件和信息技术服务业企业的固定资产；促进科技进步、环境保护和国家鼓励投资项目的关键设备，以及常年处于振动、超强度使用状态或常年受酸、碱等强烈腐蚀的机器设备；证券公司的电子类设备；集成电路生产企业的生产性设备；外购的达到固定资产标准或构成无形资产的软件。

对于符合上述加速折旧条件的固定资产，企业选择缩短折旧年限的，最低折旧年限不得低于企业所得税法规定折旧年限的60%；企业选择加速折旧方法的，应采用双倍余额递减法或年数总和法。证券公司的电子类设备和外购的达到固定资产标准或构成无形资产的软件，折旧或摊销年限最短为2年；集成电路生产企业的生产性设备的最短折旧年限为3年。

企业对符合上述条件的固定资产可在申报纳税时自主选择采用加速折旧法，同时报主管税务机关备案。

加速折旧法的检查方法：首先，应查明企业是否属于可加速折旧的行业，是否为规定的固定资产（如机械设备）加速折旧，是否有将企业其他不符合加速折旧条件的固定资产也一并加速折旧的情况。其次，检查折旧率的计算是否正确。如果纳税人将不符合加速折旧的资产进行了加速折旧，则对税收形成影响的金额必须进行纳税调整。

在双倍余额递减法下，折旧率的计算公式为：

$$年折旧率=2\div折旧年限\times100\%$$

在年数总和法下，折旧率的计算公式为：

$$年折旧率=\frac{折旧年限-已使用年限}{折旧年限\times(折旧年限+1)\div2}\times100\%$$

二、无形资产的检查

无形资产是指企业长期使用但没有实物形态的资产，包括专利权、商标权、著作权、土地使用权、非专利技术、商誉等。无形资产一般具有以下特点：

（1）不存在物质实体并能为企业长期拥有。

（2）可以使企业在较长时期内取得较高的经济效益。

（3）它们所能提供的未来经济效益具有很大的不确定性。

（4）是有偿取得的。

无形资产可以从不同的角度进行分类：按有效期限可分为无期限无形资产和有限期无形资产；按其形成来源可分为国家给予某种特权的无形资产、外单位作为资本投入的无形资产、从外单位购入的无形资产；按其所有权是否可以转让可分为可以根据法律程序办理转让和出售的无形资产、不能脱离企业单独存在和转让的无形资产。

企业的无形资产通过“无形资产”账户核算，并应按其类别设置明细账。“无形资产”账户的余额反映尚未摊销的无形资产的价值。

（一）无形资产的计价

税法规定，无形资产按照取得时的实际成本计价。投资者作为资本金或者合作条件投入的无形资产，按照评估确认的金额或者合同、协议约定的金额计价；购入的无形资产，按照实际支付的价款计价；自行开发并且依法申请取得的无形资产，按照开发过程的实际支出计价；接受捐赠的无形资产，按照发票、账单所列金额或者同类无形资产的市价计价；除企业合并外，商誉不得作价入账。

（二）无形资产的摊销

税法规定，无形资产的摊销应当采取直线法计算。也就是说，企业的无形资产应当从受益之日起，按照规定的期限分期等额平均摊销，其摊销直接冲减无形资产账户。受让或投资的无形资产，如果在协议、合同中规定了使用年限，则可以按照其使用年限分期摊销；如果没有规定使用年限，或者是自行开发的无形资产，则摊销期限不得少于 10 年。《财政部、税务总局关于进一步完善研发费用税前加计扣除政策的公告》（财政部、税务总局公告 2023 年第 7 号）规定，企业开展研发活动中实际发生的研发费用，未形成无形资产计入当期损益的，在按规定据实扣除的基础上，从2023年1月1日起，再按照实际发生额的100%在税前加计扣除；形成无形资产的，从2023年1月1日起，按照无形资产成本的200%在税前摊销。

（三）无形资产的检查方法

对于无形资产，首先检查无形资产的来源及取得时的成本，核实计价方法是否符合各项规定，有无故意抬高计价标准、虚列摊销费用等情况。具体方法有以下几点：

（1）检查有关专利权的证明文件和受让购入合同、契约。如果专利项目众多，应向企业索取专利权明细表，逐一加以查对分析，以确定其权利是否确实存在，有无争议。

（2）检查专利权的计价是否准确无误，有无将其他费用计入专利权价值中，或虚计专利权价值，从而影响资产数额的情况。

（3）检查无形资产的贷方记录，并检查其账务处理是否正确无误。例如，在检查专利权时，查看其摊销期限和标准是否恰当合法，有无以此项资产的摊销来调节盈利的情况，在不同的会计年度有无采用不同的摊销方法等。

三、长期待摊费用的检查

长期待摊费用是指不能全部计入当期损益，而应当在以后年度内分期摊销的各项费用，包括开办费、以经营租赁方式租入的固定资产改良支出以及摊销期限在一年以上的其他待摊费用等。

（一）开办费的检查

开办费是指纳税人在筹建期发生的费用，包括人员的工资、办公费、培训费、差旅费、印刷费、注册登记费以及不计入固定资产和无形资产成本的汇兑损益及利息等支出。税法规定，纳税人在筹建期发生的开办费，可以在开始经营之日的当年一次性扣除，也可以分三年摊销，但一经选定，不得改变。企业在《企业所得税法》实施以前年度的未摊销完的开办费，也可根据该规定处理。

开办费检查的具体方法有：

（1）检查开办费账户中的每一笔借方发生额，确定其是否为在批准筹建期间所发生的费用。

（2）检查开办费的内容是否正确，有无虚列或未列入的正当项目费用，如筹建期为进行基本建设所发生的拆迁费、勘测设计费、临时工程设施费及基建工程支出（包括基建借款的利息），这些费用均应列入基建成本，构成固定资产价值，不能由开办费列支。再如，投资各方为出资而从银行贷款的利息支出，应由投资各方自行负担，也不应由开办费列支。

（3）检查开办费的摊销期限是否合理合法。需要注意的是，摊销期限一经确定，就不能人为进行调整，否则会影响当期损益的计算和所得税的缴纳。

（二）租入固定资产改良支出的检查

对于租入固定资产的改良工程（如装修房屋等），租赁合同中常常规定其支出由承租人支付，而在租赁期限届满时，改良工程上的设施归出租人所有。这样，承租人只获得了在租赁有效期限内改造或改良工程所提供效益的无形权利。因此，税法和财会制度规定，将租入固定资产的改良支出列为长期待摊费用，按租赁有效期限予以平均摊销。租入固定资产改良支出检查的具体方法有：

（1）检查租入固定资产改良支出的真实性。在检查时，要查阅租入固定资产的合同以及发生改良工程的计划或记录，查清企业固定资产的改良支出是否为租入固定资产的改良支出，改良支出的费用是否应由承租人支付等。

（2）检查租入固定资产改良支出的正确性。查清有无不应计入改良支出的费用记录在其中的情况，比如租入固定资产的租金是否列入其中，为租入固定资产改良工程施工的企业的机械修理费是否直接列在其中等。

（3）检查租入固定资产改良支出摊销的合理性。查清企业是否将改良支出的费用在租赁期内平均摊销。

第四节　生产成本的检查

一、生产成本检查的基本内容

生产成本检查的基本内容是多方面的，根据不同的标准可以将生产成本划分为不同的类型：

（1）按照各类生产在企业内部所负担使命的不同，生产成本检查的内容包括基本生产成本和辅助生产成本。

（2）按会计期间结束时（月末、年末）各种产品所处生产过程（或者称为产品完工程度）的不同，生产成本检查的内容包括产成品（含自制半成品）成本和在产品成本。

（3）按生产成本构成（即成本项目）的不同，生产成本检查的内容包括直接材料、直接工资、其他直接支出和制造费用。

二、生产成本检查的程序

（一）辅助生产成本的检查

辅助生产是为基本生产服务而进行的产品生产和劳务供应，如制造工具、模型，发电，供应蒸汽、煤气以及修理设备等。会计制度规定，属于企业辅助生产车间为产品生产提供的动力等直接费用的，应在“辅助生产成本”账户核算后，再转入“基本生产成本”账户。检查也应符合这一顺序，在进行辅助生产成本检查时，应首先检查其“制造费用”，然后再按“辅助生产成本”账户（或成本计算单）检查各项直接费用，最后检查辅助生产成本按受益对象进行分配的情况。

（二）制造费用分配的检查

制造费用分配检查主要是检查基本生产车间的制造费用及其分配的真实性、合法性及正确性。对摊提费用要按会计期间的划分进行检查，以验证其是否符合权责发生制原则。

（三）直接费用真实性的检查

直接费用真实性检查主要是检查基本生产车间直接费用的计算与分配是否真实、准确，不但要从费用的金额上进行检查，还要从计算、分配方法上进行检查。

（四）生产总成本在完工产品与在产品之间分配的检查

生产总成本是纳税人在一定期间生产一定数量产品的总费用，是各单件产品成本的总和。单件产品成本直接关系到生产经营的利润总额。有个别纳税人为了达到少缴纳税款或延期缴纳税款的目的，人为增大完工产品的成本，而减少在产品的成本。因此，总成本在完工产品与在产品之间分配的检查也非常必要。

三、成本项目的检查要点

总的来说，生产成本的检查是按成本项目进行的，检查构成成本项目的各项耗费的归集及其分配是否真实、合理、合法。

（一）直接材料的检查

按照《企业会计准则》的规定，直接材料包括企业在生产过程中实际消耗的原材料、辅助材料、备品配件、外购半成品、燃料、动力、包装物以及其他直接材料。在检查时，应根据领料单、退料单、材料库存报表、材料分配明细表等资料进行。其要点是：

（1）有无将非生产单位领料和生产车间的非生产用料混在其中，即行政福利部门、基建工程领料以及生产车间领用的非产品生产用料等的材料费用必须予以剔除，以保证直接材料均是构成产品实体或者有助于产品形成的各种物质消耗。

（2）退库材料、回收的边角废料价值是否已冲减了原来的领料金额，材料盈亏和毁损的价值有无混入直接材料成本。

（3）检查直接材料的价格构成是否合理；领用材料是否按其实际成本核算；材料的实际成本是按哪种方法确定的，有无超出税法规定的四种计价方法；对采用计划成本核算的，检查其应负担的材料成本差异是否据实结转。

（4）对燃料、动力的检查要注意有无生产用电和生活用电互相挤占的情况，若有外单位借用电力，是否已从直接费用中做了扣除，厂区内及车间的照明或取暖用电是否与生产消耗划分清楚，有无互相挤占的情况。

（5）检查生产领用后又随同产品一起销售的包装物的价值是否混在直接材料费用中，

按照《企业会计准则》的规定，上述包装材料费用应记入“销售费用”或“其他业务成本”账户，而不属于直接材料。直接材料成本应符合下列公式计算的结果：

直接材料成本＝领用金额－退库金额±材料成本差异－回收的边角废料价值

（6）检查直接材料的分配。直接材料应直接计入产品成本，要检查有无通过分摊的办法计入；对多种产品共用的直接材料的分配，应检查分配依据是否合理、计算是否正确。

（二）直接工资和其他直接支出的检查

按照《企业会计准则》的规定，直接工资是指直接从事产品生产的人员的工资、奖金和津贴，其他直接支出是按上述人员工资总额的14%计提的职工福利费。

对这两项费用的检查，应通过抽查记账凭证、工资计算表、工资及福利费分配表等资料及“应付职工薪酬”账户，结合有关劳动人事记录和职工考勤表等检查。

（1）直接工资额是否符合“从事产品生产的人员”这一规定，有无虚列、多报、“吃空额”从中贪污的问题，其中是否有非生产人员工资及生产人员从事非生产工作的工资。

（2）直接工资额中是否包含发给职工的医药费、福利补助、退休费等。

（3）对于直接工资列支的原材料、燃料节约奖，要检查原材料及燃料的节约额、奖金率和奖金额是否真实、正确、符合规定。

（4）检查直接工资逐级汇总中有无故意加大夜班费、加班费、津贴等，以及少计病、事假扣款等问题。

（5）检查包括直接工资额在内的企业工资总额是否超出税法规定的工资扣除标准。税法明确指出，纳税人的工资包括企业以各种形式支付给职工的基本工资、浮动工资、各类补贴、津贴、奖金等工资性收入。

（6）检查职工福利费的计算基数（即计税工资总额）是否正确，计提比例是否符合规定，计算结果是否正确。

（7）检查直接工资及其他直接支出的分配。直接工资及其他直接支出的分配，按有关规定应直接计入各种产品成本中，但在实践中，由于是多品种同时或连续生产，一个生产人员在同一时间生产两种或两种以上产品时就需要对这两项费用进行合理分配，所以对这两项费用分配情况的检查，主要是检查分配依据的合理性以及分配的数据是否正确。

（三）制造费用的检查

制造费用是各生产单位（分厂、车间）为组织和管理生产所发生的费用，即为生产产品而发生的间接费用，所以要分单位按项目进行检查，检查各项费用支出的真实性、正确性、合法性。

制造费用明细项目有18个之多，大致分为三类：一是直接支付的费用，如工资、修理费、水电费、办公费等；二是按规定比例计算提取的费用，如职工福利费、固定资产折旧费；三是摊提费用，如低值易耗品摊销、保险费等。因此，对制造费用的检查要点是：

（1）检查有无非本部门的间接费用混入。

（2）对摊提费用，要检查费用项目的必要性，检查有无用摊提费用来调剂生产成本和当年利润的现象，分摊期限和付款期限是否超过一年。

(3) 检查有无将不应列入成本费用的支出计入制造费用。例如:

1) 向投资者支付的股息、红利等权益性投资收益款项。

2) 企业所得税税款。

3) 税收滞纳金,是指纳税人违反税收法规,被税务机关处以的滞纳金。

4) 罚金、罚款和被没收财物的损失,是指纳税人违反国家有关法律、法规规定,被有关部门处以的罚款,以及被司法机关处以的罚金和被没收财物。

5) 超过规定标准的捐赠支出。

6) 赞助支出,是指企业发生的与生产经营活动无关的各种非广告性质的支出。

7) 未经核定的准备金支出,是指不符合国务院财政、税务主管部门规定的各项资产减值准备、风险准备等准备金支出。

8) 企业之间支付的管理费、企业内营业机构之间支付的租金和特许权使用费,以及非银行企业内营业机构之间支付的利息,不得扣除。

9) 与取得收入无关的其他支出。

(4) 对用现金或银行存款支付的其他各项支出,要检查报销发票的合法性及正确性,查有无涂改发票、中饱私囊的问题。

(5) 对制造费用在各种产品之间的分配,要检查分配依据的真实性、合理性;对分配结果要检查其计算的数据是否正确。

(四) 期初在产品成本的检查

期初在产品成本对产成品(即完工产品)成本有直接影响,检查的重点在数量方面(价格问题与期末在产品成本检查一并讨论)。先与上期账面记载的期末在产品总成本进行比较,看有无异常变化情况,再对变动幅度大的各种在产品进行抽查,如有严重失实的情况,应在税务人员的监督下,请被查企业重新盘点,按下列公式确定期初在产品成本:

$$\text{本期期初在产品成本}=\text{抽查日实物成本}+\text{上期末至抽查日转出成本}-\text{上期末至抽查日投入成本}$$

四、期末在产品成本与本期完工产品成本的检查

期末在产品成本与本期完工产品成本的计算公式为:

期末在产品成本=期初在产品成本+本期投入的生产费用-本期完工产品成本

本期完工产品成本=期初在产品成本+本期投入的生产费用-期末在产品成本

根据上述公式可知,期末在产品成本与本期完工产品成本的检查,实质上是检查生产成本在本期完工产品和期末在产品之间的分配情况。按照会计核算的规定,生产成本在本期完工产品与在产品之间分配的方法有很多,下面只介绍难度较大的约当产量法和定额成本法。

(一) 约当产量法

约当产量是指将期末在产品的数量按其完工程度或投料程度折算为完工产品的数量。约当产量法是指根据完工产品的数量和在产品的约当量一起分配生产费用,以确定完工产

品和期末在产品实际成本的一种方法。由于原材料费用的投入和其他费用的发生程度并不一致，故不能采用一种约当量来分配生产费用。

1. 用以分配直接材料成本的在产品约当量的计算

在产品耗用材料的多少，与在产品的投料程度有关，而与其完工程度的多少无直接关系。因此，用以分配直接材料成本的在产品约当量要根据在产品的投料程度来计算。在会计实务中，如何根据投料程度来计算在产品约当量，又可分为以下三种情况：

（1）原材料于生产开始时一次投入。在这种情况下，不论在产品的完工程度如何，其耗用的原材料都与完工产品一样多。因此，在分配直接材料费用时，在产品的约当量按在产品的实际数量计算，不进行折算。

（2）原材料随生产过程陆续投入。在这种情况下，原材料的投入程度与生产工时投入的进度完全一致或基本一致，因此分配直接材料成本的在产品约当量也按在产品的完工程度折算。

在产品约当量＝在产品的实际数量×在产品的完工程度

（3）原材料分阶段批量投入。在这种情况下，原材料是随着生产进度分工序投入，在每道工序中是一开始就投入，因此应将一次投入的计算方法和陆续投入的计算方法结合起来计算在产品的投料程度。

假定某种产品由两道工序制成，其原材料分两道工序在每道工序开始时一次投入，有关数据及计算见表 5-5。

表 5-5　某产品各工序投料情况表

工序	各工序开始时单位产品一次投料定额（千克）	各工序在产品的投料程度（%）	各工序在产品的实际数量（件）	在产品的约当量（件）
1	70	70	200	140
2	30	100	120	120
合计	100	—	320	260

上述用以分配直接材料成本的在产品约当量的计算一般有三种情况，但在会计实务中，情况可能还要复杂些。按照会计制度的规定，直接材料这个成本项目的内容包括生产产品而直接耗用的燃料、动力等费用，其动力费用的耗用程度与产品的加工程度有关，而与其投料程度无关。因此，动力费用是否与材料费用合在一起分配，要视其数额的大小及其对成本计算的影响程度而定。当动力费用较少、对成本计算的影响不大时，可将直接材料成本项目作为一个整体进行分配，没有必要将动力费用剔除并另行分配；如果动力费用数额较多、对成本计算的影响较大，则宜将其剔除并按完工程度另行分配。

2. 用以分配其他成本项目的在产品约当量的计算

按照制造成本法，产品成本分为直接材料、直接工资、其他直接支出和制造费用四个成本项目。除直接材料成本外，其他几项成本的消耗均与产品的完工程度有关。因此，分配其他成本项目的在产品约当量，要按在产品的完工程度折合计算。按在产品的完工程度来计算在产品约当量，根据有关条件的不同，又分为以下几种方法：

（1）估算。在各道工序生产进度和在产品数量比较均衡的条件下，在产品的完工程度

可一律按 50%计算，即

在产品约当量=在产品数量×50%

(2) 按完成的定额工时计算。采用这种方法计算在产品约当量，关键在于计算期末在产品完成的定额工时。假设某厂 202×年 7 月在产品定额工时计算见表 5 - 6。

表 5 - 6 期末在产品完成定额工时计算表

零件名称	单件定额工时（小时/台）	半成品		正在加工中的在产品			完成定额工时合计（小时）
		数量（件）	定额工时（小时）	数量（台）	约当量（台）	定额工时（小时）	
A	8	40	320	80	40	320	
B	4	50	200	60	30	120	
C	5	44	220	90	45	225	
……			……			……	
合计			1 400			1 650	3 050

假定该厂单台产成品的定额工时为 122 小时，则

该厂在产品约当量=3 050÷122=25（台）

(3) 分阶段计算。对于产品结构复杂、生产工序多的企业来说，它很难按一个比例计算在产品约当量，可先分阶段计算在产品约当量，经加总后分配生产费用。

[例 5 - 11] 某企业生产的甲产品要连续经过三道工序才能完工，各工序的定额工时分别为 12 小时、12 小时和 6 小时，停留在各工序的在产品的完工程度为本工序的 50%，甲产品停留在第一、第二、第三道工序的在产品分别为 60 台、50 台和 50 台。

在产品完工程度的计算：

第一道工序完工程度=(12×50%)÷30×100%=20%

第二道工序完工程度=(12+12×50%)÷30×100%=60%

第三道工序完工程度=(12+12+6×50%)÷30×100%=90%

期末在产品约当量的计算：

第一道工序在产品约当量=60×20%=12（台）

第二道工序在产品约当量=50×60%=30（台）

第三道工序在产品约当量=50×90%=45（台）

合计 87 台。

3. 约当产量法检查实例

[例 5 - 12] 某企业生产的乙产品单件定额工时为 800 小时，经过两道工序制成。其中，第一道工序的定额工时为 480 小时，第二道工序的定额工时为 320 小时。在产品在第一道工序结存 40 件，在第二道工序结存 50 件，产成品的产量为 60 件。原材料在开始生产时一次投入，其他费用采用约当产量法按比例分配。乙产品的月初费用和本月耗用原材料费用为 97 500 元，燃料和动力费用共计 14 560 元，工资及附加费为 23 520 元，其他费用为 29 120 元。企业账面计算的在产品数额为 87 000 元。

根据以上数据，检查处理如下：

（1）确定各道工序的完工率：

第一道工序完工率=(480×50%)÷800×100%=30%

第二道工序完工率=(480+320×50%)÷800×100%=80%

（2）计算在产品约当量：

第一道工序在产品约当量=40×30%=12（件）

第二道工序在产品约当量=50×80%=40（件）

两道工序在产品约当量合计=12+40=52（件）

（3）按成本项目确定应保留的在产品成本：

月末在产品原材料费用=97 500÷(60+90)×90=58 500（元）

月末在产品燃料和动力费用=14 560÷(60+52)×52=6 760（元）

月末在产品工资及附加费=23 520÷(60+52)×52=10 920（元）

月末在产品其他费用=29 120÷(60+52)×52=13 520（元）

月末在产品成本合计=58 500+6 760+10 920+13 520=89 700（元）

（4）确定本期产成品多摊或少摊的成本：

以期末在产品成本应保留数，减去企业账面记载数额，正数差额为多摊的产成品成本数，负数为少摊的产成品成本数。本例为：

89 700−87 000=2 700（元）

即多摊的产成品成本数为 2 700 元。

（5）检查方法。

1）在检查中用约当产量法计算产品成本，要了解该产品的投料是否在开始时一次投入。对一次投料的，就要检查其材料成本的约当程度是否为 100%，如果不是 100%，而是使用了工资、费用的约当程度，则是少计了在产品成本。在检查时，可以按上述程序对企业的整个计算过程进行复查，查出少计或多计的在产品数额，据此调增或调减“生产成本”账户。

2）检查期末在产品数量，看企业是否把期末在产品数量作为调节产成品成本的“蓄水池”。由于在产品散布在各个工序上并处于周转中，而且品种、规格繁多，适宜使用分析验证法或抽样法。只要账物数量接近，就应视为正确。如果差额过大，则应重新进行盘点，并用盘点结果推算期末在产品数量。

3）检查在产品的计价方法是否正确及前后期是否一致，有无为了调整经营利润而任意改变计价方法的情况。

（二）定额成本法

定额成本法是指期末在产品的直接材料、直接工资、其他直接支出、制造费用等项成本都按定额成本计算，产品的全部生产费用（期初在产品成本与本期生产费用）减去按定额成本计算的期末在产品成本，其余额就是产成品的成本。

某些企业的产品生产已经定型，生产中的各种耗费都有较准确的消耗定额，而且这些产品的在产品数量在月份之间变化不大。在这种情况下，可采用定额成本法来简化产成品与月末在产品之间的分配工作。

定额成本法计算案例：

［例5－13］ 假设某企业202×年12月生产甲、乙、丙三种产品，这三种产品的原材料消耗定额分别为76元、114元和152元，原材料于生产开始时一次投入。月末，甲、乙、丙三种在产品的结存量分别为200件、100件和50件。月末在产品共完成定额工时10 000小时，计划每小时工资为0.7元、制造费用为0.5元、其他费用为0.07元。月初在产品和本月投入的生产费用及月末在产品按定额成本计算的方法见表5－7。

表5－7 完工产品、月末在产品生产费用分配表

单位：元

成本项目	生产费用			月末在产品定额成本	本月产成品成本
	月初定额成本	本月	合计		
直接材料	28 000	250 000	278 000	34 200	243 800
直接工资	6 600	24 000	30 600	7 000	23 600
制造费用	4 100	11 000	15 100	5 000	10 100
其他费用	700	2 300	3 000	700	2 300
合计	39 400	287 300	326 700	46 900	279 800

（1）月末在产品成本（定额成本）的计算。

直接材料＝76×200＋114×100＋152×50＝34 200（元）

直接工资＝10 000×0.7＝7 000（元）

制造费用＝10 000×0.5＝5 000（元）

其他费用＝10 000×0.07＝700（元）

（2）分析检查。

在定额成本法下，月末在产品成本脱离定额的差异，全部归产成品负担，因而这一方法只适合在各月在产品数量变化不大，月初、月末在产品成本所应负担的差异基本上可以相抵的情况下采用，否则就会影响费用分配的合理性。

在检查时，首先，检查规定的定额成本是否正确、合理，其组成是否包含了全部成本项目。如果只计原材料费用，不计工资和其他费用，那么就少计了在产品成本。其次，检查是否按规定的定额标准计算，有无任意估算的情况。

第五节 期间费用的检查

一、销售费用的检查

（一）销售费用的检查内容

销售费用是指应由纳税人负担的为销售商品而发生的费用，包括广告费、运输费、装卸费、包装费、展览费、保险费、销售佣金（用能直接认定的进口佣金调整商品进价成本）、代销手续费、经营性租赁费及销售部门发生的差旅费、工资、职工福利费等费用。

从事商品流通业务的纳税人购入存货抵达仓库前发生的包装费、运杂费，运输存储过程中的保险费、装卸费，运输途中的合理损耗和入库前的挑选、整理费用等购货费用可直接计入销售费用。如果纳税人根据会计核算的需要已将上述购货费用计入存货成本，则不得再以销售费用的名义重复申报扣除。

从事房地产开发业务的纳税人的销售费用还包括开发产品销售之前的改装修复费、看护费、采暖费等。

从事邮电等其他业务的纳税人发生的销售费用已计入营运成本的，不得再计入销售费用重复扣除。

当然，不同行业销售费用的具体范围和内容，是由分行业的企业财务制度规定的，检查某行业的销售费用，应以该行业的财务制度和企业所得税的规定为依据。凡不属规定范围内的费用支出均不能作为销售费用列支。在现实工作中，费用的列支问题较多，往往一查就可以查出一些问题。因此，掌握销售费用的检查方法，不仅对销售费用的检查非常有用，而且对整个期间费用的检查都非常重要。

（二）销售费用的检查方法

企业的销售费用支出频繁、项目众多，在纳税检查中不可能对每一项目、每一时期的销售费用内容都进行全面且细致的检查，而只能是有重点地检查有关项目。那么，如何在众多的费用项目中选定重点检查对象？下面分析检查法的具体运用。

销售费用分析检查法就是依据销售费用的特点和变化规律，通过分析有关的纳税资料和调查研究，发现不正常项目，进而确定检查重点的一种检查方法。

1. 掌握销售费用的特点和变化规律

销售费用按照与销售商品、提供劳务或整个经营环节的密切程度可以划分为直接费用和间接费用两大类。我们先看一看这两类费用各有什么特点，然后再总结整个销售费用与商品销售额或劳务提供额的变化规律。

直接费用的特点是随着商品销售额的增减变化而发生相应的增减变化，即商品销售额上升，直接费用增加；商品销售额下降，直接费用减少。例如，运输费、装卸费、包装费、保险费等费用都属于直接费用。因此，反映直接费用水平的直接费用率指标是基本稳定的。间接费用的特点是不随商品销售额的升降而升降，具有相对的稳定性，如专设销售机构的人员工资、职工福利费、折旧费、修理费等，一般不受商品销售额大小的影响。因此，反映间接费用水平的间接费用率是变动的。

$$\text{销售费用率}=\frac{\text{直接费用}+\text{间接费用}}{\text{商品或劳务销售额}}\times 100\%$$

由此可见，整个费用水平与销售费用和商品销售额之间的变化规律是：当商品销售额扩大的时候，销售费用也相应增加，但由于间接费用相对稳定，整个销售费用增加的幅度应当低于商品销售额增加的幅度，从而整个费用水平应当有所下降；在商品销售额减少的情况下，销售费用应当减少，但由于间接费用并不随之减少而是相对稳定，因此销售费用减少的幅度要低于商品销售额减少的幅度，从而整个费用水平有所上升。

2. 运用销售费用变化规律检查“利润表”

企业的“利润表”反映着销售费用的支出情况和费用水平的状况。在正常情况下，销售费用的变化与商品销售额的变化应符合上述特点和规律。因此，我们可运用上述特点和规律来分析企业的销售费用是否正常，从而发现违背规律的月份。具体分析方法是：将检查期的销售费用率与财务计划以及上期实际的销售费用率进行比较，看是上升还是下降；对检查期内分月费用升降情况进行比较分析，找出变化大的月份再进行重点检查。

3. 检查有关账簿、凭证，弄清原因

在确定了重点检查月份后，应有针对性地检查“销售费用”（或“经营费用”）明细账或相关凭证，搞清变化的原因。在检查账簿及凭证的过程中，要注意以下几个方面的问题：

（1）有无扩大销售费用开支范围的情况。在实际工作中，扩大销售费用开支范围的现象是经常发生的。在检查时，应注意划清销售费用与生产成本及制造费用之间的界限，划清销售费用与固定资产、无形资产支出之间的界限，划清销售费用与集体福利和个人消费支出之间的界限。

（2）有无提高销售费用列支标准的问题。虽然有些费用属于销售费用的开支范围，但税法对其规定了一定的开支标准，如对职工福利费、工会经费、折旧费、差旅费、广告费等都规定有一定的比例或开支标准。因此，在检查时应依据规定的标准对照企业实际提取数或列支数，看其是否符合规定的标准，有无违反规定的情况。

（3）有无弄虚作假、贪污浪费的问题。必须严格检查费用开支的合法性、真实性，杜绝和纠正一切违法违纪的开支。由于直接费用的对应科目是现金、银行存款或业务周转金，很容易弄虚作假，造成贪污行为，所以对金额较大的支出，必须检查记账凭证、原始凭证，检查对应科目、收款单位、发票等是否正常、真实。

4. 深入实际、调查研究、判定问题性质

有些费用存在的问题仅根据报表分析和账面检查还不能作出定性判断，尚需做进一步的调查研究，了解发生费用支付的有关情节，比如业务发生地点、费用支付时间和方式、实物验收情况等。经过查证核实、判定问题的真实性后，才能作出正确的处理。

（三）销售费用账户各子目的检查

在“销售费用”账户中设有许多子目，实施纳税检查时在众多的费用中选出部分重要项目进行检查，有利于纳税检查效率的提高。

1. 运输费的检查

在工业企业中，运输费是一种重要的销售费用，是指在产品销售过程中发生的应由企业负担的运费及与运输商品有关的各项杂费，如调车费、过桥费、站台码头租用费等；在商品流通企业中，运输费是一种重要的经营费用，是指在商品购销活动中发生的应由企业负担的运费及与运输商品有关的各项杂费。在检查中，应注意检查下列非运输费是否被列为运输费。

（1）固定资产的运输费。企业购买固定资产的运输费应根据金额大小和使用年限分别按固定资产或低值易耗品处理，不得直接列入运输费。

（2）原材料、材料物资、工程物资、包装物、低值易耗品的运输费。工业企业原材料的运杂费应属原材料的采购成本，在“材料采购”账户核算；商业企业专用物资的运杂费属专用物资的采购成本，在“专用物资”账户核算；工程物资、包装物、低值易耗品在各自的实际成本中都有运杂费部分，因此其运输费应分别在“在建工程（工程物资）”“周转材料——包装物”“周转材料——低值易耗品”账户核算。

（3）委托加工材料、加工商品的运杂费。工业企业委托加工材料与商业企业委托加工商品所发生的往返运杂费，各自构成委托加工材料和委托加工商品的成本，分别在“委托加工物资”和“加工商品”账户核算，不得列为“运输费”。

（4）为外单位代垫的运杂费。代垫的运杂费是对方负担的费用，代垫运杂费的所有权属于代垫方，经过一定的时间可以收回，因此代垫运杂费不作为运输费入账，应作为“其他应收款”记账处理。

2. 包装费的检查

包装费的发生与包装物、包装材料的使用有着密切的联系。一般来说，包装费的产生有如下几种情形：

（1）随同产品（或商品）销售不单独计价的包装物，会计分录处理为：

借：销售费用

　贷：周转材料——包装物

（2）销售过程领用包装材料，会计分录处理为：

借：销售费用

　贷：原材料（或材料物资）

（3）出借包装物的摊销、修理，会计分录处理为：

借：销售费用

　贷：周转材料——包装物（或待摊费用、原材料、银行存款、生产成本）

在检查包装费时应注意以下几个问题：

（1）工业企业在生产过程中领用的包装物是否记入了包装费。按规定，生产领用包装物应借记“生产成本”账户，贷记“包装物”账户，但有的企业为了压低利润，不按规定将生产领用包装物记入生产成本，而是直接记入当期损益，扩大了包装费支出。在检查时，可从领料单入手，看领取包装物的单位是生产部门还是销售部门。

（2）随同商品销售的包装物是否单独计价，防止单独计价的包装物作为包装费支出。对于单独计价的包装物，其销售收入借记“银行存款”等账户，贷记“其他业务收入”账户；按包装物实际成本借记“其他业务成本”账户，贷记“周转材料——包装物”账户。将单独计价的包装物混同不单独计价的包装物，作为包装费列支，有违“收入与其相关的成本、费用应当相互配比”的基本原则。

（3）出租包装物的实际成本是否记入了包装费。企业包装物的出租与出借是有区别的。出租包装物要向对方收取租金，此项租金形成企业的其他业务收入，收入与成本配比，出租包装物的实际成本就形成其他业务成本。而出借包装物不向对方收取租金，所以出借包装物的实际成本才以包装费进入销售费用或经营费用。在检查时，要了解租借包装物究竟是租还是借，有无隐瞒租金收入而多计包装费的情况。

(4) 出借包装物在报废时收回的残值是否冲减了包装费。

3. 广告费的检查

做广告是企业沟通信息、实现并扩大销售的有效手段，随着市场经济的发展，越来越多的企业采取了强有力的宣传措施。因此，在销售费用中，广告费的增长速度很快。在检查时，要注意有无非广告性质的支出计入广告费。

按照规定，纳税人每一纳税年度发生的广告费和宣传费支出，除特殊行业另有规定外，不超过销售（营业）收入15%的，可据实扣除；超过部分可无限期向以后纳税年度结转。卷烟广告费不得在税前扣除。

从事软件开发、集成电路制造及其他业务的高新技术企业，互联网站，从事高新技术创业投资的风险投资企业，广告支出可按上述15%的比例扣除。

纳税人申报扣除的广告费支出应与赞助支出严格区分开。纳税人申报扣除的广告费支出必须符合下列条件：

(1) 广告是通过经工商部门批准的专门机构制作的。

(2) 已实际支付费用，并已取得相应发票。

(3) 通过一定的媒体传播。

广告费的检查方法：

(1) 检查申报扣除的广告费支出是否已经实际支付，是否取得相应的发票。

(2) 检查已申报扣除广告费支出的广告是否已通过一定媒体播发，是否将预支的以后年度的广告费支出提前申报扣除。

(3) 纳税人是否严格区分了广告费与其他费用的界限，特别是广告费、业务宣传费和业务招待费的界限。

(4) 具有广告性质的礼品是否计入业务宣传费并按规定比例扣除。

(5) 对当年未能在税前扣除的广告费支出是否建立台账进行管理，跟踪其以后年度的扣除情况。

(6) 有无非广告性质的赞助支出计入广告费的情况。当前各项社会事业都在谋求发展，企业为了树立自己良好的社会形象，也会给予它们一定的资金支持，即赞助。这种赞助支出可能有一定的广告性质，也可能根本没有广告性质，在检查时要区别对待。凡是取得了接受赞助单位开具的广告费发票，且收费合理的，允许在广告费里列支，其余部分不得列支。

(7) 有无摊派支出计入广告费的情况。一般来说，企业的被摊派支出取得的是行政事业性收费收据，收费部门具有某种行政特权，这种摊派支出要从广告费中剔除。

(8) 有无超过规定标准的业务招待费计入广告费的情况。有些企业的业务招待费超过税法规定标准，在管理费用中无法列支，就转移到广告费中。在检查中若发现这种情况，要加以剔除。

二、管理费用的检查

(一) 管理费用的检查内容

管理费用是指纳税人的行政管理部门为管理和组织经营活动提供各项支援性服务而发

生的费用。管理费用包括由纳税人统一负担的总部（公司）经费、研发费用（技术开发费）、社会保障性缴款、劳动保护费、业务招待费、工会经费、职工教育经费、股东大会或董事会费、开办费摊销、无形资产摊销（含土地使用费、土地损失补偿费）、矿产资源补偿费、坏账损失、印花税等税金、消防费、排污费、绿化费、外事费和法律、财务、资料处理及会计事务方面的成本（咨询费、诉讼费、聘请中介机构费、商标注册费等），以及向总机构（指同一法人的总公司性质的总机构）支付的与本身营利活动有关的合理的管理费等。除经国家税务总局或其授权的税务机关批准外，纳税人不得列支向其关联企业支付的管理费。

“管理费用”账户核算企业行政管理部门为组织和管理企业生产经营活动所发生的上述管理费用，发生时借记“管理费用”账户，贷记“库存现金”“银行存款”“长期待摊费用”“无形资产”“累计折旧”“应交税费”“应付职工薪酬”“坏账准备”等账户，期末应将该账户的余额转入“本年利润”账户，结转后该账户应无余额。

在检查时，要对支出的具体内容进行分析，着重检查不符合政策和规定的各项费用开支，具体为：有无不属于管理费用的支出；有无违反开支标准和发放范围的支出；有无违反财经纪律的支出等。

（二）管理费用的检查方法

首先，检查“管理费用”总账户各月的借方发生额，对发生额偏高的月份，应将其偏高原因作为重点加以分析，检查存在的问题。其次，检查“管理费用”明细账的借方发生额和摘要栏，应逐项检查。对有疑问的、支付金额大的借方发生额，应进一步检查其原始凭证，分析其真实性、合理性和合法性。

（三）管理费用账户各子目的检查

1. 工资、职工福利费、工会经费、职工教育经费、差旅费、折旧费的检查

（1）工资的检查。这里的工资是指企业管理人员的工资。由于我国企业劳动工资制度、干部人事制度正在改革，所以在检查工资时要根据某一个时期有效的工资政策办事，要检查工资是否按规定的标准发放。管理人员实行计时工资制的，要检查其考勤制度是否健全、是否得到落实，可抽查一下行政部门的考勤记录，看是否以此为依据计发工资。在企业的各种奖金、津贴、补助统一纳入工资总额管理后，要看企业发放管理人员工资的系数是否偏高。要检查企业有无将非管理人员的工资纳入“管理费用”账户核算。在工资费用有列支标准的情况下，对纳税人（非国有性质）实发的合理工资总额可在税前据实扣除。属于国有性质的企业，其工资、薪金不得超过政府有关部门限定的数额，超过部分不得计入企业工资、薪金总额，也不得在计算企业应纳税所得额时扣除。

（2）职工福利费的检查。在管理费用中的职工福利费是根据行政管理人员、企业福利人员工资总额的14%（最高）提取的。在检查时，要注意计提依据是否扩大，有无把根据生产经营人员、在建工程人员工资提取的职工福利费也列入管理费用的情况，以及计提比例是否正确。

（3）工会经费、职工教育经费的检查。税法规定，纳税人的工会经费、职工教育经费

分别按照计税工资总额的2%、8%计算扣除。在检查时，要注意计提依据是否为计税工资总额，对于超出计税工资总额实际发生的工会经费、职工教育经费应予以剔除，并调增当年的应纳税所得额。

（4）差旅费的检查。这里的差旅费是指应该由企业统一负担的差旅费。在检查时，要注意企业对出差报销有无一定的标准，有无借出差为名公款旅游、公款吃喝等违法支出问题。报销的差旅费涉及的相关凭证是否符合国家的有关规定，有无弄虚作假的情况。

（5）折旧费的检查。有关这方面的内容已经在固定资产的检查内容中进行了讲述，这里主要注意折旧费用分别计入制造费用和管理费用的数额是否正确，有无为了减少本期利润而将应计入制造费用由成本负担的折旧费用计入管理费用的情况。

2. 劳动保险费、待业保险费的检查

劳动保险费是指企业支付的离退休职工的退休金（包括按照规定缴纳的离退休统筹金）、价格补贴、医药费（包括企业支付的离退休人员参加医疗保险的费用），6个月以上病假人员工资，职工死亡丧葬补助费、抚恤费，按照规定支付给离休人员的各项经费。待业保险费是指企业按照国家规定缴纳的待业保险基金。

在检查时，要注意劳动保险费的开支范围是否正确，是否按规定用在了离休人员、退休人员、退职人员、6个月以上病假人员、死亡职工的身上，有无虚报冒领的情况。对于企业按国家有关规定上缴的各类保险基金和统筹基金，包括职工养老基金、待业保险基金等，要严格审核，要将超出规定比例扣除部分从管理费用中剔除，同时调增应纳税所得额。

此外，纳税人参加财产保险和运输保险，按照规定缴纳的保险费用，准予作为费用扣除。保险公司给予纳税人的无赔款优待，应计入当年（收款年度）的应纳税所得额。纳税人为特殊工种职工支付的法定人身安全保险费，准予在计算应纳税所得额时据实扣除。

3. 技术开发费、业务招待费的检查

（1）技术开发费的检查。技术开发费是指企业研发新产品、新技术、新工艺所发生的新产品设计费，工艺规程制定费，设备调试费，原材料和半成品的试验费，技术图书资料费，未纳入国家计划的中间试验费，研究人员的工资，研究设备的折旧，与新产品试制、技术研究有关的其他经费，委托其他单位进行的科研试制的费用以及试制失败的损失。

按照税法规定，所有财务核算制度健全、实行查账征收企业所得税的各种所有制的营利工业企业（包括从事采矿业、制造业、电力、燃气及水的生产和供应业的企业），其当年实际发生的技术开发费除按规定据实列支外，经由主管税务机关审核批准后，可再按其实际发生额的100%，直接抵扣当年的应纳税所得额。企业技术开发费加计扣除部分形成企业年度亏损的，可以用以后年度的所得弥补，但结转年限最长不得超过5年；自2018年1月1日起，当年具备高新技术企业或科技型中小企业资格（以下统称资格）的企业，其具备资格年度之前5个年度发生的尚未弥补完的亏损，准予结转以后年度弥补，最长结转年限由5年延长至10年。

在检查技术开发费时，首先，了解企业有无新产品、新技术、新工艺的研发，有无专门从事研发的机构和人员。其次，检查技术开发费的列支是否真实、合法，比如有无将非研究人员的工资、非研究设备的折旧费计入技术开发费。

（2）业务招待费的检查。业务招待费是指企业为了业务经营的合理需要而支付的费用。无论是财务制度还是《企业所得税法实施条例》都对业务招待费做了相同的限额规定。具体扣除标准如下：企业发生的与生产经营活动有关的业务招待费支出，按照发生额的 60%扣除，但最高不得超过当年销售（营业）收入的 5‰。

在检查业务招待费时，可以从两个角度把握：一是业务招待费的发生是否合理、合法。凡是业务招待费，应该与该企业的生产经营有关，不相关的就不应列为业务招待费，比如其他单位的业务招待费、该企业职工私人的招待费就不应在业务招待费里报销。所谓合法，就是在发生业务招待费后应该取得合法有效的凭证，“白条”不允许报销。二是要从全年发生的业务招待费总额上把关，将按照规定标准核定的准许在企业所得税前扣除的金额与企业实际发生额进行比较。如果实际发生额小于核定的标准，实际发生额可据实扣除；如果实际发生额大于核定的标准，对于超过的部分应调增应纳税所得额。

4. 坏账损失的检查

坏账损失是指因债务人破产或者死亡，以其破产财产或者遗产清偿后，仍不能收回的应收账款，或者因债务人未按期履行偿债义务且超过三年仍不能收回的应收账款。除金融企业按照税法计提的贷款损失准备金可以在企业所得税税前扣除外，纳税人按会计处理规定提取的坏账准备金和呆账准备金，计提时不允许扣除，达到税务规定条件时才准予在计算应纳税所得额时扣除；纳税人已作为支出、亏损或呆（坏）账处理的应收款项，在以后年度全部或部分收回时，应计入收回年度的应纳税所得额。

在检查时，要检查企业是否符合税前扣除准备金的相关条件；在不符合时，是否对会计处理的坏账损失进行了纳税调整。对于历年已做呆（坏）账处理的应收账款，要查看是否仍在索债，有无全部或部分收回的情况。对于收回的坏账，要查看有无用作建立“小金库”的现象。对于建立坏账准备金的企业，要检查其是否按规定的比例和基数提取“坏账准备”，在实际发生坏账损失时，是否先冲减坏账准备金的数额。

三、财务费用的检查

财务费用是指企业为筹集资金而发生的各项费用，包括企业在生产经营期间发生的利息支出（减利息收入）、汇兑净损失、调剂外汇手续费、金融机构手续费以及其他与筹资相关的财务费用等。

（一）财务费用的税务处理规定

（1）纳税人在生产经营期间向金融机构借款的利息支出，按照实际发生数扣除；向非金融机构借款的利息支出，包括纳税人之间相互拆借的利息支出，按照不高于金融机构同期、同类贷款利率计算的数额部分扣除。此处的金融机构是指各类银行、保险公司以及经中国人民银行批准从事金融业务的非银行金融机构；利息支出是指流动性资金借款以及建造、购进的固定资产在竣工决算投产后发生的各项贷款利息支出。但是，建造、购进的固定资产在竣工决算投产前的利息，应全部计入该项固定资产的原值，不得扣除。此外，纳税人经批准集资的利息支出，凡不高于同期、同类商业银行贷款利率的部分也允许扣除，超过部分不得扣除。

（2）从事房地产开发业务的纳税人为开发房地产而借入资金所发生的借款费用，在房地产完工之前发生的，应计入有关房地产的开发成本。

（3）在计算应纳税所得额时，企业实际支付给关联方的利息支出，不超过以下规定比例和《企业所得税法》及《企业所得税法实施条例》有关规定的部分，准予扣除，超过的部分不得在发生当期和以后年度扣除。

1）企业实际支付给关联方的利息支出，除符合下面2）中的规定外，其接受关联方债权性投资与权益性投资的比例为：金融企业为5∶1；其他企业为2∶1。

2）如果企业能够按照《企业所得税法》及《企业所得税法实施条例》的有关规定提供相关资料，并证明相关交易活动符合独立交易原则，或者该企业的实际税负不高于境内关联方的，其实际支付给境内关联方的利息支出，在计算应纳税所得额时准予扣除。

3）企业同时从事金融业务和非金融业务，其实际支付给关联方的利息支出，应按照合理方法分开计算；没有按照合理方法分开计算的，一律按1）中有关其他企业的比例计算准予税前扣除的利息支出。

4）企业自关联方取得的不符合规定的利息收入应按照有关规定缴纳企业所得税。

（4）企业向股东或其他与企业有关联关系的自然人借款的利息支出，应根据《企业所得税法》第四十六条及《财政部、国家税务总局关于企业关联方利息支出税前扣除标准有关税收政策问题的通知》（财税〔2008〕121号）规定的条件［即上述（3）的规定内容］，计算企业所得税扣除额。

企业向除上述规定以外的内部职工或其他人员借款的利息支出，其借款情况同时符合以下条件的，并且相关的利息支出不超过按照金融企业同期、同类贷款利率计算的数额部分，根据《企业所得税法》第八条和《企业所得税法实施条例》第二十七条的规定，准予扣除。

条件一：企业与个人之间的借贷是真实、合法、有效的，并且不具有非法集资目的或其他违反法律、法规的行为。

条件二：企业与个人之间签订了借款合同。

（二）财务费用支出的检查

1. 检查财务费用的支出范围

检查纳税人有无将不属于财务费用的支出计入财务费用的支出中，主要检查是否将建造、购置固定资产，开发、购置无形资产，以及筹办期间发生的利息支出记入“财务费用”账户。按照规定，为生产经营筹集资金而发生的利息支出等，是财务费用；为建造、购置固定资产，开发、购置无形资产而进行筹资，其利息等支出又发生在固定资产、无形资产交付使用前，则有关费用计入固定资产、无形资产、开办费价值中，不能记入“财务费用”账户核算。在检查时，应严格区分这两种不同的情况，分清楚两种费用的界限。

2. 检查财务费用的支出标准

由于企业筹集资金的渠道多元化，因此超过同期银行贷款利率标准的行为时有发生。在正常情况下，非金融机构借款的利率可能都高于金融机构的借款利率，而税法规定超过的部分不能在企业所得税前扣除。因此，在实施纳税检查时，一定要注意支付给非金融机构的费用是否超标准。

（三）账务处理的检查

首先，检查财务费用的账务处理是否正确。在财务费用中的利息支出、利息收入，应按权责发生制核算。外汇损益也需要按当日银行挂牌汇率折算，因互相抵销后的性质不同，可能涉及不同科目。在检查时，应注意各项财务费用是否及时入账，是否用对了会计科目，是否记入了正确的账户。

其次，检查企业有无只计财务支出而不计财务收入的情况，财务费用是财务收入抵减财务支出后的净支出（或净收益），而非只有财务支出或不考虑财务收入。作为财务费用的利息支出，应抵减利息收入，而汇兑损失同样应抵减汇兑收益，彼此抵减的结果为，财务费用可能是正值，即真正的费用，也可能是负值，转变成了财务收入。当然，与此有关的手续费等只会是支出而无收入。在检查时，应区分这种收入和支出，不仅要查明是否多列了利息支出，而且要核实是否少列了利息收入。特别是汇兑损益的计算与汇率波动有着密切的联系，要检查所采用的银行挂牌汇率的正确性及折算的准确性，防止多计汇兑损失、少计汇兑收益的情况，从而确保财务费用计算的正确性。

四、跨期费用的检查

（一）跨期费用的检查内容

费用的发生期与成本的计算期有时并不一致。根据成本计算的受益原则，对跨期费用应当在受益期间进行分配。跨期费用有两种情况：一种是预先支付或领用，在以后分期摊入成本，称为“待摊费用”；另一种正好相反，先分期计入产品成本，待以后一次支付，称为“预提费用”。

在“待摊费用”账户中核算的内容，包括低值易耗品摊销、出租出借包装物摊销、预付保险费、应由销售产品分摊的中间产品税金、固定资产大修理支出以及一次购买印花税税票和一次缴纳印花税税额较大需分期摊销的数额等。对于这些内容，从涉及的时间跨度看，一般摊销期限都在 1 年以内，如果是长期待摊费用，就可能跨几个纳税年度。在“预提费用”账户中核算的内容，包括已预提但尚未支出的各项费用，如预提的租金、保险费、借款利息、修理费用等。

（二）跨期费用的检查方法

1. 跨期费用项目的设置是否合理

不论是待摊费用还是预提费用，具体项目或内容都必须符合一条原则，即费用的发生期与支付期不同。在核算中不能违背这一原则，更不能随意设置预提费用或者待摊费用项目。如果在经营活动中涉及与预提费用或待摊费用相近的一些特殊的项目（如开办费），1 年以上摊销的固定资产修理支出和租入固定资产的改良支出以及摊销期在 1 年以上的其他费用，应在“长期待摊费用”账户核算，不应作为预提费用或待摊费用核算。

2. 跨期费用是否按受益期限摊销或预提

跨期费用的存在取决于成本的受益原则，因而跨期费用必须合理地分配于各个受益期间（当然在1年以内），而不能人为地调节成本，在某些期间分摊或计提，而在另外一些期间则没有。

3. 跨期费用是否均衡地分配于各受益期间

分配跨期费用，不仅要分配到各受益期间，而且每个区间内分配的费用金额应当均衡，不能随意调节分摊或计入某期费用的数额。但应指出，均衡分摊或计提是指每一具体费用项目，而非整个跨期费用总额。

4. 跨期费用是否分配到了应分配的费用项目或账户之中

在待摊费用中，费用分配的去向可能有“制造费用”“销售费用”“税金及附加”“管理费用”“其他业务成本”等账户。预提费用的计提可能涉及的账户有“制造费用”“管理费用”“财务费用”等。在摊销或提取跨期费用时，必须使用正确的对应账户，即分摊或计提到应承担该费用的账户上，不能“张冠李戴”，转嫁费用负担，从而影响应纳税额的正确计算。

第六节　损失的检查

损失是指纳税人在生产经营过程中的各项营业外支出、已发生的投资损失和经营亏损以及其他损失。

一、营业外支出的检查

（一）营业外支出的内容

营业外支出是指与企业生产经营无直接关系的各项支出。按照企业财务制度的规定，营业外支出包括：固定资产盘亏、报废、毁损和出售的净损失，非季节性和非修理期间的停工损失，职工子弟学校经费，技工学校经费，非常损失，公益救济性捐赠，赔偿金，违约金，援外费用支出等。

虽然营业外支出与企业的生产经营没有直接关系，但它是企业收入总额的一个减项，其支出大小直接影响到国家的所得税收入。所以，在检查企业所得税时，一定不能忽视对营业外支出的检查。

（二）营业外支出的检查方法

1. 检查营业外支出中是否有其他费用

在实际工作中，有些企业往往将一些不准计入商品成本和期间费用的支出，列作营业外支出。因此，在检查时应该分清成本、费用的开支范围和营业外支出的界限，分清税后利润开支和营业外支出的界限，防止把应在税后利润或生产成本、期间费用中列支的费用计入营业外支出。

对这类问题的检查可以对照制度规定，结合凭证检查每笔营业外支出的内容，分析其是否属于营业外支出的范围。例如，检查停工损失，就要辨别引起损失的停工是季节性、修理期间的停工，还是非季节性、非修理期间的停工，因为按照规定，前者属于制造费用，后者才算营业外支出。

2. 检查非常损失中的赔偿收入是否抵减了损失

检查非常损失，要看引起非常损失的原因是自然灾害还是意外事故，损失的是固定资产还是流动资产，这些资产是否办理了财产保险。若纳税人参加了财产保险，则因遭受自然灾害或意外事故而由保险公司给予的赔偿，应从非常损失总额中扣除。

3. 检查公益性捐赠的扣除额

（1）检查公益性捐赠是否属于直接捐赠。税法规定，公益、救济性捐赠是指向教育、民政等公益事业和遭受自然灾害的地区、贫困地区的捐赠。公益、救济性捐赠必须通过中国境内非营利的社会团体、国家机关来进行，如果纳税人直接捐赠给受赠者，即使列入了营业外支出，在计算应纳税所得额时也要予以全额调整，不得税前扣除。

（2）检查用于公益慈善事业的捐赠是否超标准。按照规定，纳税人用于公益慈善事业的捐赠，除另有规定外，在年度利润总额12%的范围以内准许扣除，超过标准的部分可以向以后三个年度结转。自2020年1月1日起，企业通过公益性社会组织、县级以上人民政府及其部门等国家机关，用于符合法律规定的公益慈善事业捐赠支出，准予按税法规定在计算应纳税所得额时扣除。

4. 检查行政性处罚损失与经营性处罚损失的处理是否正确

税法规定，纳税人因违法经营而被行政部门或司法部门处以的罚款和罚金、被没收财物的损失，以及因违反税法规定而被处罚的各项税收滞纳金、罚款和罚金，不能在企业所得税前扣除。纳税人在经营过程中不能履行合同所负担的违约金、赔偿金，不属于行政性处罚的，可以在企业所得税前扣除。因此，在检查时要认真区分它们的性质，以保证税前扣除项目的正确性。

二、投资损失的检查

投资损失包括投资到期收回或者中途转让取得的款项低于账面价值的差额，以及按照权益法核算的股权投资在被投资单位减少的净资产中所分担的数额等。

企业对外投资是有一定风险的，有时赚，有时赔，赚了为投资收益，赔了为投资损失，关于投资收益的检查前已述及。其实，在检查投资净收益时，一方面可以检查投资收益，另一方面可以检查投资损失，因为无论是投资收益还是投资损失，企业都通过“投资收益”账户核算，所以对两者的检查可以结合起来。

三、经营亏损及其弥补的检查

企业的利润总额包括销售（营业）利润、投资净收益、汇兑损益、营业外收支净额以及国家补贴收入等。在利润表上，企业的利润总额既可能是正数（即盈利），也可能是负数（即亏损）。对经营亏损进行检查，主要有两方面的内容：一是经营亏损是否真实；二是亏损弥补是否正确。

（一）企业经营亏损的检查

在社会主义市场经济条件下，企业经营的根本目的就是追求合法利润。但是，企业的动机和实际经营结果难免有出入，一些企业在生产经营中（特别在开办初期）会出现亏损的情况。对此，税务机关要认真查实，要调查经营亏损额是否真实，有无做假的情况，以及经营亏损额有无受人为因素的影响。例如，利用关联企业（特别是境外关联公司）控制货物的购销权，高进低出转移利润；来料加工冒名进料生产，人为确定生产经营成果，以佣金形式转移利润；压低来料加工的料工费金额，暗中转移利润；扩大成本、费用、损失的开支范围和标准，不计或少计收入等，通过一系列行为逃避纳税。因此，税法中所述的亏损额是经主管税务机关核定后的亏损额，而不是纳税人利润表中自己确认的亏损额。

（二）亏损弥补的检查

企业发生了经营亏损怎么办？税法规定，企业发生年度亏损的，可以用下一纳税年度的所得弥补；下一纳税年度的所得不足弥补的，可以逐年延续弥补，但延续弥补期限最长不得超过5年。自2018年1月1日起，当年具备高新技术企业或科技型中小企业资格（以下统称“资格”）的企业，其具备资格年度之前5个年度发生的尚未弥补完的亏损，准予结转以后年度弥补，最长结转年限由5年延长至10年。

在检查企业亏损的递补顺序时，要特别注意以下两种情况：第一，企业连续发生年度亏损是怎样弥补的？第二，企业发生年度亏损，用以后年度盈利不足弥补，且连续抵补期未达到规定年限又发生新的亏损是怎样处理的？

如果企业连续发生年度亏损，则下年度盈利后，应首先弥补以前年度的亏损。若盈利额大于以往年度的累计亏损额，且未超过规定的抵补年限，则应一次性将以往年度的亏损全部予以弥补；若盈利额小于以往年度的累计亏损额，则可先弥补第一个亏损年度的亏损额，然后再弥补第二个亏损年度的亏损额，依此类推。若在规定的弥补年限内未能补足第一个亏损年度的亏损额，则未补足部分不得再弥补，应转向弥补第二个亏损年度的亏损额（见表5-8）。

表5-8　历年所得弥补亏损情况表　　单位：万元

经营年度	第1年	第2年	第3年	第4年	第5年	第6年	第7年	第8年
所得总额	−60	−40	−20	−20	10	20	20	50
税前补亏数	10+20	20	20	20				
补亏所得所属年限	第5、6年	第7年	第8年	第8年				
未弥补数	30	20	0	0				
所得用于补亏年数	—	—	—	—	第1年	第1年	第2年	第3、4年
补亏后的所得数额					0	0	0	10

如果企业发生年度亏损，用以后年度所得不足弥补，且延续抵补期未达到规定年限又发生新亏损，那么在盈利后，应按照在相应的年限所得中提取相应的数额进行弥补的原则来办理，即对第1个亏损年度来说，第2～6年是它的法定弥补期；对第2个亏损年度来说，第3～7年是它的法定弥补期，我们可按照平行移动法来实现亏损弥补。

第七节 永久性差异和暂时性差异的检查

一、永久性差异的检查

永久性差异是因税法与《企业会计准则》计算口径不同产生的差额，包括不征税收入、免税收入、减计收入、减免税所得、加计扣除、有扣除限额的支出等。这种差额在本期发生，并且不能在以后各期转回。

（一）永久性差异的检查内容

按照当前会计制度和税法的规定，永久性差异主要包括：

（1）国债利息收入按会计核算规定作为会计利润，按税法规定不属于纳税所得的范围。

（2）企业按实发工资总额计提的职工福利费、工会经费、职工教育经费，按会计规定全部作为费用支出。按照税法规定，企业实际发生的职工福利费、工会经费超过实发工资总额规定比例的，当年不准许在企业所得税前扣除，以后年度也不得扣除。实际发生的职工教育经费超过实发工资总额规定比例的，当年不得扣除，但可结转以后年度扣除。

（3）企业向金融机构和非金融机构借款的利息支出，按会计规定可作为财务费用列支；按税法规定，向非金融机构借款的利息费用和向自然人借款的利息费用，超过国家规定标准的部分在税前不能扣除。

（4）企业的各种赞助费，对外的直接捐赠，通过非营利部门进行的公益性捐赠超过标准的部分，按会计规定全部作为支出，按税法规定不能在税前扣除。

（5）企业被处以的罚款、罚金、滞纳金等，按会计规定准予在“营业外支出”中列支，按税法规定不能在税前扣除。

（6）企业提取和转回的各项资产减值准备，按照会计制度及相关准则的规定，企业应当定期或者至少于每年年度终了时，对各项资产进行全面检查，并根据谨慎性原则的要求，合理地预计各项资产可能发生的损失，对可能发生的各项资产损失计提资产减值准备，包括短期投资跌价准备、存货跌价准备、长期投资减值准备、固定资产减值准备、在建工程减值准备、无形资产减值准备和委托贷款减值准备等，提取的各项资产减值准备计入当期损益，在计算当期利润总额时扣除。按照税法规定，在企业所得税前允许扣除的项目，原则上必须遵循真实发生的据实扣除原则，除国家税收另有规定外，企业根据财务会计制度等规定提取的任何形式的准备金（包括资产准备、风险准备等）都不得在企业所得税前扣除。

（二）检查方法

在检查会计核算与税务处理的永久性差异时，首先，要掌握会计制度和税法的具体规定，准确区分会计制度规定和税法规定产生永久性差异的范围及内容。其次，计算各项永久性差异产生的数据或者金额，并以此确定当期企业所得税的应纳税所得额是增加还是减少，然后检查永久性差异的会计核算过程是否正确。

（三）检查案例

［例5-14］ 某公司（国有企业）202×年度的部分经营成果见表5-9，适用的企业所得税税率为25%。该年度内未预缴企业所得税。

表5-9 某公司202×年度利润表

项目	行次	本月数（略）	本年累计数（元）
一、营业收入	1		8 850 000
减：营业成本	4		7 490 000
税金及附加	5		324 000
销售费用	10		86 000
管理费用	11		140 000
财务费用	14		90 000
资产减值损失	15		
加：公允价值变动收益	16		
投资收益	18		120 000
二、营业利润	19		840 000
加：营业外收入	22		40 000
减：营业外支出	23		80 000
三、利润总额	27		800 000
减：所得税（按税法计算）	28		200 000
四、净利润	30		600 000

在根据《企业所得税法》的有关规定进行纳税检查时，发现其有关财务核算的项目中包括以下核算内容：

（1）在管理费用项目中，列支的业务招待费超标准12 000元。

（2）在财务费用项目中，列支的借款利息支出超标准50 000元。

（3）投资收益项目的金额为：从联营企业分回的税后利润为68 000元（联营企业的企业所得税税率为25%）；购买的国债利息收入为52 000元。

（4）在营业外支出项目中，列支有非公益性捐赠支出20 000元，非广告性赞助支出10 000元，缴纳的税收滞纳金为5 000元。

(5) 各项费用中列支的职工福利费、工会经费超标准 34 800 元。

检查分析处理如下:

该公司应缴纳入库的企业所得税税额按税法规定检查处理如下:

(1) 纳税调整增加额(永久性差异)为:

12 000+50 000+20 000+10 000+5 000+34 800=131 800(元)

(2) 纳税调整减少额(永久性差异)为:

68 000+52 000=120 000(元)

(3) 应纳税所得额为:

应纳税所得额=会计利润±按税法规定的调整项目金额

=800 000+131 800-120 000=811 800(元)

(4) 公司应缴纳的企业所得税税额为:

公司应缴纳的企业所得税税额=811 800×25%=202 950(元)

(5) 公司应补缴的企业所得税税额为:

公司应补缴的企业所得税税额=202 950-200 000=2 950(元)

会计处理:

借:所得税费用　　2 950

　贷:应交税费——应交所得税　　2 950

(6) 公司转销所得税费用时:

借:本年利润　　2 950

　贷:所得税费用　　2 950

(7) 公司上缴所得税时:

借:应交税费——应交所得税　　2 950

　贷:银行存款　　2 950

(8) 该年度公司实现的净利润为:

800 000-202 950=597 050(元)

二、暂时性差异的税务处理

暂时性差异是指企业因资产、负债的账面价值与计税基础不同而产生的差额,包括坏账准备、利息、租金、特许权使用费、企业筹办期间不计算为亏损年度问题、存货、固定资产、无形资产、企业重组等。暂时性差异发生于某一时期,但在以后的一期或若干期内可以转回。

(一) 暂时性差异的检查内容

(1) 企业发生的无形资产费用、长期待摊费用,企业摊销的期限与税法规定不一致。

(2) 固定资产的折旧期限、折旧方法,会计制度规定与税法规定不一致。

(3) 对长期股权投资采用权益法核算的企业,按照会计制度规定,应在期末按照被投资企业的净利润以及投资持股比例计算确认投资收益；但按照税法规定，投资收益需待被投资企业宣告分派利润时才计入应纳税所得额。

（4）产品保修费用，按照会计制度规定，可于产品销售的当期以可能发生的金额预提并计入当期费用；但税法规定，当期预提的产品保修费用不能从应税所得中扣除，而应于实际发生时从应税所得中扣除。

总之，关于收入和资产的税会差异大多数属于暂时性差异，随着时间流逝，可能有机会进行相应对冲调整处理，但费用的税会差异大多数属于永久性差异。

（二）检查方法

在检查会计核算与税务处理的暂时性差异时，与前述永久性差异的检查方法相同。首先，要掌握会计制度和税法的具体规定，准确区分会计制度规定和税法规定产生暂时性差异的范围及内容。其次，计算各项暂时性差异产生的数据或者金额，确定当期企业所得税的应纳税所得额是增加还是减少。最后，检查暂时性差异的会计核算过程是否正确。

按照企业所得税的会计制度规定，企业发生的暂时性差异应采用资产负债表债务法进行核算。资产负债表债务法是指将本期税前会计利润与纳税所得之间的暂时性差异造成的影响纳税的金额，递延和分配到以后各期。在采用纳税影响会计法时，可按递延法或债务法进行会计处理。

1. 递延法

递延法是指把本期由于暂时性差异而产生的影响纳税的金额，保留到这一差异发生相反变化的以后期间予以转销的方法。在采用递延法时，发生在本期的暂时性差异影响纳税的金额用现行税率计算，以前各期发生而在本期转销的各项暂时性差异影响纳税的金额，按发生时（当初）的税率计算转销。当税率发生变动或开征新税种时，不需要调整由于税率的变动或新税种的征收对“递延税款”余额的影响。

在纳税影响会计法下，企业按税前会计利润（或税前会计利润加或减发生的永久性差异后的金额）计算的企业所得税税额，借记“所得税费用”账户；按照应纳税所得额计算的应缴企业所得税税额，贷记“应交税费——应交所得税”账户；按照税前会计利润（或税前会计利润加或减发生的永久性差异后的金额）计算的企业所得税税额与按照应纳税所得额计算的应缴企业所得税税额之间的差额，作为递延税款，借记或贷记“递延所得税资产”或“递延所得税负债”账户。本期发生的递延税款待以后转销时，如果为借方余额，应借记“所得税费用”账户，贷记“递延所得税资产”账户；如果为贷方余额，应借记“递延所得税负债”账户，贷记“所得税费用”账户。在实际上缴企业所得税税额时，借记“应交税费——应交所得税”账户，贷记“银行存款”账户。

［例 5－15］ 某企业购进一项无形资产，价值为 200 000 元。按照税法规定的摊销期为 10 年，而企业自己规定按照 5 年期限进行摊销。假定在没有其他暂时性差异的条件下，前 5 年企业每年实现会计利润 150 000 元，后 5 年每年实现会计利润 80 000 元。按照税法的规定，企业适用的企业所得税税率为 25%。

按递延法计算分析如下：

(1) 暂时性差异的计算：

按税法规定的每年摊销额＝200 000÷10＝20 000（元）

企业自己规定的每年摊销额＝200 000÷5＝40 000（元）

每年的暂时性差异额＝40 000－20 000＝20 000（元）

(2) 第1年的所得税费用、应纳税额、递延税款的计算和会计处理：

1) 所得税费用。

所得税费用＝(会计利润±永久性差异)×适用税率

＝150 000×25%＝37 500（元）

2) 应纳税额。

应纳税额＝(会计利润±永久性差异±暂时性差异)×适用税率

＝(150 000＋20 000)×25%＝42 500（元）

3) 递延税款。

递延税款＝暂时性差异×适用税率＝20 000×25%＝5 000（元）

4) 计算应缴企业所得税税额时：

借：所得税费用	37 500	
递延所得税资产	5 000	
贷：应交税费——应交所得税		42 500

5) 上缴企业所得税税额时：

借：应交税费——应交所得税	42 500	
贷：银行存款		42 500

(说明：第2～5年的计算和会计处理与第1年相同。)

(3) 第6年的所得税费用、应纳税额、递延税款的计算和会计处理：

第6～10年按企业自己的规定，就没有无形资产费用摊销了，而按税法规定，每年还要摊销无形资产费用20 000元。每年的应纳税所得额比会计利润要减少20 000元，实际上是企业在前5年多摊无形资产费用对纳税的影响，所以要在后5年内进行转销。

1) 所得税费用为20 000元（＝80 000×25%）。

2) 应纳税额为15 000元［＝(80 000－20 000)×25%］。

3) 递延税款为5 000元［＝20 000×25%（用当初的税率)］。

4) 计算应缴所得税税额时：

借：所得税费用	20 000	
贷：应交税费——应交所得税		15 000
递延所得税资产		5 000

5) 上缴企业所得税税额时：

借：应交税费——应交所得税	15 000	
贷：银行存款		15 000

(说明：第7～10年企业所得税的计算和会计处理与第6年相同。)

2. 债务法

债务法是指把本期由于暂时性差异而产生的影响纳税的金额，保留到这一差额发生相反变化时转销。在债务法下，发生在本期的暂时性差异对纳税的影响用现行税率计算，以前各期发生而在本期转销的各项暂时性差异对纳税的影响也用现行税率计算。在税率变动或开征新税种时，递延税款的余额要按照税率的变动或新征税款做相应的调整。

第八节　纳税申报表及案例的检查分析

一、纳税申报表的检查分析

企业所得税纳税申报表是反映企业所得税相关信息的基本报表，各项数据是否真实及正确与否直接关系到缴纳企业所得税的正确程度。按照规定，现行适用的纳税申报表填列的内容非常广泛，不仅涉及企业经营中的会计核算数据，而且要重点处理税法规定与会计制度规定有差异的数据。如果能够准确理解报表的各项内容和正确填列报表的各项数据，则对企业所得税的检查能起到重要的作用。

（一）纳税申报表格式的检查分析

企业所得税年度纳税申报表分为主表和附表两大部分，附表又分为指定附表和明细表，因附表数量较多且比较复杂，本书未予列出，只给出了主表予以分析，其样式见表 5－10。

［例 5－16］　华美电子设备生产公司（以下简称“华美公司”）是某市一家电子设备生产企业，2021 年 1 月开始生产经营活动，主要生产计算机显示屏，2022 年发生亏损 30 万元，2023 年华美公司在经营中发生如下业务（适用的企业所得税税率为 25%）：

（1）全年销售显示器取得销售收入 8 000 万元（不含以物易物的部分），全年购进原材料，取得的增值税专用发票上注明的税款为 680 万元（已通过主管税务机关认证）。

（2）2 月，华美公司用自产的一批显示器换取 A 企业的原材料，市场价值为 200 万元，成本为 125 万元，华美公司已做销售账务处理，换取的原材料价值为 200 万元，双方均开具了增值税专用发票。

（3）华美公司接受一批捐赠原材料，价值 100 万元并取得捐赠方开具的增值税专用发票，进项税额为 13 万元，当年还获得政府财政专项拨款 50 万元。这两项收入均已计入营业外收入。

（4）1 月，华美公司将闲置的甲车间出租给 B 公司，全年收取租金 200 万元。

（5）华美公司全年的显示器销售成本为 6 000 万元（不含以物易物的部分）；其他业务成本为 100 万元；发生的销售费用为 800 万元，其中广告及业务宣传费为 600 万元，但有 10 万元未通过媒体传播（2022 年发生的广告费还剩 60 万元尚未抵扣）；管理费用为

600 万元，其中业务招待费为 300 万元，新产品开发费为 100 万元；财务费用为 400 万元，其中 20 万元为购置新生产设备发生的利息支出。

(6) 华美公司 2021 年将 300 万元开办费作为管理费用在税前全部列支，但按照税法规定，应将其作为长期待摊费用分期摊销，2023 年的摊销额为 100 万元。

(7) 已计入成本、费用的全年实发工资为 400 万元（工资符合合理限度），提取并列支工会经费 12 万元、职工福利费 60 万元、职工教育经费 34 万元。

(8) 受全球金融危机影响，企业持有的原账面价值为 100 万元的交易性金融资产大幅贬值，至 12 月底，其公允价值下降了 60%；原价值 200 万元的交易性金融负债的公允价值下降为 180 万元；作为投资性房地产的甲车间以公允价值作为计量模式，原账面价值为 1 000 万元，到 12 月底的公允价值下降为 800 万元。

(9) 由于竞争对手推出了新性能显示器，对华美公司的产品造成巨大冲击，其产品的可变现净值低于期末产品成本，会计在期末计提了 50 万元的存货跌价准备。

(10) 6 月，华美公司为了提高产品的性能与安全度，从国内采购了 2 台安全生产设备并投入使用，取得的增值税专用发票上注明的价款为 500 万元、增值税税额为 65 万元。华美公司采用直线法按 5 年计提折旧，残值率为 5%（经税务机关认可），但税法规定同类设备应按 10 年采用直线法计提折旧。

(11) 7 月，企业转让被替代的旧生产设备（未抵扣进项税额），开具普通发票，取得转让价款 103 万元，该设备的原值为 400 万元，转让时账面净值为 65 万元，转让过程中发生手续费 5 万元；对外转让显示器的先进生产技术所有权，取得收入 700 万元，发生成本为 100 万元。

(12) 华美公司当年取得的投资收益包括：购买国债取得利息收入 20 万元；华美公司长期持有境内 C 公司 35%的股份，采用权益法对长期股权投资进行核算，投资成本共 550 万元，包括按权益法核算对初始投资成本调整产生的收益 50 万元，2023 年确认的投资收益为 170 万元，但只取得当年税后分红 85 万元（C 公司已按 15%的税率纳税）。2023 年底，华美公司将全部股份对外转让，取得股份转让收入 650 万元，转让时长期股权投资的账面成本为 550 万元；12 月底取得 M 国被投资企业 D 的税后分红 32 万元，D 公司已按 20%的税率在该国缴纳了企业所得税。

(13) 华美公司发生的营业外支出包括：通过当地民政局向希望小学捐款 150 万元；直接向高校捐款 10 万元；违反工商管理规程，被工商局罚款 5 万元；因拖欠税款，缴纳税收滞纳金 6 万元；11 月，企业购进的原材料因管理不善丢失，损失账面价值为 100 万元，当月取得保险公司赔偿款 50 万元。

(14) 华美公司 1—11 月已经预缴企业所得税 70 万元。

试计算：

(1) 华美公司当年应缴纳的增值税。

(2) 华美公司当年应缴纳的城市维护建设税、教育费附加及地方教育附加。

(3) 华美公司 2023 年的会计利润总额。

(4) 华美公司当年度广告及业务宣传费应调整的应纳税所得额。

(5) 华美公司当年度业务招待费应调整的应纳税所得额。

(6) 华美公司当年度工资“三费”分别应调整的应纳税所得额。

(7) 华美公司当年度对外捐赠应调整的应纳税所得额。

(8) 华美公司当年度新产品开发费应调整的应纳税所得额。

(9) 华美公司当年度利息支出应调整的应纳税所得额。

(10) 华美公司当年度新设备折旧应调整的应纳税所得额。

(11) 华美公司当年度资产公允价值变动应调整的应纳税所得额。

(12) 华美公司当年度存货跌价准备应调整的应纳税所得额。

(13) 华美公司当年度投资收益应调整的应纳税所得额。

(14) 华美公司当年度开办费应调减的应纳税所得额。

(15) 华美公司纳税调整增加总额。

(16) 华美公司纳税调整减少总额。

(17) 华美公司当年度的应纳税所得额。

(18) 华美公司境外所得可抵免税额。

(19) 华美公司购买安全设备的可抵免税额。

(20) 华美公司 2023 年度应补缴的企业所得税。

解:

(1) 华美公司当年应缴纳的增值税:

应缴纳增值税=(8 000+200)×13%+200×9%-(680+200×13%+65+13-100×13%)+103÷(1+3%)×2%=315 (万元)

(2) 华美公司当年应缴纳的城市维护建设税、教育费附加及地方教育附加:

应缴纳城市维护建设税、教育费附加及地方教育附加=315×(7%+3%+2%)=37.8 (万元)

(3) 华美公司 2023 年的会计利润总额:

营业收入=8 000+200+200=8 400 (万元)

营业成本=6 000+125+100=6 225 (万元)

税金及附加=37.8 (万元)

公允价值变动损益=-60+20-200=-240 (万元)

投资净收益=20+170+(650-550)+32=322 (万元)

营业利润=8 400-6 225-37.8-800-600-400-50-240+322=369.2 (万元)

营业外收入(按填表计算)=(101-65-5)+(700-100)+113+50=794 (万元)

营业外支出=5+6+(113-50)+150+10=234 (万元)

2023 年度会计利润总额=369.2+794-234=929.2 (万元)

(4) 华美公司当年度广告及业务宣传费应调整的应纳税所得额:

广告及业务宣传费扣除限额=(8 000+200+200)×15%=1 260 (万元)

华美公司的广告费用 600 万元小于限额,因而可以全额扣除,但未发布的广告费用 10 万元不得在税前扣除;另外,2022 年发生的广告费未抵扣完的 60 万元可以在 2023 年结转抵扣,故

广告费用应调减的应纳税所得额=60-10=50 (万元)

(5) 华美公司当年度业务招待费应调整的应纳税所得额：

招待费用扣除限额 1＝300×60%＝180（万元）

招待费用扣除限额 2＝(8 000＋200＋200)×5‰＝42（万元）

业务招待费应调增的应纳税所得额＝300－42＝258（万元）

(6) 华美公司当年度工资“三费”分别应调整的应纳税所得额：

职工福利费应调增的应纳税所得额＝60－400×14%＝4（万元）

工会经费应调增的应纳税所得额＝12－400×2%＝4（万元）

职工教育经费应调增的应纳税所得额＝34－400×8%＝2（万元）

(7) 华美公司当年度对外捐赠应调整的应纳税所得额：

对外捐赠应调增的应纳税所得额＝150－929.2×12%＋10≈48.50（万元）

(8) 华美公司当年度新产品开发费应调整的应纳税所得额：

新产品开发费应调减的应纳税所得额＝100×100%＝100（万元）

(9) 华美公司当年度利息支出应调整的应纳税所得额：

利息支出应调增的应纳税所得额＝20（万元）

(10) 华美公司当年度新设备折旧应调整的应纳税所得额：

新设备折旧应调增的应纳税所得额＝[500×(1－5%)÷5－500×(1－5%)÷10]×6÷12

＝23.75（万元）

(11) 华美公司当年度资产公允价值变动应调整的应纳税所得额：

交易性金融资产公允价值变动应调增的应纳税所得额＝100×60%－20＋200＝240（万元）

(12) 华美公司当年度存货跌价准备应调整的应纳税所得额：

存货跌价准备应调增的应纳税所得额＝50（万元）

(13) 华美公司当年度投资收益应调整的应纳税所得额：

投资收益应调减的应纳税所得额＝20＋85＋85＋32＝222（万元）

(14) 华美公司当年度开办费应调减的应纳税所得额：

开办费应调减的应纳税所得额＝100（万元）

(15) 华美公司纳税调整增加总额：

纳税调整增加总额＝258(招待费)＋4(福利费)＋4(工会经费)＋2(教育经费)
＋48.50(捐赠)＋20(利息)＋23.75(折旧)＋240(公允价值变动)
＋50(存货跌价)＋50(投资处置)＋5(罚款)＋6(滞纳金)
＝711.25（万元）

(16) 华美公司纳税调整减少总额：

纳税调整减少总额＝85(持有投资收益)＋85(免税投资收益)＋32(境外)
＋50(不征税收入)＋20(国债利息)＋500(技术转让)
＋50(广告)＋100(加计)＋100(开办费)＝1 022（万元）

(17) 华美公司当年度的应纳税所得额：

华美公司 2023 年度应纳税所得额＝929.2＋711.25－1 022－30＝588.45（万元）

(18) 华美公司境外所得可抵免税额:

境外所得抵免限额=32÷(1-20%)×25%=10(万元)

境外所得实际缴纳税额=32÷(1-20%)×20%=8(万元)

(小于限额，为抵免税额)

境外所得应补税额=10-8=2(万元)

(19) 华美公司购买安全设备的可抵免税额:

华美公司购买安全设备的可抵免税额=500×10%=50(万元)

(20) 华美公司2023年度应补缴的企业所得税:

华美公司2023年度应缴纳的企业所得税=588.45×25%+2-100×25%×50%-50(抵免税额)

=147.112 5+2-12.5-50=86.612 5(万元)

公司2023年度应补缴企业所得税=86.612 5-70(预缴税额)=16.612 5(万元)

表5-10 中华人民共和国企业所得税年度纳税申报表(A类)

税款所属期间：2023年1月1日至2023年12月31日

纳税人名称：华美电子设备生产公司

纳税人识别号：□□□□□□□□□□□□□□□□□□ 金额单位：元(列至角分)

行次	类别	项目	金额
1	利润总额计算	一、营业收入(填写A101010\101020\103000)	84 000 000
2		减：营业成本(填写A102010\102020\103000)	62 250 000
3		减：税金及附加	378 000
4		减：销售费用(填写A104000)	8 000 000
5		减：管理费用(填写A104000)	6 000 000
6		减：财务费用(填写A104000)	4 000 000
7		减：资产减值损失	500 000
8		加：公允价值变动收益	-2 400 000
9		加：投资收益	3 220 000
10		二、营业利润(1-2-3-4-5-6-7+8+9)	3 692 000
11		加：营业外收入(填写A101010\101020\103000)	7 940 000
12		减：营业外支出(填写A102010\102020\103000)	2 340 000
13		三、利润总额(10+11-12)	9 292 000
14	应纳税所得额计算	减：境外所得(填写A108010)	320 000
15		加：纳税调整增加额(填写A105000)	7 112 500
16		减：纳税调整减少额(填写A105000)	1 500 000
17		减：免税、减计收入及加计扣除(填写A107010)	8 400 000
18		加：境外应税所得抵减境内亏损(填写A108000)	
19		四、纳税调整后所得(13-14+15-16-17+18)	6 184 500
20		减：所得减免(填写A107020)	
21		减：弥补以前年度亏损(填写A106000)	300 000
22		减：抵扣应纳税所得额(填写A107030)	
23		五、应纳税所得额(19-20-21-22)	5 884 500

续表

行次	类别	项目	金额
24	应纳税额计算	税率（25%）	
25		六、应纳所得税额（23×24）	1 471 125
26		减：减免所得税额（填写 A107040）	125 000
27		减：抵免所得税额（填写 A107050）	500 000
28		七、应纳税额（25－26－27）	846 125
29		加：境外所得应纳所得税额（填写 A108000）	20 000
30		减：境外所得抵免所得税额（填写 A108000）	
31		八、实际应纳所得税额（28＋29－30）	866 125
32		减：本年累计实际已缴纳的所得税额	700 000
33		九、本年应补（退）所得税额（31－32）	166 125
34		其中：总机构分摊本年应补（退）所得税额（填写 A109000）	
35		财政集中分配本年应补（退）所得税额（填写 A109000）	
36		总机构主体生产经营部门分摊本年应补（退）所得税额（填写 A109000）	

《中华人民共和国企业所得税年度纳税申报表（A 类）》填报说明

本表为企业所得税年度纳税申报表主表，企业应该根据《中华人民共和国企业所得税法》及其实施条例（以下简称“税法”）、相关税收政策，以及国家统一会计制度（企业会计准则、小企业会计准则、企业会计制度、事业单位会计准则和民间非营利组织会计制度等）的规定，计算填报纳税人利润总额、应纳税所得额和应纳税额等有关项目。

企业在计算应纳税所得额及应纳所得税时，企业会计处理与税收规定不一致的，应当按照税收规定计算。税收规定不明确的，在没有明确规定之前，暂按国家统一会计制度计算。

一、有关项目填报说明

（一）表体项目

本表是在纳税人会计利润总额的基础上，加减纳税调整等金额后计算出“纳税调整后所得”。会计与税法的差异（包括收入类、扣除类、资产类等差异）通过《纳税调整项目明细表》（A105000）集中填报。

本表包括利润总额计算、应纳税所得额计算、应纳税额计算三个部分。

1. “利润总额计算”中的项目，按照国家统一会计制度规定计算填报。实行企业会计准则、小企业会计准则、企业会计制度、分行业会计制度的纳税人，其数据直接取自利润表；实行事业单位会计准则的纳税人，其数据取自收入支出表；实行民间非营利组织会计制度的纳税人，其数据取自业务活动表；实行其他国家统一会计制度的纳税人，根据本表项目进行分析填报。

2. “应纳税所得额计算”和“应纳税额计算”中的项目，除根据主表逻辑关系计算的外，通过附表相应栏次填报。

（二）行次说明

第 1～13 行参照国家统一会计制度规定填写。

1. 第1行“营业收入”：填报纳税人主要经营业务和其他经营业务取得的收入总额。本行根据“主营业务收入”和“其他业务收入”的数额填报。一般企业纳税人根据《一般企业收入明细表》(A101010) 填报；金融企业纳税人根据《金融企业收入明细表》(A101020) 填报；事业单位、社会团体、民办非企业单位、非营利组织等纳税人根据《事业单位、民间非营利组织收入、支出明细表》(A103000) 填报。

2. 第2行“营业成本”：填报纳税人主要经营业务和其他经营业务发生的成本总额。本行根据“主营业务成本”和“其他业务成本”的数额填报。一般企业纳税人根据《一般企业成本支出明细表》(A102010) 填报；金融企业纳税人根据《金融企业支出明细表》(A102020) 填报；事业单位、社会团体、民办非企业单位、非营利组织等纳税人，根据《事业单位、民间非营利组织收入、支出明细表》(A103000) 填报。

3. 第3行“税金及附加”：填报纳税人经营活动发生的消费税、城市维护建设税、资源税、土地增值税和教育费附加等相关税费。本行根据纳税人相关会计科目填报。纳税人在其他会计科目核算的税金不得重复填报。

4. 第4行“销售费用”：填报纳税人在销售商品和材料、提供劳务的过程中发生的各种费用。本行根据《期间费用明细表》(A104000) 中对应的“销售费用”填报。

5. 第5行“管理费用”：填报纳税人为组织和管理企业生产经营发生的管理费用。本行根据《期间费用明细表》(A104000) 中对应的“管理费用”填报。

6. 第6行“财务费用”：填报纳税人为筹集生产经营所需资金等发生的筹资费用。本行根据《期间费用明细表》(A104000) 中对应的“财务费用”填报。

7. 第7行“资产减值损失”：填报纳税人计提各项资产准备发生的减值损失。本行根据企业“资产减值损失”科目上的数额填报。实行其他会计制度的比照填报。

8. 第8行“公允价值变动收益”：填报纳税人在初始确认时划分为以公允价值计量且其变动计入当期损益的金融资产或金融负债（包括交易性金融资产或负债，直接指定为以公允价值计量且其变动计入当期损益的金融资产或金融负债），以及采用公允价值模式计量的投资性房地产、衍生工具和套期业务中公允价值变动形成的应计入当期损益的利得或损失。本行根据企业“公允价值变动损益”科目的数额填报，损失以“—”号填列。

9. 第9行“投资收益”：填报纳税人以各种方式对外投资所取得的收益或发生的损失。根据企业“投资收益”科目的数额计算填报，实行事业单位会计准则的纳税人根据“其他收入”科目中的投资收益金额分析填报，损失以“—”号填列。实行其他会计制度的纳税人比照填报。

10. 第10行“营业利润”：填报纳税人当期的营业利润。根据上述项目计算填列。

11. 第11行“营业外收入”：填报纳税人取得的与其经营活动无直接关系的各项收入的金额。一般企业纳税人根据《一般企业收入明细表》(A101010) 填报；金融企业纳税人根据《金融企业收入明细表》(A101020) 填报；实行事业单位会计准则或民间非营利组织会计制度的纳税人根据《事业单位、民间非营利组织收入、支出明细表》(A103000) 填报。

12. 第12行“营业外支出”：填报纳税人发生的与其经营活动无直接关系的各项支出的金额。一般企业纳税人根据《一般企业成本支出明细表》(A102010) 填报；金融企业纳税人根据《金融企业支出明细表》（A102020）填报；实行事业单位会计准则或民间非营利组织会计制度的纳税人根据《事业单位、民间非营利组织收入、支出明细表》（A103000）填报。

13. 第13行“利润总额”：填报纳税人当期的利润总额。根据上述项目计算填列。

14. 第14行“境外所得”：填报纳税人取得的境外所得且已计入利润总额的金额。本行根据《境外所得纳税调整后所得明细表》（A108010）填报。

15. 第15行“纳税调整增加额”：填报纳税人会计处理与税收规定不一致，进行纳税调整增加的金额。本行根据《纳税调整项目明细表》（A105000）“调增金额”列填报。

16. 第16行“纳税调整减少额”：填报纳税人会计处理与税收规定不一致，进行纳税调整减少的金额。本行根据《纳税调整项目明细表》（A105000）“调减金额”列填报。

17. 第17行“免税、减计收入及加计扣除”：填报属于税收规定中的免税收入、减计收入、加计扣除金额。本行根据《免税、减计收入及加计扣除优惠明细表》（A107010）填报。

18. 第18行“境外应税所得抵减境内亏损”：当纳税人选择不用境外所得抵减境内亏损时，填报0；当纳税人选择用境外所得抵减境内亏损时，填报境外所得抵减当年度境内亏损的金额，用境外所得弥补以前年度境内亏损的，填报《境外所得税收抵免明细表》（A108000）。

19. 第19行“纳税调整后所得”：填报纳税人经过纳税调整、税收优惠、境外所得计算后的所得额。

20. 第20行“所得减免”：填报属于税收规定中的所得减免金额。本行根据《所得减免优惠明细表》（A107020）填报。

21. 第21行“弥补以前年度亏损”：填报纳税人按照税收规定可在税前弥补的以前年度亏损数额，本行根据《企业所得税弥补亏损明细表》（A106000）填报。

22. 第22行“抵扣应纳税所得额”：填报根据税收规定应抵扣的应纳税所得额。本行根据《抵扣应纳税所得额明细表》（A107030）填报。

23. 第23行“应纳税所得额”：其金额等于本表第19—20—21—22行的计算结果。本行不得为负数。按照上述行次顺序的计算结果为负数，则本行金额填零。

24. 第24行“税率”：填报税收规定的税率25%。

25. 第25行“应纳所得税额”：金额等于本表第23×24行。

26. 第26行“减免所得税额”：填报纳税人按税收规定实际减免的企业所得税额。本行根据《减免所得税优惠明细表》（A107040）填报。

27. 第27行“抵免所得税额”：填报企业当年的应纳所得税额中抵免的金额。本行根据《税额抵免优惠明细表》（A107050）填报。

28. 第28行“应纳税额”：其金额等于本表第25—26—27行。

29. 第29行“境外所得应纳所得税额”：填报纳税人来源于中国境外的所得，按照我国税收规定计算的应纳所得税额。本行根据《境外所得税收抵免明细表》（A108000）填报。

30. 第30行“境外所得抵免所得税额”：填报纳税人来源于中国境外的所得，按照中国境外税收法律以及相关规定应缴纳并实际缴纳（包括视同已实际缴纳）的企业所得税性质的税款（准予抵免税款）。本行根据《境外所得税收抵免明细表》（A108000）填报。

31. 第 31 行“实际应纳所得税额”：填报纳税人当期的实际应纳所得税额。其金额等于本表第 28＋29－30 行。

32. 第 32 行“本年累计实际已缴纳的所得税额”：填报纳税人按照税收规定本纳税年度已在月（季）度累计预缴的所得税额，包括按照税收规定的特定业务已预缴（征）的所得税额，建筑企业总机构直接管理的跨地区设立的项目部按规定向项目所在地主管税务机关预缴的所得税额。

33. 第 33 行“本年应补（退）所得税额”：填报纳税人当期应补（退）的所得税额。其金额等于本表第 31－32 行。

34. 第 34 行“总机构分摊本年应补（退）所得税额”：填报汇总纳税的总机构按照税收规定在总机构所在地分摊本年应补（退）所得税额。本行根据《跨地区经营汇总纳税企业年度分摊企业所得税明细表》（A109000）填报。

35. 第 35 行“财政集中分配本年应补（退）所得税额”：填报汇总纳税的总机构按照税收规定的财政集中分配本年应补（退）所得税额。本行根据《跨地区经营汇总纳税企业年度分摊企业所得税明细表》（A109000）填报。

36. 第 36 行“总机构主体生产经营部门分摊本年应补（退）所得税额”：填报汇总纳税的总机构所属的具有主体生产经营职能的部门按照税收规定应分摊的本年应补（退）所得税额。本行根据《跨地区经营汇总纳税企业年度分摊企业所得税明细表》（A109000）填报。

…………

四、表内及表间关系

（一）表内关系

1. 第 10 行＝第 1－2－3－4－5－6－7＋8＋9 行。

2. 第 13 行＝第 10＋11－12 行。

3. 第 19 行＝第 13－14＋15－16－17＋18 行。

4. 第 23 行＝第 19－20－21－22 行。

5. 第 25 行＝第 23×24 行。

6. 第 28 行＝第 25－26－27 行。

7. 第 31 行＝第 28＋29－30 行。

8. 第 33 行＝第 31－32 行。

（二）表间关系

1. 第 1 行＝表 A101010 第 1 行或表 A101020 第 1 行或表 A103000 第 2＋3＋4＋5＋6 行或表 A103000 第 11＋12＋13＋14＋15 行。

2. 第 2 行＝表 A102010 第 1 行或表 A102020 第 1 行或表 A103000 第 19＋20＋21＋22 行或表 A103000 第 25＋26＋27 行。

3. 第 4 行＝表 A104000 第 26 行第 1 列。

4. 第 5 行＝表 A104000 第 26 行第 3 列。

5. 第 6 行=表 A104000 第 26 行第 5 列。

6. 第 9 行=表 A103000 第 8 行或者第 16 行（仅限于填报表 A103000 的纳税人，其他纳税人根据财务核算情况自行填写）。

7. 第 11 行=表 A101010 第 16 行或表 A101020 第 35 行或表 A103000 第 9 行或第 17 行。

8. 第 12 行=表 A102010 第 16 行或表 A102020 第 33 行或表 A103000 第 23 行或第 28 行。

9. 第 14 行=表 A108010 第 14 列合计－第 11 列合计。

10. 第 15 行=表 A105000 第 45 行第 3 列。

11. 第 16 行=表 A105000 第 45 行第 4 列。

12. 第 17 行=表 A107010 第 31 行。

13. 第 18 行：

（1）当 A100000 第 13－14＋15－16－17 行≥0 时，第 18 行=0。

（2）当 A100000 第 13－14＋15－16－17 行＜0 且表 A108000 第 5 列合计≥0，表 A108000 第 6 列合计＞0 时，第 18 行=表 A108000 第 5 列合计与表 A100000 第 13－14＋15－16－17 行绝对值的较小值。

（3）当 A100000 第 13－14＋15－16－17 行＜0 且表 A108000 第 5 列合计≥0，表 A108000 第 6 列合计=0 时，第 18 行=0。

14. 第 19 行=表 A100000 第 13－14＋15－16－17＋18 行。

15. 第 20 行：

当第 19 行≤0 时，本行填报 0。

当第 19 行＞0 时，有

（1）表 A107020 第 11 列合计≤表 A100000 第 19 行，本行=表 A107020 第 11 列合计。

（2）表 A107020 第 11 列合计＞表 A100000 第 19 行，本行=表 A100000 第 19 行。

16. 第 21 行=表 A106000 第 6 行第 10 列。

17. 第 22 行=表 A107030 第 15 行第 1 列。

18. 第 26 行=表 A107040 第 32 行。

19. 第 27 行=表 A107050 第 7 行第 11 列。

20. 第 29 行=表 A108000 第 9 列合计。

21. 第 30 行=表 A108000 第 19 列合计。

22. 第 34 行=表 A109000 第 12＋16 行。

23. 第 35 行=表 A109000 第 13 行。

24. 第 36 行=表 A109000 第 15 行

（二）检查方法

（1）将企业申报的纳税申报表（主表）与相关的附表核对，检查相关内容是否相符，各项数据是否相等，填列方法和内容归类是否一致。

(2) 将企业申报的纳税申报表(主表)与会计核算中的利润表核对,利润表是反映企业在一定时期内利润形成的报表,表中的各项数据是填写企业所得税纳税申报表的基础。在企业经营过程中,涉及的内容在会计核算与税法处理差异较小的情况下,两表所列数据在很大程度上是相等的。在检查时,注意纳税人有无在主观上人为调整纳税申报表中各项数据的情况。

(3) 在掌握纳税人经营情况的前提下,利用科学的方法评估纳税人申报的各项数据是否符合客观实际,有无隐瞒事实真相、虚报表列项目的数据,在必要时可与同类企业的相关数据进行横向比较分析,也可根据纳税人自己历年生产经营的情况进行纵向比较分析,从中查找存在的问题。

二、企业所得税检查案例

[例 5-17] A 市某化工企业(一般纳税人)主要生产化妆品。该企业适用的增值税税率为 13%、高档化妆品的消费税税率为 15%、企业所得税税率为 25%,化妆品的全国平均成本利润率为 5%。该企业全年平均月实发工资总额 270 000 元。企业耗用的原材料采用先进先出法计价核算。该企业除自己生产经营外,还向其他企业投资并联合经营,联营企业适用的企业所得税税率为 15%。

2023 年度企业自行申报实现销售收入总额 2 200 万元,已按其实现的收入总额及增值税、消费税、企业所得税的相关规定,计算并缴纳了增值税 98 万元、消费税和其他相关税费 229.8 万元。自行申报年度应纳税所得额 36 万元,应缴纳企业所得税 9 万元。已预缴企业所得税 8 万元,年末应补缴企业所得税 1 万元,具体见表 5-11。经所在地主管税务稽查局检查,涉及以下会计核算资料。

表 5-11 2023 年度企业所得税纳税申报简表 单位:元

纳税人	××化工企业	开户银行		账号	
项目	本期数	累计数	项目	本期数	累计数
一、营业收入	略	22 000 000	三、利润总额		360 000
减:营业成本		15 102 000	加:纳税调整增加额		
营业税金及附加		2 298 000	减:纳税调整减少额		
销售费用		2 300 000	四、应纳税所得额		360 000
管理费用		1 530 000	适用税率	25%	
财务费用		400 000	五、应纳所得税额		90 000
加:投资收益		330 000	减:减免所得税额		
其中:联营企业利润		170 000	加:境外利润补税额		
国债利息收入		160 000	六、应缴入库所得税额		90 000
二、营业利润		700 000	减:实际已缴税额		80 000
加:营业外收入		60 000	七、期末应补所得税额		10 000
减:营业外支出	略	400 000			

财务负责人:××× 申报日期:2024 年 2 月

（一）相关明细账

1. 营业外支出明细账，见表5-12

表5-12　2023年度营业外支出明细账　　单位：元

内容摘要	借方	贷方
（1）通过教育机构向青少年科技活动中心捐款	200 000	
（2）向某新开业公司赞助	148 140	
（3）原材料损失	51 860	
合　计	400 000	
期末结转		400 000

2. 企业12月材料、生产成本、产成品明细账，见表5-13～表5-15

表5-13　2023年12月外购已税化妆品原材料明细账　　单位：元

时间（日）	内容摘要	收入			支出			结存		
		数量	单价	金额	数量	单价	金额	数量	单价	金额
1	月初结存							8 000	70	560 000
3	购入	10 000	80	800 000				18 000		1 360 000
5	生产领用				11 000	80	880 000	7 000		480 000
15	购入	8 000	90	720 000				15 000		1 200 000
20	生产领用				12 000	80	960 000	3 000		240 000
31	期末合计	18 000			23 000		1 840 000	3 000	80	240 000

表5-14　2023年12月生产成本明细账

成本项目	数量（件）	材料费用（元）	人工费用（元）	其他费用（元）	费用合计（元）
本期增加数	10 000	1 840 000	252 000	342 000	2 434 000
完工产品总成本	8 000	1 472 000	224 000	304 000	2 000 000
完工产品单位成本		184	28	38	250
月末在产品成本	2 000	368 000	28 000	38 000	434 000

注：材料属一次性投入；在产品的完工程度为50%。

表5-15　2023年12月产成品明细账

摘要	增加（入库）			发出			结存		
	数量（件）	单价（元/件）	金额（元）	数量（件）	单价（元/件）	金额（元）	数量（件）	单价（元/件）	金额（元）
期初数									
本期增加	8 000	250	2 000 000						
本期减少				7 200	250	1 800 000			
合计	8 000	250	2 000 000	7 200	250	1 800 000	800	250	200 000

（二）其他相关业务的会计处理及说明

（1）2023年5月10日，该企业销售一批高档化妆品给某单位，开具普通发票，取得收入45 200元并存入银行。企业的会计处理为：

借：银行存款　45 200

　贷：其他应付款　45 200

（2）2023年6月，该企业将试制的300套高档化妆品发给职工作为福利，每套高档化妆品的成本价为100元，该成套高档化妆品无同类产品的市场销售价。企业的会计处理为：

借：应付职工薪酬——职工福利费　30 000

　贷：产成品——成套化妆品　30 000

（3）2023年7月12日，该企业将销售高档化妆品的出租包装物逾期押金收入3 390元没收。企业的会计处理为：

借：其他应付款——包装物押金　3 390

　贷：产品销售费用　3 390

（4）2023年10月30日，该企业销售使用过的以前年度进口的未抵扣进项税额的一台机器设备，开具普通发票，取得收入72 100元并存入银行。已知该设备的原值为120 000元，销售时已提取折旧70 000元（该设备采用直线折旧法，折旧期限为10年，不考虑残值）。在销售时，企业只做了以下会计处理（未冲销固定资产原值，11—12月仍然提取折旧）：

借：银行存款　72 100

　贷：资本公积　72 100

（5）2023年11月20日，上月购入的库存原材料因管理不善发生霉变，损失51 800元（其中，含购货运输费用1 800元，已抵扣增值税进项税额）。企业的会计处理为：

借：营业外支出　51 800

　贷：原材料　51 800

（6）经税务机关核定，2023年该企业“管理费用”账户中列支的业务招待费支出为156 000元。

（7）2023年，该企业每月已计入成本、费用的实发工资（每月发放工资金额相同）的会计处理为：

借：生产成本　225 000

　　管理费用　45 000

　贷：应付职工薪酬　270 000

（8）2023年，该企业每月提取工会经费、职工福利费、职工教育经费的会计处理为：

借：生产成本　42 800

　　管理费用　16 950

　贷：应付职工薪酬——职工福利费　45 800

　　　应付职工薪酬——工会经费　6 200

　　　应付职工薪酬——职工教育经费　7 750

检查要求：

（1）根据所给资料，对A市该化工企业2023年度生产经营情况所涉及的增值税、消费税、企业所得税进行检查。在核定企业所得税应纳税所得额时，不考虑城市维护建设税、教育费附加、地方教育附加因素（假定检查时间为2024年的6月）。

（2）分析错误原因，简要说明法规依据，写出主要的计算过程，作出相关会计调账分录。

（3）核定该化工企业2023年应补（退）的增值税、消费税、城市维护建设税、教育费附加、地方教育附加和企业所得税。

（4）结转检查后的净利润。

检查分析处理如下：

（1）2023年5月10日，该企业销售高档化妆品给某单位，按规定应做销售收入处理。该企业将其记入“其他应付款”账户，隐瞒了收入，逃避了增值税、消费税、企业所得税。

1）应补增值税、消费税及调整应纳税所得额的计算：

应补增值税＝45 200÷(1＋13％)×13％＝5 200（元）

应补消费税＝45 200÷(1＋13％)×15％＝6 000（元）

应调增应纳税所得额＝45 200－5 200－6 000＝34 000（元）

2）会计调账分录：

借：其他应付款	45 200	
贷：应交税费——增值税检查调整		5 200
应交税费——查补消费税		6 000
以前年度损益调整		34 000

（2）2023年6月，该企业将试制的成套高档化妆品发给职工作为福利，按税法规定应视同销售，按同类产品的市场销售价格或组成计税价格计算应纳的相关税金。企业的会计处理没有反映税金，逃避了增值税、消费税。按照税法规定，视同销售的行为还应计算企业所得税。

1）应补增值税、消费税及调整应纳税所得额的计算：

组成计税价格＝30 000×(1＋5％)÷(1－15％)＝37 058.82(元)

应补增值税＝37 058.82×13％＝4 817.65（元）

应补消费税＝37 058.82×15％＝5 558.82（元）

因企业将高档化妆品成本直接转入工资费用，没有现金流入，按税法的规定，可知：

应调增应纳税所得额＝30 000×5％＝1 500（元）

2）会计调账分录：

借：以前年度损益调整	10 376.47	
贷：应交税费——增值税检查调整		4 817.65
应交税费——查补消费税		5 558.82

（3）2023年7月12日，该企业没收的押金收入，按规定应按所包装货物的适用税率计算增值税、消费税。将其收入转入其他业务收入，不能直接冲销产品销售费用。

1）应补增值税、消费税及调整应纳税所得额的计算：

应补增值税＝3 390÷(1＋13％)×13％＝390（元）

应补消费税＝3 390÷(1＋13%)×15%＝450（元）

应调减应纳税所得额＝390＋450＝840（元）

2）会计调账分录：

借：以前年度损益调整　　840

　贷：应交税费——增值税检查调整　　390

　　　应交税费——查补消费税　　450

(4) 2023年10月30日，企业销售属于货物的固定资产，按税法规定应按3%的征收率减按2%计算。销售使用过的固定资产应通过“固定资产清理”账户进行核算，企业将销售收入记入“资本公积”账户是错误的，逃避了增值税及企业所得税。与此同时，企业只做了一笔会计分录处理，未冲销固定资产原值，其固定资产还在继续计提折旧。

1）应补增值税及调整应纳税所得额的计算：

应补增值税＝72 100÷(1＋3%)×2%＝1 400（元）

应调增应纳税所得额＝72 100－50 000(净值)－1 400＝20 700（元）

2）未冲销固定资产原值，继续计提折旧的费用应调增应纳税所得额。

应调增的应纳税所得额＝120 000÷10÷12×2＝2 000（元）

3）会计调账分录：

转销固定资产：

借：固定资产清理　　50 000

　　累计折旧　　70 000

　贷：固定资产　　120 000

应补缴增值税及损益调整：

借：资本公积　　72 100

　贷：应交税费——增值税检查调整　　1 400

　　　固定资产清理　　50 000

　　　以前年度损益调整　　20 700

继续计提折旧的费用应调增应纳税所得额：

借：累计折旧　　2 000

　贷：以前年度损益调整　　2 000

(5) 2023年11月20日，因库存原材料管理不善发生霉变，损失51 800元（其中，含购货运输费用1 800元，已抵扣增值税进项税额）。相关的进项税额不能抵扣，企业未将其转入“营业外支出”账户，少缴纳了增值税。

1）应补增值税的计算：

应补增值税＝(51 800－1 800)×13%＋1 800×9%＝6 662（元）

2）会计调账分录：

借：以前年度损益调整　　6 662

　贷：应交税费——增值税检查调整　　6 662

(6) 业务招待费超标准的计算：

2023年应列支的业务招待费标准1＝156 000×60%＝93 600（元）

2023年应列支的业务招待费标准2=22 000 000×0.5%=110 000（元）

故

业务招待费超标准=156 000−93 600=62 400（元）

应调增应纳税所得额62 400元*。

（注：带*的数据，只调整应纳税所得额，不做账务调整，下同。）

（7）每月已计入成本、费用的实发工资为270 000元，准许扣除，不做纳税调整。

（8）企业实际发生的工会经费、职工福利费、职工教育经费，分别不得超过实发工资总额的2%、14%、8%，超过部分应调增当年的应纳税所得额。

工会经费全年超标准=(6 200−270 000×2%)×12=9 600（元）

职工福利费全年超标准=(45 800−270 000×14%)×12=96 000（元）

职工教育经费全年扣除标准=270 000×8%×12=259 200（元）　该数值未超标

工会经费、职工福利费、职工教育经费共计调增应纳税所得额105 600元*。

（9）企业在2023年度营业外支出中列支的向新开业公司的赞助148 140元，按税法规定不能在税前列支。

应调增应纳税所得额148 140元*。

（10）2023年12月，企业多结转了生产领用的外购已税原材料金额。企业采用先进先出法结转生产领用的材料金额，从原材料明细账可以看出，期末结存数量小于当月最后一次进货的数量，其结存单价应当等于最后一次进货的单价。账面结存单价80元小于当月最后一次进货的单价90元，所以材料成本结转存在问题。

1）多转材料金额的计算：

12月多转材料金额=3 000×90−240 000=30 000（元）

2）各环节负担多转金额的计算：

企业的账簿反映，多结转的30 000元材料金额分别转销于在产品成本、产成品成本和销售产品成本之中。由于材料为一次性投入，有关计算方法如下：

多转材料金额分摊比例=30 000÷10 000×100%=300%

在产品成本应分摊的金额=2 000×300%=6 000（元）

产成品成本应分摊的金额=800×300%=2 400（元）

销售产品成本应分摊的金额=7 200×300%=21 600（元）

3）会计调账分录：

借：原材料　30 000
　贷：生产成本　6 000
　　库存商品　2 400
　　以前年度损益调整　21 600

4）多转材料应补缴消费税的计算：

应补缴的消费税=30 000×15%=4 500（元）

会计调账分录：

借：以前年度损益调整　4 500
　贷：应交税费——查补消费税　4 500

(11) 根据企业所得税纳税申报表的计算，国债利息收入为 160 000 元，按税法规定不缴纳企业所得税。

应调减应纳税所得额 160 000 元*。

(12) 根据企业所得税纳税申报表的计算，从联营企业分回的税后利润属于免税收入，应调减应纳税所得额 170 000 元*。

(13) 查补该企业 2023 年度的增值税、消费税、城市维护建设税、教育费附加、地方教育附加汇总如下：

1) 共计应补缴增值税 18 469.65 元（=5 200+4 817.65+390+1 400+6 662)。

2) 应补消费税 16 508.82 元（=6 000+5 558.82+450+4 500)。

3) 应补城市维护建设税、教育费附加、地方教育附加 4 197.42 元 [=(18 469.65+16 508.82)×(7%+3%+2%)]。

4) 应补城市维护建设税、教育费附加、地方教育附加的会计调账处理：

借：以前年度损益　　4 197.42

　贷：应交税费——城建税、附加　　4 197.42

5) 将检查的增值税从“应交税费——增值税检查调整”的贷方余额，转入“应交税费——未交增值税”账户的贷方：

借：应交税费——增值税检查调整　　18 469.65

　贷：应交税费——未交增值税　　18 469.65

6) 上缴增值税、消费税、城市维护建设税、教育费附加、地方教育附加时：

借：应交税费——未交增值税　　18 469.65

　　应交税费——查补消费税　　16 508.82

　　应交税费——城建税、附加　　4 197.42

　贷：银行存款　　39 175.89

(14) 查补该企业 2023 年度企业所得税的计算汇总如下：

1) 以前年度损益调整 51 724.11 元（=34 000−10 376.47−840+20 700+2 000−6 662+21 600−4 500−4 197.42)。

2) 该企业捐赠给科技活动中心的扣除标准为 49 406.89 元 [=(360 000+51 724.11)×12%]，实际捐赠额为 200 000 元，超标准 150 593.11 元*，应调增所得额。

3) 按税法规定差异调整 138 233.11 元*（=1 500+62 400+105 600+148 140−160 000−170 000+150 593.11)。

4) 2023 年度查补企业所得税 47 489.31 元 [=(51 724.11+138 233.11)×25%]。

5) 查补企业所得税会计处理：

借：以前年度损益调整　　47 489.31

　贷：应交税费——查补企业所得税　　47 489.31

6) 补缴企业所得税会计处理：

借：应交税费——查补企业所得税　　47 489.31

　贷：银行存款　　47 489.31

(15) 结转检查后净利润。

　　净利润=51 724.11−47 489.31=4 234.80（元）

借：以前年度损益调整　　4 234.80
　　贷：利润分配——未分配利润　　4 234.80

[例 5-18] 某市税务局下属稽查局于 2024 年 7 月 10—16 日派出三个工作人员组成检查组，对辖区内甲集团企业（一般纳税人）进行纳税检查。针对该企业 2023 年度的部分会计、纳税申报等资料及有关情况说明，要求检查完成下列工作：

（1）扼要指出存在的会计处理错误和影响纳税的问题。

（2）计算 2023 年度应补（或退）的增值税、城市维护建设税、教育费附加、地方教育附加、企业所得税税额以及与办公室换原材料相关的各项税费。

（3）指导该企业做相关会计调账分录。

与检查相关的情况说明及会计资料如下：

（一）与检查相关的情况说明

（1）该企业会计资料齐全，账与表、账与账、账与证、账实相符，借贷平衡，相关业务视为真实，会计凭证手续齐全，所给资料的数据单位为元。

（2）凡未给出的会计资料及其处理，视同正确；期初结转数据视同正确。仅就给定资料（其中有错误的，也有正确的）进行检查，按要求计算出对各税的影响。所给出的记账凭证，已全部登记各相应账户；存在的问题，在年度内企业并未自行调整。

（3）“应交税费——应交增值税”账户，各月“销项税额”大于“进项税额”；各期初、期末无留抵进项税额；各期应交税金已在“已交税金”栏记录。

（4）给定资料以外的企业费用分配、成本计算等业务视同正确；各损益类账户各月末无余额，已全部结转入“本年利润”账户。

（5）该集团企业的注册资本为 500 万元，下设非独立核算的甲产品生产部、建筑安装部和交通运输部三个分支机构。甲产品生产部负责甲产品的生产经营，建筑安装部从事建筑安装劳务，交通运输部从事交通运输业务，并由企业总部统一组织财务会计核算，对各分支机构的营业收入设置二级科目分别核算。甲产品生产部的营业收入按一般纳税人的规定缴纳税款。企业所得税税率为 25%。

（6）甲产品的原材料采用计划成本核算，产成品采用实际成本核算。其领用和销售的成本，按规定采用月末一次加权平均法计算结转。产品成本计算采用品种法，原材料在生产开始时一次投入，月末在产品的完工程度为 50%。人工费用、制造费用在完工产品和月末在产品之间的分配采用约当产量法。经核实，甲产品 12 月初在产品的数量为 500 件，12 月投产 7 500 件，12 月完工 7 200 件。甲产品一律以不含税单价 1 800 元销售。

（7）企业在册职工人数 304 人，均为生产经营人员（其中，合同工为 10 人）。

（8）企业在 2023 年度出售了甲产品生产部的部分闲置生产设备，所有固定资产清理工作均已完成。

（9）企业对中大公司进行长期股权投资，拥有其 30% 的股权，中大公司适用的企业所得税税率为 25%，当年实现税后净利润 90 000 元。

（10）2023 年 1 月 1 日，企业向其关联企业借入资金 3 000 万元，用于补充流动资金不足，承诺年末归还并且年利率为 5%（金融机构同期同类贷款利率为 5%）。

（11）企业采用备抵法核算坏账损失，对应收账款的计提比例为 5‰。

(12) 在企业的各项会计核算资料中，会计凭证、会计账簿和会计报表的数据均存在一定的对应关系。全年计提列支的业务招待费为850 000元。

(13) 2023年1月1日购入面值为1 000 000元、票面利率为10%、期限为3年的国家发展改革委发行的国家重点建设债券。另外，企业持有一定数额的国债。

(14) 企业2017—2022年曾连续亏损，2023年实现扭亏。2017—2022年各年亏损情况见表5-16。

表5-16 2017—2022年各年亏损情况

年份	2017	2018	2019	2020	2021	2022
亏损额（元）	2 000 000	3 000 000	3 000 000	1 200 000	500 000	300 000

以上2017—2021年的亏损数额已经过税务机关核定，2022年为企业自报数，后经主管税务机关核定为200 000元。

（二）会计报表及纳税申报资料

1. 2023年度资产负债表部分项目，见表5-17

表5-17 2023年度资产负债表（节选）

项目	年初数（元）	年末数（元）
应收账款	1 800 000	14 000 000
减：坏账准备	30 000	100 000
应收账款净额	1 770 000	13 900 000
预收账款	0	2 800 000
固定资产清理	0	−25 000
未分配利润	10 000 000	5 360 000

2. 2023年度利润表，见表5-18

表5-18 2023年度利润表

项目	行次	本年累计数（元）
一、主营业务收入	1	153 500 000
减：主营业务成本	2	92 100 000
主营业务税金及附加	3	10 745 000
二、主营业务利润	4	50 655 000
加：其他业务利润	5	0
减：营业费用	6	10 000 000
管理费用	7	7 005 000
财务费用	8	3 000 000
加：投资收益	9	377 000
三、营业利润	10	31 027 000
加：营业外收入	11	3 000 000
减：营业外支出	12	4 500 000
四、利润总额	13	29 527 000
减：所得税	14	6 443 910
五、净利润	15	23 083 090

3. 2023 年度企业所得税纳税申报表（简式），见表 5-19

表 5-19　2023 年度企业所得税纳税申报表（简式）

行次	类别	项目	金额（元）
1	利润总额计算	一、营业收入（填写 A101010\101020\103000）	153 500 000
2		减：营业成本（填写 A102010\102020\103000）	92 100 000
3		减：税金及附加	10 745 000
4		减：销售费用（填写 A104000）	10 000 000
5		减：管理费用（填写 A104000）	6 955 000
6		减：财务费用（填写 A104000）	3 000 000
7		减：资产减值损失	50 000
8		加：公允价值变动收益	
9		加：投资收益	377 000
10		二、营业利润（1－2－3－4－5－6－7＋8＋9）	31 027 000
11		加：营业外收入（填写 A101010\101020\103000）	3 000 000
12		减：营业外支出（填写 A102010\102020\103000）	4 500 000
13		三、利润总额（10＋11－12）	29 527 000
14	应纳税所得额计算	减：境外所得（填写 A108010）	
15		加：纳税调整增加额（填写 A105000）	0
16		减：纳税调整减少额（填写 A105000）	10 000 000
17		减：免税、减计收入及加计扣除（填写 A107010）	0
18		加：境外应税所得抵减境内亏损（填写 A108000）	
19		四、纳税调整后所得（13－14＋15－16－17＋18）	19 527 000
20		减：所得减免（填写 A107020）	
21		减：弥补以前年度亏损（填写 A106000）	
22		减：抵扣应纳税所得额（填写 A107030）	
23		五、应纳税所得额（19－20－21－22）	19 527 000
24	应纳税额计算	税率（25%）	
25		六、应纳所得税额（23×24）	4 881 750
26		减：减免所得税额（填写 A107040）	
27		减：抵免所得税额（填写 A107050）	
28		七、应纳税额（25－26－27）	4 881 750
29		加：境外所得应纳所得税额（填写 A108000）	
30		减：境外所得抵免所得税额（填写 A108000）	
31		八、实际应纳所得税额（28＋29－30）	4 881 750
32		减：本年累计实际已缴纳的所得税额	3 000 000
33		九、本年应补（退）所得税额（31－32）	1 881 750
34		其中：总机构分摊本年应补（退）所得税额（填写 A109000）	
35		财政集中分配本年应补（退）所得税额（填写 A109000）	
36		总机构主体生产经营部门分摊本年应补（退）所得税额（填写 A109000）	

（三）2023 年部分会计凭证资料

(1) 产品生产部门销售甲产品 7 500 件，不含税单位售价为 1 800 元。会计处理为：

借：银行存款　　15 255 000

　贷：主营业务收入（产品销售收入）　　13 500 000

　　　应交税费——应交增值税（销项税额）　　1 755 000

(2) 企业为某公司在一码头打捞一艘沉船，开具增值税普通发票，取得的价税合计收入为 10 600 元，会计处理为：

借：银行存款　　10 600

　贷：营业外收入　　10 600

(3) 12 月生产甲产品领用原材料结转 9 000 000 元，会计处理为：

借：生产成本——甲产品　　9 000 000

　贷：原材料　　9 000 000

(4) 结转生产领用材料应分摊的材料成本差异 87 000 元，会计处理为：

借：生产成本——甲产品　　87 000

　贷：材料成本差异　　87 000

(5) 结转 12 月完工入库产品成本 9 666 000 元，会计处理为：

借：产成品——甲产品　　9 666 000

　贷：生产成本——甲产品　　9 666 000

(6) 结转 12 月销售产品的生产成本 10 084 500 元，会计处理为：

借：主营业务成本　　10 084 500

　贷：产成品——甲产品　　10 084 500

(7) 12 月 10 日，企业根据 11 月已完工程月报表和已完工程价款结算单实现工程结算收入 400 000 元（该预收账款不含增值税，收款时已向付款方开具了增值税专用发票），会计处理为：

借：预收账款——建设单位（备料款）　　400 000

　贷：盈余公积——公益金　　400 000

(8) 12 月 20 日，企业收到建设单位支付的抢工费、全优工程奖和提前竣工奖 65 400 元，开具了普通发票，企业直接用于发放职工福利，会计处理为：

借：银行存款　　65 400

　贷：应付职工薪酬——职工福利费　　65 400

借：应付职工薪酬——职工福利费　　65 400

　贷：银行存款　　65 400

(9) 12 月，企业依据会计制度计提存货跌价准备金 50 000 元，会计处理为：

借：资产减值损失——存货跌价准备　　50 000

　贷：存货跌价准备　　50 000

(10) 12 月通过非营利社会组织向希望小学捐款 1 000 000 元，会计处理为：

借：营业外支出　　1 000 000

　贷：银行存款　　1 000 000

(11) 8月，企业对某项固定资产进行修理，发生修理费用27 000元，该固定资产原值为50 000元，已提足折旧，假定使用年限为3年，修理后交付管理部门使用，会计处理为：

借：管理费用 27 000
　贷：银行存款 27 000

(12) 2023年初，企业将一间办公室出租给Y公司办公，合同约定Y公司无论盈亏，每年末固定支付21 800元的收益。2023年末，企业收到Y公司款项，会计处理为：

借：银行存款 21 800
　贷：营业外收入 21 800

(13) 企业收到返还的教育费附加款50 000元，会计处理为：

借：银行存款 50 000
　贷：资本公积 50 000

(14) 12月，企业为B公司装卸货物，开具增值税普通发票，取得装卸的价税合计收入为5 300元，冲减上月欠B公司的货款，会计处理为：

借：应付账款 5 300
　贷：销售费用 5 300

(15) 12月末，偿还企业因生产从关联企业（非金融企业）借款一年的本息31 500 000元（其中，利息费用为1 500 000元，以前各月未预提利息费用），会计处理为：

借：短期借款 30 000 000
　　财务费用 1 500 000
　贷：银行存款 31 500 000

(16) 年末，按权责发生制结转国家重点债券本年利息收益100 000元，会计处理为：

借：债权投资——应计利息 100 000
　贷：投资收益 100 000

(17) 依据税法规定，12月企业收到先征后退的增值税税额30 000元，会计处理为：

借：银行存款 30 000
　贷：利润分配——未分配利润 30 000

(18) 全年实发在册职工工资总额3 048 000元，会计处理为：

借：生产成本 3 000 000
　　管理费用 48 000
　贷：应付职工薪酬 3 048 000

提取附加“三费”，会计处理为：

借：生产成本 525 000
　　管理费用 8 400
　贷：应付职工薪酬——职工福利费 426 720
　　　应付职工薪酬——工会经费 60 960
　　　应付职工薪酬——职工教育经费 45 720

（19）12月，支付银行贷款逾期的罚息8 000元，会计处理为：

借：营业外支出　　8 000

　贷：银行存款　　8 000

（20）2023年12月，企业以一栋10年前建成的办公楼与乙企业交换原材料。办公楼的账面原值为800万元，已提取折旧500万元，账面净值为300万元。按照合同约定，该办公楼在交换日的公允价值为651万元（含税），换入原材料的不含税公允价值为700万元。乙企业为一般纳税人，甲企业支付给乙企业补价140万元。甲企业做了下述会计处理：

借：库存商品——原材料　　7 000 000

　　应交税费——应交增值税（进项税额）　　910 000

　贷：固定资产——办公楼　　6 510 000

　　　银行存款　　1 400 000

（说明：企业交换的办公楼的重置成本为1 000万元，成新度折扣率为40%，交换时向政府支付土地出让金80万元（未交），契税税率为4%，该业务未缴纳税费。）

（四）部分会计账簿资料

1. 2023年12月材料采购明细分类账，见表5－20

表5－20　2023年12月材料采购明细分类账

单位：元

月	日	摘要	借方	贷方	借或贷	余额
		月初余额			平	
12	6	购料	7 512 000			
12	10	入库		7 512 000		
		本月发生额及余额	7 512 000	7 512 000	平	

2. 2023年12月原材料明细账，见表5－21

表5－21　2023年12月原材料明细账

单位：元

月	日	摘要	借方	贷方	借或贷	余额
		月初余额			借	4 500 000
12	10	入库	7 500 000			
12	12	生产领用		9 000 000		
		本月发生额及余额	7 500 000	9 000 000	借	3 000 000

3. 2023年12月材料差异明细账，见表5－22

表5－22　2023年12月材料差异明细账

单位：元

月	日	摘要	借方	贷方	借或贷	余额
		月初余额			借	24 000
12	10	购料入库	12 000			
12	12	结转生产领用差异		87 000		
		本月发生额及余额	12 000	87 000	贷	51 000

4. 2023年12月“生产成本——甲产品”明细账，见表5-23

表5-23 2023年12月“生产成本——甲产品”明细账 单位：元

项目	直接材料	直接人工	制造费用	合计
月初在产品成本（月初在产品500件）	523 000	46 700	10 425	580 125
本月生产费用（本月投产7 500件）	9 087 000	700 000	316 375	10 103 375
生产费用合计	9 610 000	746 700	326 800	10 683 500
完工产品成本（本月完工7 200件）	8 649 000	707 400	309 600	9 666 000
单位产品成本	1 201.25	98.25	43	1 342.5
月末在产品成本（月末在产品800件）	961 000	39 300	17 200	1 017 500

5. 2023年12月“产成品——甲产品”明细账，见表5-24

表5-24 2023年12月“产成品——甲产品”明细账 单位：元

摘要	收入			发出			结存		
	数量	单价	金额	数量	单价	金额	数量	单价	金额
月初结存							2 800	1 350	3 780 000
本月入库	7 200	1 342.5	9 666 000						
本月销售				7 500	1 344.6	10 084 500	2 500	1 344.6	3 361 500
合计结存	7 200	1 342.5	9 666 000	7 500	1 344.6	10 084 500	2 500	1 344.6	3 361 500

6. 2023年度投资收益明细账，见表5-25

表5-25 2023年度投资收益明细账 单位：元

月	日	摘要	借方	贷方	借或贷	余额
12	30	国债利息收入		250 000	贷	250 000
12	30	债券利息收入		100 000	贷	350 000
12	30	中大公司分回利润		27 000	贷	377 000
12	31		377 000		平	

检查分析处理如下：

（1）会计核算及税务处理正确。

（2）会计核算错误。

1）打捞收入10 600元应记入“其他业务收入”账户核算。企业将收入记入“营业外收入”账户核算，偷逃了增值税、城市维护建设税、教育费附加、地方教育附加，也影响了企业所得税。

2）计算应补税费及影响的应纳税所得额：

应补缴增值税＝10 600÷(1＋6%)×6%＝600（元）

应补缴城市维护建设税＝600×7%＝42（元）

应补缴教育费附加＝600×3%＝18（元）

应补缴地方教育附加＝600×2%＝12（元）

影响的应纳税所得额＝600＋42＋18＋12＝672（元）

3）会计调账分录：

借：以前年度损益调整	672
贷：应交税费——增值税检查调整	600
应交税费——查补城市维护建设税	42
应交税费——查补教育费附加	18
应交税费——查补地方教育附加	12

(3)、(4)、(5)、(6) 的会计核算错误。

1）企业多结转了材料成本差异，影响了在产品、完工产品、销售产品的真实成本，也影响了企业所得税。

2）计算影响的应纳税所得额：

$$材料成本差异分摊率＝\frac{24\ 000+12\ 000}{4\ 500\ 000+7\ 500\ 000}\times100\%＝0.3\%$$

企业生产领用材料应分摊的材料成本差异＝9 000 000×0.3%＝27 000（元）

企业实际结转材料成本差异 87 000 元，多转 60 000 元（＝87 000－27 000）。

单件在产品、完工产品应分摊的多转材料差异率＝60 000÷(500＋7 500)＝7.5（元）

在产品应分摊的材料成本差异＝800×7.5＝6 000（元）

完工产品应分摊的材料成本差异＝7 200×7.5＝54 000（元）

单件库存产品、销售产品应分摊的多转材料差异率＝54 000÷(2 800＋7 200)＝5.4（元）

库存产品应分摊的材料成本差异＝2 500×5.4＝13 500（元）

销售产品应分摊的材料成本差异＝7 500×5.4＝40 500（元）（影响应纳税所得额）

3）会计调账分录：

借：材料成本差异	60 000
贷：生产成本——甲产品	6 000
库存商品——甲产品	13 500
以前年度损益调整	40 500

(7) 会计核算错误。

1）工程结算收入 400 000 元应作为“主营业务收入”处理，企业将其记入“盈余公积”账户核算，偷逃了企业所得税。

2）计算应补税费及影响的应纳税所得额：

影响的应纳税所得额＝400 000（元）

3）会计调账分录：

借：盈余公积——公积金	400 000
贷：以前年度损益调整	400 000

(8) 会计核算错误。

1）企业收到的抢工费、全优工程奖和提前竣工奖 65 400 元应作为“其他业务收入”

处理。企业将其记入“应付职工薪酬”账户发放奖金，偷逃了增值税、城市维护建设税、教育费附加，也影响了企业所得税。

2）计算应补税费及影响的应纳税所得额：

应补缴增值税＝65 400÷(1＋9%)×9%＝5 400（元）

应补缴城市维护建设税＝5 400×7%＝378（元）

应补缴教育费附加＝5 400×3%＝162（元）

应补缴地方教育附加＝5 400×2%＝108（元）

影响的应纳税所得额＝5 400＋378＋162＋108＝6 048（元）*

3）会计调账分录：

借：以前年度损益	6 048
贷：应交税费——增值税检查调整	5 400
应交税费——查补城市维护建设税	378
应交税费——查补教育费附加	162
应交税费——查补地方教育附加	108

(9) 会计核算正确。

1）按照《企业所得税法》的规定，企业提取的存货跌价准备金 50 000 元不能在企业所得税前扣除。

2）公司记入“资产减值损失”中的存货跌价准备金 50 000 元*应直接调增企业所得税的应纳税所得额。

(10) 会计核算正确。

1）按照《企业所得税申报表》及《公益救济性捐赠》附表的规定，向希望小学捐赠的扣除标准以利润总额为计算依据，按规定的扣除比例计算。

2）计算影响的应纳税所得额：

税前扣除标准＝29 527 000×12%＝3 543 240（元）

实际捐款数为 1 000 000 元，未超标准，可以据实扣除。(说明：企业的会计利润虽然有误，但对希望小学的实捐数 1 000 000 元小于扣除标准，不影响应纳税所得额。)

(11) 会计核算正确。

1）按照《企业所得税法》的有关规定，修理费超过固定资产原值 50%，且固定资产已提足折旧的，其修理费用应作为长期待摊费用在 3 年内摊销。

2）计算影响的应纳税所得额：

每年应摊销的修理费用＝27 000÷36×5＝3 750（元）

企业 2023 年缴纳企业所得税前多摊修理费用 23 250 元（＝27 000－3 750)。

3）会计调账分录：

借：长期待摊费用	23 250
贷：以前年度损益调整	23 250

说明：这里不调增以前年度损益也可以，可直接作为税会差异调整，但这样便于以后年度核算。

(12) 会计核算错误。

1）企业出租办公室，每年取得收入 21 800 元，应该记入“其他业务收入”账户核算，并缴纳增值税及附加税费。企业将其记入“营业外收入”账户核算，偷逃了增值税、城市维护建设税、教育费附加、地方教育附加，影响了企业所得税。

2）计算应补税费及影响的应纳税所得额：

应补缴增值税=21 800÷(1+9%)×9%=1 800（元）

应补缴城市维护建设税=1 800×7%=126（元）

应补缴教育费附加=1 800×3%=54（元）

应补缴地方教育附加=1 800×2%=36（元）

影响的应纳税所得额=1 800+126+54+36=2 016（元）

3）会计调账分录：

借：以前年度损益调整　　2 016

　贷：应交税费——增值税检查调整　　1 800

　　应交税费——查补城市维护建设税　　126

　　应交税费——查补教育费附加　　54

　　应交税费——查补地方教育附加　　36

（13）会计核算错误。

1）按照《企业所得税法》的有关规定，企业收到的教育费附加返还款应作为“营业外收入”处理，按规定计算缴纳企业所得税。企业将其记入“资本公积”账户核算，偷逃了企业所得税。

2）会计调账分录：

借：资本公积　　50 000

　贷：以前年度损益调整　　50 000

（14）会计核算错误。

1）企业取得的装卸收入5 300元应做收入核算，按照装卸搬运收入缴纳有关税费。公司将其直接冲减销售费用，偷逃了增值税、城市维护建设税、教育费附加、地方教育附加，影响了企业所得税。

2）计算应补税费及影响的应纳税所得额：

应补缴增值税=5 300÷(1+6%)×6%=300（元）

应补缴城市维护建设税=300×7%=21（元）

应补缴教育费附加=300×3%=9（元）

应补缴地方教育附加=300×2%=6（元）

影响的应纳税所得额=300+21+9+6=336（元）

3）会计调账分录：

借：以前年度损益调整　　336

　贷：应交税费——增值税检查调整　　300

　　应交税费——查补城市维护建设税　　21

　　应交税费——查补教育费附加　　9

　　应交税费——查补地方教育附加　　6

(15) 会计核算错误。

按照税法的规定，企业实际支付给关联方的利息支出，不超过《企业所得税法》及《企业所得税法实施条例》有关规定比例计算的部分，准予扣除，超过的部分不得在发生当期和以后年度扣除；企业实际支付给关联方的利息支出，其接受关联方债权性投资与其权益性投资的比例为：金融企业为5∶1，其他企业为2∶1。另外，如果企业能够按照有关规定提供相关资料，并证明相关交易活动符合独立交易原则，或者该企业的实际税负不高于境内关联方的，其实际支付给境内关联方的利息支出，在计算应纳税所得额时准予扣除。

该企业应扣除的利息费用标准＝5 000 000×2×5%＝500 000（元）

超过扣除标准1 000 000元（＝1 500 000－500 000），应直接调增企业所得税应纳税所得额1 000 000元*。

(16) 会计核算及税务处理正确。

(17) 会计核算错误。

1) 按照税法的规定，先征后退的流转税税额，除国务院、财政部、国家税务总局规定有特定用途外，均应记入“营业外收入”账户，按照规定缴纳企业所得税。企业将退回的增值税税额记入“利润分配——未分配利润”账户核算，偷逃了企业所得税。

2) 会计调账分录：

借：利润分配——未分配利润	30 000	
贷：以前年度损益调整		30 000

(18) 会计核算正确。

1) 按照税法的规定，实发工资、费用可在企业所得税前据实扣除。实际发生的工资附加“三费”计入成本或管理费用的，超过实发工资总额规定比例的部分不能在企业所得税前扣除。

2) 该企业实际发生的工会经费、职工福利费、职工教育经费，未超过实发工资总额2%、14%、8%的比例，不调整应纳税所得额。但在会计凭证资料(8)中，企业将抢工费、全优工程奖和提前竣工奖65 400元直接作为福利发给职工属于超标准的部分，应将扣除税费后的余额调增应纳税所得额。

(19) 会计核算及税务处理正确。

企业支付给银行的罚息，不属于行政性罚款，准许在企业所得税前扣除。

(20) 会计核算及税务处理错误。

1) 该企业以10年前建成的办公楼与乙企业交换原材料，按照税法规定，应分别做购销业务处理。企业应将办公楼做销售处理，按照规定缴纳相关的各项税费。在10年前建成办公楼时不能抵扣的增值税进项税额，可在换取原材料时按简易计税方法计算缴纳增值税。

2) 计算各项税款：

应补缴增值税＝6 510 000÷(1＋5%)×5%＝310 000（元）

应补缴城市维护建设税＝310 000×7%＝21 700（元）

应补缴教育费附加＝310 000×3%＝9 300（元）

应补缴地方教育附加＝310 000×2%＝6 200（元）

应补缴产权印花税＝6 510 000×0.05%＝3 255（元）

应补缴购销印花税＝7 000 000×0.03%＝2 100（元）

应补缴契税＝800 000×4%＝32 000（元）

应缴纳土地增值税：

增值额＝6 510 000－(10 000 000×40%＋800 000＋310 000＋21 700＋9 300＋6 200＋3 255＋32 000)
＝6 510 000－5 182 455＝1 327 545（元）

增值率＝1 327 545÷5 182 455×100%＝25.62%

应缴纳土地增值税＝1 327 545×30%－5 182 455×0＝398 263.5（元）

调增应纳税所得额＝6 510 000－3 000 000－800 000－310 000－21 700－9 300－6 200－3 255－2 100－32 000－398 263.5
＝1 927 181.5（元）

调账会计分录：

借：累计折旧	5 000 000
贷：固定资产	1 490 000
应交税费——增值税检查调整	310 000
应交税费——城建税	21 700
应交税费——教育费附加	9 300
应交税费——地方教育附加	6 200
应交税费——印花税	5 355
应交税费——土地增值税	398 263.5
应交税费——土地出让金	800 000
应交税费——契税	32 000
以前年度损益调整	1 927 181.5

（五）其他相关内容的检查

(1) 企业取得的投资收益共计 377 000 元，其中国债利息收入 250 000 元，免征企业所得税，应调减应纳税所得额；对中大公司的投资收益为 27 000 元，因居民企业之间直接投资取得的股息收入免征企业所得税，所以应调减应纳税所得额。

两项合计，直接调减应纳税所得额 277 000 元*（＝250 000＋27 000）。

(2) 固定资产清理工作已经完成，应将“固定资产清理”账户中的－25 000 元转入“营业外收入”账户，不应保留在“固定资产清理”账户上。

会计调账分录：

借：固定资产清理	25 000
贷：以前年度损益调整	25 000

(3) 坏账准备金期末数应为 100 000 元，期初数为 30 000 元，当年提取 70 000 元。

按照企业所得税的相关规定，未经核定的准备金支出，一律不得在税前列支，因此调增应纳税所得额 70 000 元。

(4) 业务招待费扣除标准为 510 000 元 (=850 000×60%)。实际扣除数超过标准 340 000 元 (=850 000−510 000)。

直接调增企业所得税应纳税所得额 340 000 元*。

(5) 2017 年企业亏损的 2 000 000 元，因超过亏损弥补 5 年期限，不能在 2023 年的所得中弥补；2022 年经税务机关核减的 100 000 元不能在所得税前弥补。

直接调增企业所得税应纳税所得额 2 100 000 元*(=2 000 000+100 000)。

(六) 汇算应补的流转税费

(1) 共计应补增值税 318 100 元 (=600+5 400+1 800+300+310 000)。

(2) 共计应补城市维护建设税 22 267 元 (=42+378+126+21+21 700)。

(3) 共计应补教育费附加 9 543 元 (=18+162+54+9+9 300)。

(4) 共计应补缴地方教育附加 6 362 元 (=12+108+36+6+6 200)。

(5) 应补缴印花税 5 355 元。

(6) 应补缴契税 32 000 元。

(7) 应补缴土地增值税 398 263.5 元。

(8) 应上交土地出让金 800 000。

上交税费时，会计处理为：

借：应交税费——增值税检查调整　　318 100
　　应交税费——查补城市维护建设税　　22 267
　　应交税费——查补教育费附加　　9 543
　　应交税费——查补地方教育附加　　6 362
　　应交税费——查补印花税　　5 355
　　应交税费——查补契税　　32 000
　　应交税费——查补土地增值税　　398 263.5
　　应交税费——上交土地出让金　　800 000
　贷：银行存款　　1 591 890.5

(七) 汇算应补缴的企业所得税

(1)“以前年度损益调整”账户核算数合计：

40 500−672+400 000−6 048+23 250−2 016+50 000−336+30 000+1 927 181.5 +25 000=2 486 859.5 (元)

(2) 直接调整应纳税所得额合计：

50 000+65 400−277 000+70 000+340 000+2 100 000=2 348 400 (元)

(3) 除企业自己计算应补缴的企业所得税外，在检查时还应补缴企业所得税：

(2 486 859.5+2 348 400)×25%=1 208 814.88 (元)

(4) 计算补缴、上缴企业所得税的会计调账分录：

1) 计算补缴时：

借：以前年度损益调整　　1 208 814.88
　贷：应交税费——查补的企业所得税　　1 208 814.88

2）上缴所得税款时：

借：应交税费——查补的企业所得税　　1 208 814.88

　贷：银行存款　　1 208 814.88

（5）将“以前年度损益调整”账户的贷方差额 1 278 044.62 元（=2 486 859.5−1 208 814.88），转入“利润分配——未分配利润”账户：

借：以前年度损益调整　　1 278 044.62

　贷：利润分配——未分配利润　　1 278 044.62

［例 5－19］　某房地产开发有限公司（一般纳税人）2023 年度的相关经营业务如下：

（1）2023 年 1 月通过竞拍方式取得某市区一宗土地使用权，土地面积为 30 000 平方米，拟开发一栋高档写字楼。竞拍买受价格为 27 000 万元，根据土地竞拍确认书在当月内签订了土地购买合同并支付了价款，取得了政府（财政局）部门开具的收款收据，当月办理了土地使用权证。

（2）2023 年 2—11 月写字楼开发完工，地上建筑的总面积为 120 000 平方米，地下车库的总面积为 20 000 平方米（不计算土地面积的容积率）。

（3）支付前期工程费，按照合同记载金额 3 080 万元、增值税进项税额 184.8 万元取得了增值税专用发票。

（4）支付建筑安装工程费用，按照合同记载金额 60 200 万元、增值税进项税额 5 418 万元取得了增值税专用发票。

（5）支付开发间接费用，按照合同记载金额 12 040 万元、增值税进项税额 1 083.6 万元取得了增值税专用发票。

（6）支付管理费用，取得的增值税普通发票上注明的金额为 2 500 万元，其中含业务招待费 1 000 万元。

（7）支付财务费用 4 800 万元，年借款金额为 60 000 万元，其中含向非金融企业借款 5 000 万元支付的年利息费用 500 万元，同期金融企业的贷款年利率为 6%。

（8）销售写字楼面积 108 000 平方米，开具增值税专用发票，取得金额 172 800 万元、增值税销项税额 15 552 万元。

（9）剩余写字楼面积 2 000 平方米自 11 月 30 日起用于该公司办公，12 月初转为固定资产；10 000 平方米转为固定资产用于出租，11 月 30 日签订租赁合同，从 12 月 1 日起租，租期 3 年，租金总额为 3 600 万元，归属于当年 12 月份的租金收入为 100 万元、增值税销项税额为 9 万元，向承租人开具了增值税专用发票。

（10）车库 12 月 1 日起租，12 月份取得地下车库停车费含税收入 163.5 万元，向客户开具了收款收据。12 月将车库价值转为固定资产。

（说明：该公司适用的契税税率为 4%、城镇土地使用税税率为每平方米 5 元、计算房产税余值时的扣除比例为 20%、城市维护建设税税率为 7%、教育费附加的征收率为 3%、地方教育附加的征收率为 2%、企业所得税税率为 25%。计算土地增值税的开发费用扣除比例为 10%。）

要求：

（1）根据业务流程和该项目涉及的相关税费编制会计分录。

(2) 计算该公司开发、销售写字楼项目涉及的全部税费。

各环节业务的会计分录及税费计算如下（单位：万元）：

1. 取得土地环节

(1) 取得土地使用权支付地价款 27 000 万元。

借：开发成本——土地出让金　　27 000
　贷：银行存款　　27 000

(2) 取得土地使用权应缴纳契税 1 080 万元（=27 000×4%）。

借：开发成本——契税　　1 080
　贷：应交税费—应交契税　　1 080

2. 开发环节

(1) 支付前期工程费 3 080 万元，进项税额为 184.8 万元。

借：开发成本——前期工程费　　3 080
　　应交税费——应交增值税（进项税额）　　184.8
　贷：银行存款　　3 264.8

(2) 支付建筑安装工程费 60 200 万元，进项税额为 5 418 万元。

借：开发成本——建筑安装工程费　　60 200
　　应交税费——应交增值税（进项税额）　　5 418
　贷：银行存款　　65 618

(3) 支付开发间接费用 12 040 万元，进项税额为 1 083.6 万元。

借：开发成本——开发间接费用　　12 040
　　应交税费——应交增值税（进项税额）　　1 083.6
　贷：银行存款　　13 123.6

(4) 支付管理费用 2 500 万元，支付财务费用 4 800 万元。

借：管理费用　　2 500
　　财务费用　　4 800
　贷：银行存款　　7 300

3. 竣工销售环节

(1) 销售写字楼取得销售收入 172 800 万元，销项税额为 15 552 万元。

借：银行存款　　188 352
　贷：主营业务收入　　172 800
　　　应交税费——应交增值税（销项税额）　　15 552

(2) 收到写字楼租金收入 100 万元、税金为 9 万元，地下车库停车费收入（含税）为 163.5 万元。

借：银行存款　　272.5
　贷：其他业务收入　　250
　　　应交税费——应交增值税（销项税额）　　22.5

4. 增值税计算

(1) 进项税额的计算。

建筑工程的增值税进项税额=184.8+5 418+1 083.6=6 686.4（万元）

销售写字楼面积占建筑总面积的比例＝108 000÷(120 000＋20 000)×100%
＝77.14%

销售写字楼面积应抵扣的进项税额＝6 686.4×77.14%＝5 157.89（万元）

(2) 土地出让金计算抵扣应转出的销项税额为2 430万元（＝27 000×9%）（假定计算企业所得税时应冲减成本，27 000万元是政府收取的土地出让金，政府无须缴纳增值税，因而27 000万元不是含税金额，在计算抵扣销项税额时不用换算）。销售写字楼应转出的销项税额为2 187万元（＝2 430×90%）；转固定资产应转出销项税额243万元（＝2 430×10%）。

转出销项税额的会计分录：

借：应交税费——应交增值税（销项税额抵减） 2 430
　贷：主营业务成本 2 430

(3) 销售写字楼的销项税额为13 365万元（＝15 552－2 187）。

(4) 销售写字楼应缴纳增值税8 207.11万元（＝13 365－5 157.89）。

(5) 土地增值税前可扣除的附加税费：

土地增值税前应扣除的城市维护建设税＝8 207.11×7%＝574.50（万元）

土地增值税前应扣除的教育费附加＝8 207.11×3%＝246.21（万元）

土地增值税前应扣除的地方教育附加＝8 207.11×2%＝164.14（万元）

土地增值税前应扣除的税费合计＝574.50＋246.21＋164.14＝984.85（万元）

(6) 当期应缴纳的增值税、企业所得税前应扣除的附加税费：

写字楼出租销项税额＝9（万元）

车库停车费销项税额＝163.5÷(1＋9%)×9%＝13.5（万元）

2018年销售写字楼、出租写字楼、转为固定资产应缴增值税＝15 552＋9＋13.5－2 430－6 686.4
＝6 458.1（万元）

借：应交税费—应交增值税（转出未交增值税） 6 458.1
　贷：应交税费——未交增值税 6 458.1

企业所得税前应扣除的城市维护建设税＝6 458.1×7%＝452.07（万元）

企业所得税前应扣除的教育费附加＝6 458.1×3%＝193.74（万元）

企业所得税前应扣除的地方教育附加＝6 458.1×2%＝129.16（万元）

企业所得税前应扣除的税费合计＝452.07＋193.74＋129.16＝774.97（万元）

借：税金及附加 774.97
　贷：应交税费——应交城市维护建设税 452.07
　　　应交税费——应交教育费附加 193.74
　　　应交税费——应交地方教育附加 129.16

5. 城镇土地使用税计算

(1) 应缴纳建房期间的城镇土地使用税12.5万元（＝3×5÷12×10）。

(2) 办公用房0.2万平方米应缴纳的城镇土地使用税为0.020 8万元［＝0.2÷4（容积率）×5÷12×1］

(3) 自营写字楼1万平方米应缴纳的城镇土地使用税为0.104 2万元［=1÷4（容积率)×5÷12×1］

城镇土地使用税合计=12.5+0.020 8+0.104 2=12.63（万元）

借：税金及附加　12.63

　贷：应交税费——应交城镇土地使用税　12.63

6. 印花税计算

应缴纳的印花税：

27 000×0.5‰+3 080×0.5‰+(60 200+12 040)×0.3‰+60 000×0.05‰+172 800×0.5‰+3 600×1‰

=13.5+1.54+21.67+3+86.4+3.6

=129.71（万元）

借：税金及附加　129.71

　贷：应交税费——应交印花税　129.71

竣工环节成本分摊：

(1) 土地成本分摊（因只有一栋楼，按建筑面积分摊）：

销售写字楼每平方米应扣除的土地成本=(1 080+27 000)÷120 000=0.234（万元/平方米）

销售写字楼应扣除的土地成本=108 000×0.234=25 272（万元）

自营写字楼出租应结转的土地成本=10 000×0.234=2 340（万元）

自营写字楼应结转固定资产的土地成本=2 000×0.234=468（万元）

(2) 前期工程费分摊：

销售写字楼每平方米应扣除的前期工程费=3 080÷(120 000+20 000)=0.022（万元/平方米）

销售写字楼应扣除的前期工程费= 108 000×0.022=2 376（万元）

自营写字楼出租应结转的前期工程费=10 000×0.022=220（万元）

自营写字楼应结转固定资产的前期工程费=2 000×0.022=44（万元）

自营地下车库应结转的前期工程费=20 000×0.022=440（万元）

(3) 建筑安装工程费用分摊：

销售写字楼每平方米应扣除的建筑安装工程费用=60 200÷(120 000+20 000)=0.43（万元/平方米）

销售写字楼应扣除的建筑安装工程费用= 108 000×0.43=46 440（万元）

自营写字楼出租应结转的建筑安装工程费用=10 000×0.43=4 300（万元）

自营写字楼出租应结转固定资产的建筑安装工程费用=2 000×0.43=860（万元）

自营地下车库应结转的建筑安装工程费用=20 000×0.43=8 600（万元）

(4) 开发间接费用分摊：

销售写字楼每平方米应扣除的开发间接费用=12 040÷(120 000+20 000)=0.086（万元/平方米）

销售写字楼应扣除的开发间接费用=108 000×0.086=9 288（万元）

自营写字楼出租应结转的开发间接费用=10 000×0.086=860（万元）

自营写字楼出租应结转固定资产的开发间接费用=2 000×0.086=172（万元）

自营地下车库应结转的开发间接费用＝20 000×0.086＝1 720（万元）

各对象成本结转：

（1）结转销售写字楼的土地成本和建安成本为 83 376 万元（＝25 272＋2 376＋46 440＋9 288）。

（2）转为固定资产、出租写字楼（10 000 平方米）的土地成本和建安成本为 7 720 万元（＝2 340＋220＋4 300＋860）。

（3）转为固定资产（2 000 平方米）的自用办公写字楼的土地成本和建安成本为 1 544 万元（＝468＋44＋860＋172）。

（4）结转地下车位（20 000 平方米）的土地成本和建安成本为 10 760 万元（＝440＋8 600＋1 720）。

结转开发成本的会计分录：

（1）确定写字楼出售成本：

借：开发产品——写字楼　　83 376

　贷：开发成本　　83 376

（2）转为固定资产（投资性房地产）：

借：固定资产（投资性房地产）——写字楼　　7 720

　　固定资产（投资性房地产）——地下车库　　10 760

　贷：开发成本　　18 480

（3）准备留作自用的开发产品，将其成本转入固定资产：

借：固定资产——房产　　1 544

　贷：开发成本　　1 544

7. 房产税计算

办公写字楼应缴纳房产税＝1 544×80％×1.2％÷12×1＝1.24（万元）

投资性房地产的写字楼应缴纳房产税＝100×12％＝12（万元）

地下车库应缴纳房产税＝163.5÷(1＋9％)×12％＝18（万元）

房产税合计＝1.24＋12＋18＝31.24（万元）

借：税金及附加　　31.24

　贷：应交税费——应交房产税　　31.24

8. 土地增值税计算

土地增值税可扣除的取得土地使用权所支付的金额＝25 272（万元）

土地增值税可扣除的房地产开发成本＝2 376＋46 440＋9 288＝58 104（万元）

土地增值税可扣除的房地产开发费用＝(25 272＋58 104)×10％＝8 337.6（万元）

土地增值税可扣除的与转让房地产有关的税金＝574.50＋246.21＋164.14
＝984.85（万元）

土地增值税可扣除的财政部规定的加计 20％扣除＝(25 272＋58 104)×20％
＝16 675.2（万元）

扣除项目金额合计＝25 272＋58 104＋8 337.6＋984.85＋16 675.2
＝109 373.65（万元）

增值额＝172 800－109 373.65＝63 426.35（万元）

增值额与扣除项目金额之比＝63 426.35÷109 373.65×100%＝57.99%

应缴土地增值税额＝63 426.35×40%－109 373.65×5%＝25 370.54－5 468.68
＝19 901.86（万元）

会计处理：

借：税金及附加　　19 901.86

　贷：应交税费——应交土地增值税　　19 901.86

9. 企业所得税计算

缴纳企业所得税的应税收入＝172 800＋100＋163.5÷(1＋9%)＝173 050（万元）

应扣除项目金额＝83 376(成本)＋774.97(税费)＋2 500(管理费)－1 000×40%
＋4 800(财务费)－5 000×4%＋12.63(土地使用税)
＋129.71(印花税)＋31.24(房产税)＋19 901.86(土地增值税)
－2 430(销项税额转出)
＝108 496.41（万元）

应纳税所得额＝173 050－108 496.41＝64 553.59（万元）

应缴纳企业所得税＝64 553.59×25%＝16 138.40（万元）

结转销售成本会计分录：

借：主营业务成本　　83 376

　贷：开发产品　　83 376

应交企业所得税会计分录：

借：所得税费用　　16 138.40

　贷：应交税费——应交企业所得税　　16 138.40

上交全部税费时：

借：应交税费——应交契税　　1 080

　　应交税费——未交增值税　　6 458.1

　　应交税费——应交城市维护建设税　　452.07

　　应交税费——应交教育费附加　　193.74

　　应交税费——应交地方教育附加　　129.16

　　应交税费——应交城镇土地使用税　　12.63

　　应交税费——应交印花税　　129.71

　　应交税费——应交房产税　　31.24

　　应交税费——应交土地增值税　　19 901.86

　　应交税费——应交企业所得税　　16 138.40

　贷：银行存款　　44 526.91

第 6 章 个人所得税的检查

学习目标

熟悉个人所得税的征税范围、各种扣除项目以及计算方法，掌握个人所得税综合征收和分类征收的检查重点及方法，熟悉个人所得税的申报操作方法及征管过程中的风险点。

个人所得税是我国现行税种中与个人的切身利益关系最密切的税种。对个人所得税的检查，应以《中华人民共和国个人所得税法》（以下简称《个人所得税法》）中基本征收制度的有关规定为基础，通过分析个人所得税的影响因素逐渐展开。目前适用的个人所得税的基本规范是 2018 年 8 月 31 日由第十三届全国人民代表大会常务委员会第五次会议修改通过并公布的《个人所得税法》，自 2019 年 1 月 1 日起施行。

第一节 应纳税额计算的检查

个人所得税税额计算的检查是个人所得税检查的重点内容。与企业所得税相比，个人所得税的应税收入零星分散、规模较小，纳税人的分布也相对广泛，应税收入的来源渠道复杂、隐蔽，支付单位的会计核算健全程度参差不齐、难以掌握。因此，较为有效的检查方法应该是按照税法规定的纳税项目，根据现实经济活动的特点，逐项展开。

自 2019 年 1 月 1 日起，将居民个人取得的“工资、薪金所得”“劳务报酬所得”“稿酬所得”“特许权使用费所得”四项所得并入综合所得，按纳税年度合并计算个人所得税。其他各项目所得，依照规定分别计算个人所得税。

一、工资、薪金所得项目的检查

列入个人所得税征税范围的工资、薪金所得，是指纳税人因任职或者受雇而取得的工资、薪金、奖金、年终加薪、劳动分红、津贴、补贴以及与任职或者受雇有关的其他所得。与《个人所得税法》中的另一应税项目“劳务报酬所得”相比，虽然它们同属于劳动报酬，但两者不同的是，工资、薪金所得项目具有非独立性，而劳务报酬所得具有独立性。根据工资、薪金所得项目的特点，对该项目的检查应首先从其纳税人的构成方面入手，然后再逐渐展开。

（一）工资、薪金所得项目应税收入范围的检查

1. 应税收入真实性的检查

对工资、薪金所得项目应税收入真实性的检查，应从发放工资的企业或单位入手，检查其工资结算单中注明的纳税人的工资、薪金收入与纳税人申报的收入项目是否一致，有无单位代扣应由个人负担的费用并冲减应纳税收入额的情况；对照劳资部门的职工名单，检查有无虚列任职人员数量、降低应税收入额度、逃避纳税义务的现象；查看生产成本、期间费用账户，检查有无以实物发放工资且未列入计税依据的现象；了解临时雇用人员的佣金支付情况，检查有无扩大佣金计算基数，或分笔支付当月佣金、分解应税收入、逃避纳税义务的现象等。

2. 应税收入征免范围界定准确性的检查

按照现行税法的规定，目前我国个人所得税工资、薪金所得项目中免税的项目主要有：个人工资收入中上缴的住房公积金，由所在单位发放的独生子女补贴，按照实际误餐次数取得的误餐补助，因公出差的差旅费补贴收入，从两处取得工资、薪金上缴派遣单位的派遣费部分，与单位解除劳动合同的职工取得的经济补偿金未超过当地上年职工平均工资总额 3 倍的部分，按照国家统一规定发给的补贴和津贴，按照国家统一规定发给的离退休工资和离退休生活补助费及退职费等。在确认纳税人申报的应税收入征免范围的正确性时，应注意查看支付单位的原始记录，同时向纳税人了解情况，根据业务收入的性质判断各项所得征免范围的归属，看有无将应税所得混为免税所得的情况。

（二）综合所得费用扣除标准的检查

1. 费用扣除标准适用范围的检查

按照税法规定，居民个人取得综合所得的费用扣除标准自 2019 年 1 月 1 日起为每年 60 000 元。在检查时应对照《纳税申报表》、《代扣代缴个人所得税申报表》、纳税人提供的身份证明等相关文件，检查有无扩大扣除标准、混淆扣除范围的现象。在多处取得工资、薪金的纳税人，还应要求其提供工资发放单位的工资单、代扣代缴税款的完税缴款书等证明文件，检查其是否存在多处扣除生计费用，或擅自提高扣除标准的现象。对于一次取得数月奖金、年终加薪、劳动分红的纳税人，应结合对发放单位的《工资结算单》、《奖金发放清单》和《代扣代缴个人所得税申报表》的检查，查看是否存在工资与奖金中重复扣除生计费用的现象。对于一次取得较高退职费收入的纳税人，应检查其退职当月再次任职取得的工资、薪金，是否存在重复扣除生计费用的现象。对单纯受雇性质的出租车从业

人员，应检查其用工合同、车辆户籍证明等相关文件，看纳税人是否存在将属于个体户性质的经营所得混为综合所得计税的现象。

2. 专项扣除、专项附加扣除标准适用范围的检查

专项扣除，包括居民个人按照国家规定的范围和标准缴纳的基本养老保险、基本医疗保险、失业保险等社会保险费和住房公积金等。专项附加扣除包括子女教育、继续教育、大病医疗、住房贷款利息或者住房租金、赡养老人等支出。依法确定的其他扣除，包括个人缴付符合国家规定的企业年金、职业年金，个人购买符合国家规定的商业健康保险、税收递延型商业养老保险的支出，以及国务院规定可以扣除的其他项目。在检查专项扣除、专项附加扣除标准的适用范围时，应首先查看纳税人提供的身份证明、任职受雇时间证明、专项附加扣除信息表等资料，确定其应税收入来源地是否属于税法规定的境内范围，查看其是否具有外籍人员身份；如果为中国居民，应检查其任职受雇所在地是否为国外，是否存在将境内收入划为境外收入，以达到少缴纳个人所得税的目的。对于既有来源于境内的收入，又有来源于境外的收入的纳税人，应通过实地调查等方法，首先明确其身份，看其是否属于我国境内企业的高层管理人员，如果其职务为公司正、副（总）经理，各职能技师，总监及其他类似公司管理层高层管理的职务，则属于高层管理人员，其在任职期间取得的由中国境内企业支付的工资、薪金，不论其是否在中国境内履行职务，均应在中国境内计算缴纳个人所得税。对于既有来源于境内的收入，又有来源于境外的收入，且不属于高层管理人员的纳税人，在检查时应注意其境内外收入的划分，应以居住日数为标准确定境内应税收入的范围，在合并后适用一个减除费用及专项扣除、专项附加扣除标准计税。对于应当补税的境外所得，还应检查纳税人提供的已纳外国个人所得税证明文件是否为证明文件的原件，如为复印件或不能提供证明，则其在境外取得的所得已纳的外国个人所得税税额不得扣除。

（三）特殊支付方式应纳税额的检查

1. 一次取得数月奖金（年终加薪、劳动分红等）应纳个人所得税的检查

全年一次性奖金是指行政机关、企事业单位等扣缴义务人根据其全年经济效益和对雇员全年工作业绩的综合考核情况，向雇员发放的一次性奖金。一次性奖金也包括年终加薪、实行年薪制和绩效工资办法的单位根据考核情况兑现的年薪及绩效工资。

纳税人取得全年一次性奖金，单独作为一个月工资、薪金所得计算纳税，在 2023 年 12 月 31 日前，也可选择不并入当年综合所得，按以下计税办法，由扣缴义务人发放时代扣代缴：

（1）先将雇员当月内取得的全年一次性奖金除以 12 个月，按其商数依照按月换算后的综合所得税率表确定适用税率和速算扣除数。

（2）将雇员个人当月内取得的全年一次性奖金，按上述第(1)条确定的适用税率和速算扣除数计算征税。适用公式为：

应纳税额＝雇员当月取得的全年一次性奖金×适用税率－速算扣除数

（3）在一个纳税年度内，对每一个纳税人，该计税办法只允许采用一次。

（4）实行年薪制和绩效工资的单位，个人取得年终兑现的年薪和绩效工资按上述第

(2)条、第(3)条规定执行。

(5) 雇员取得除全年一次性奖金以外的其他各种名目奖金，如半年奖、季度奖、加班奖、先进奖、考勤奖等，一律与当月工资、薪金收入合并，按税法规定缴纳个人所得税。

[例 6-1] 假定中国公民马某 2023 年每月的绩效工资为 5 800 元，12 月 31 日又一次性领取年终奖金（兑现的绩效工资）39 000 元。计算马某取得这笔奖金应缴纳的个人所得税。

(1) 这笔奖金适用的税率和速算扣除数为：

按 12 个月分摊后，每月的奖金为 3 250 元（=39 000÷12），根据工资、薪金七级超额累进税率的规定，适用的税率和速算扣除数分别为 10%、210 元。

(2) 应缴纳的个人所得税为：

应纳税额=奖金收入×适用的税率-速算扣除数
=39 000×10%-210
=3 900-210
=3 690（元）

2. 从两处以上取得综合所得，且综合所得年收入额减除专项扣除后的余额超过 6 万元应纳个人所得税的检查

从两处以上取得综合所得，且综合所得年收入额减除专项扣除后的余额超过 6 万元，应当依法办理汇算清缴。需要办理汇算清缴的纳税人，应当在取得所得的次年 3 月 1 日至 6 月 30 日内，向任职、受雇单位所在地主管税务机关办理纳税申报，并报送《个人所得税年度自行纳税申报表》。纳税人有两处以上任职、受雇单位的，选择向其中一处任职、受雇单位所在地主管税务机关办理纳税申报；纳税人没有任职、受雇单位的，向户籍所在地或经常居住地主管税务机关办理纳税申报。按照税法规定，从多处取得工资、薪金的纳税人，在发放单位代扣代缴税款后，必须选择并确定一处向主管税务机关办理自行申报，所以在检查时还应注意纳税人是否存在代扣代缴税金后不履行自行申报程序的现象。

3. 经济补偿金应纳个人所得税的检查

企业支付给个人的经济补偿金按照不同的原因，可分为解除劳动合同性质的补偿金和内退性质的经济补偿金两类。对于前者的检查，首先，应结合原始凭证，看纳税人是否有隐瞒经济补偿金收入的情况。其次，应检查纳税人在税前扣除的相当于当地上年度职工平均工资总额 3 倍的部分是否正确。再次，如果纳税人将经济补偿金收入用于缴纳医疗保险费、基本养老保险费、失业保险费和住房公积金，还应检查纳税人是否提供了有效的缴纳凭证，其个人账户的上述保障性缴款在额度上是否符合国家和地方政府规定的比例，有无虚增、不实现象存在。最后，还应检查纳税人在税额计算中工作年限的运用方法是否正确，是否存在超过 12 年却按实际工龄计算纳税，导致少纳所得税的现象。对于后者的检查，首先，应确认其内退补偿金的性质，同时结合原始凭证，看是否有隐瞒收入的现象；其次，应检查内退至法定退休年龄之间的实际年度数核定是否准确，有无人为扩大现象；最后，应检查计税依据的确认及税率适用方法是否正确，是否存在未按税法规定将当月工资、薪金一并计入计税依据，导致逃避纳税的现象。

4. 公务交通、通信补贴收入应纳个人所得税的检查

按照我国现行税法的规定，纳税人取得的公务交通、通信补贴收入，应计入当月工资、薪金项目一并计税。在检查时，应首先核实当地公务交通、通信费用的标准，对其标准以内的部分，应从当月工资、薪金收入中扣除，将其余额计入当月工资、薪金计算纳税；其次，应检查纳税人取得的一次性交通、通信补贴收入在分解计入所属月份计税时，是否存在扩大所属月份范围的现象。

5. 职工个人股票期权所得的检查

企业员工股票期权（以下简称“股票期权”）是指上市公司按照规定的程序授予该公司及其控股企业员工的一项权利，该权利允许被授权员工在未来时间内以某一特定价格购买该公司一定数量的股票。员工在接受实施股票期权计划企业授予的股票期权时，除另有规定外，一般不作为应税所得征税。员工在行权时，其从企业取得的股票的实际购买价（施权价）低于购买日公平市场价（指该股票当日的收盘价，下同）的差额，是因其在企业的表现和业绩情况而取得的与任职、受雇有关的所得，应按“工资、薪金所得”适用的规定计算缴纳个人所得税。在 2023 年 12 月 31 日前，该部分收入不并入当年综合所得，全额单独适用综合所得税率表计算扣缴其个人所得税。对因特殊情况，员工在行权日之前将股票期权转让的，以股票期权的转让净收入作为工资、薪金所得征收个人所得税。员工将行权后的股票再转让时所获得的高于购买日公平市场价的差额，是因个人在证券二级市场上转让股票等有价证券而获得的所得，应按照“财产转让所得”适用的征免规定计算缴纳个人所得税。员工因拥有股权而参与企业税后利润分配所取得的所得，应按照“利息、股息、红利所得”适用的规定计算缴纳个人所得税。

在检查时，应注意企业是否将奖励给职工的股票期权支出在税后利润中列支，检查人员可将“应付职工薪酬”“盈余公积”“未分配利润”等账户与“工资结算清单”等原始凭证进行核对，如有差错，应进行调整。

［例 6-2］ 某企业经理张某的月薪为 6 500 元，公司承诺张某在企业工作满三年后，可以每股 1 元的价格购买该企业股票 20 000 股。在张某得到期权时，不用对此行为纳税；三年后，当张某行权时，该股票的市价为每股 5.02 元。计算张某行权当月应缴纳的个人所得税。

张某当月薪金应预缴个人所得税＝(6 500－5 000)×3%－0＝45（元）

张某股票行权时应纳税所得额＝20 000×(5.02－1)＝80 400（元）

应纳税额＝80 400×10%－2 520＝5 520（元）

张某行权当月共计应缴纳个人所得税 5 565 元（＝45＋5 520）。

二、个体工商户生产经营所得项目的检查

个体工商户生产经营所得项目的检查，包括对个体工商户以及与个体工商户性质相同的个人独资企业和合伙企业的纳税检查。按照其会计核算方法及纳税方法的不同，纳税检查也应有所不同。

(一) 查账征收方法下个人所得税的检查

1. 应税收入的检查

按照分项计算原理，属于该项目计税范围的应税收入应是个体工商户的生产经营性收入，非经营性的应税收入应分项另行计税，不得混淆。按照其业务内容，个体工商户的生产经营性收入包括产品销售收入、营运收入、劳务服务收入、工程价款收入、财产出租和转让收入、利息收入、其他业务收入和营业外收入，以及投资收益中除免税和从联营企业分回利润以外的部分等。在检查时，应检查其原始凭证和收入类、往来类会计账簿，看是否存在将其他项目所得并入生产经营所得，有无以物易物，以实物用于分配、投资、捐赠等非货币性交易未计入计税依据的现象。

2. 扣除项目的检查

在查账征收方法下，扣除项目的检查应以原始凭证和会计账簿为基础，结合实地调查、案头分析等方法，检查纳税人自行申报的扣除项目金额是否正确。

(1) 成本性支出项目的检查。成本性支出是指纳税人在生产过程中实际消耗的各种直接材料以及应计入成本的间接费用。在检查时，应主要检查成本核算内容的真实性与准确性。

1) 直接支出项目的检查。检查各项直接支出计价的真实性，应以个体工商户的进货原始凭证为重点，看其进货发票是否真实，进货价格有无畸高畸低现象，原材料成本中有无虚列运输、装卸等费用及虚增成本的现象；对取得增值税专用发票的购进货物，还要检查其是否存在按不含税进价计入成本，人为调整当期利润的情况。

2) 间接支出项目的检查。对间接费用的检查，应主要检查下列几项内容：一是检查财产租赁合同，看是否存在将融资租入资产的租赁费计入间接费用当期扣除的现象。二是检查工资结算单，看是否存在将业主工资税前扣除、将雇员工资超标准扣除的现象。三是检查个体工商户的职工福利费、职工教育经费和工会经费的实际发生额，看是否存在将业主工资计入三项经费计算基数，或在提取环节提前扣除，或将尚未发生的上述三项经费虚扣的现象。四是实地察看固定资产的实物和清单。

(2) 期间费用支出项目的检查。纳税人发生的期间费用可分为用于生产的生产性支出和用于纳税人及家庭生活方面的生活性支出两大类。其处理的原则是，纳税人能够自行划分清楚的，生产性费用支出可以税前扣除，生活性费用支出不得税前扣除；如果纳税人不能自行划分清楚，则生产性费用支出与生活性费用支出均不得在所得税前扣除。但在检查时，不仅要注意划分生产性与生活性费用支出的性质，而且要注意审查生产性费用支出的扣除是否符合税法规定的标准。对期间费用的检查，应主要依据原始凭证、会计账簿和纳税申报表等相关资料。

1) 管理费用中扣除项目的检查。应主要检查计入管理费用并需要计算限额的准予税前扣除的项目，通常包括以下几项：一是检查摊销的开办费，看是否按照税法规定，自领取营业执照之日起，在不短于5年的时间内分期扣除，有无缩短摊销期的现象存在。二是检查业务招待费的扣除额度，看是否存在扩大基数、虚增费用扣除额的现象，有无将不属于业务招待费范围的消费性支出进行税前扣除的情况。三是检查管理费用的明细账户，查看坏账的处理方法，是否存在违背税法规定，列支了坏账准备金。四是核实计入管理费用账户的各项税金，查看税额计算是否有误，是否存在将税务部门检查发现的应补缴的城镇土地使用税、车船使用税、房产税和印花税也作为扣除项目的现象。

2）销售费用中扣除项目的检查。对销售费用的检查主要包括以下内容：一是检查运输费用的扣除，看是否有符合规定的运费发票，是否存在将应计入收入计征增值税的运费收入计入销售费用做了扣除，有无将已经计入原材料成本的运费重复计入销售费用的现象，取得一般纳税人认证的个体工商户是否存在将运费全额计入销售费用的情况。二是检查广告费的扣除，看是否与业务宣传费合并计算并按照规定的15%的比例计算扣除，有无超标准扣除现象。

3）财务费用中扣除项目的检查。对财务费用的检查应主要检查以下内容：一是检查利息支出，看是否存在来源于金融机构以外的借款，按实际支付的超过金融机构借款利息标准进行税前扣除的情况。二是检查当期列支的汇兑损失是否属于发生在当期的损失，有无将筹建期汇兑损失一次计入本期税前扣除的现象。

（3）资本性费用支出的检查。对于允许在所得税前扣除的资本性支出项目的检查，应主要检查资本性支出的原始凭证、固定资产登记簿、设备折旧方法、折旧年限、融资租赁合同等有关资料：一是看有无未经税务机关批准擅自加速折旧、扩大当期费用的现象。二是看有无将融资租赁设备的租赁费计入固定资产原值后，又重复计入间接费用进行税前扣除，导致人为扩大扣除项目金额的情况。三是检查纳税人是否存在将固定资产、无形资产的受让支出进行税前扣除的现象。

（4）其他性质支出的检查。在对其他性质支出进行检查时，要注意以下几点：一是应检查纳税人发生的财产损失，是否依照税法规定按净损失额在税前扣除，是否存在尚未取得税务机关审批文件就先行扣除的现象，有无按损失全额扣除而未冲减保险公司和责任人赔款的现象。二是应检查纳税人发生的公益救济性捐赠支出，看其税前扣除的捐赠额是否符合税法规定的性质、途径和额度，是否存在未取得接受捐赠机关开具的发票而冲减了应纳税所得额的情况。三是应检查在纳税人的营业外支出中，有无将违反国家法律法规而支付的罚没性支出进行税前扣除的现象。四是应检查纳税人的股利分配方案及列支途径，有无将其进行税前扣除的现象。

3. 税额计算方法的检查

对于个人投资者兴办多个独资企业或合伙企业的，应审查核定纳税人的税额计算方法，看该投资者是否按照各企业的所得总额，统一适用五级超额累进税率计算了所得税总额，然后又按照各企业所得在总所得中的比例划分所得税总额，确定各企业的应纳税额；看纳税人是否存在将各企业单独计税，或只汇总其中一部分企业所得，从而降低适用税率、少纳个人所得税的现象。

（二）核定征收方法下个人所得税的检查

对于采取定期定额征收方法缴纳个人所得税的个体工商户，在检查时应注意该个体工商户在发生停业、复业情况时，是否及时办理了停业、复业登记，停业期间是否存在有应税业务而未纳税的行为；对于采取核定应税所得率方法纳税的个体工商户，应检查其所用的应税所得率是否符合税法规定，如果纳税人经营多业，则应检查其是否存在未按主营业务统一适用应税所得率，从而逃避纳税的行为。

（三）特殊经营方式下个人所得税的检查

1. 出租车从业者个人所得税的检查

按照税法规定，对于拥有出租车所有权而挂靠出租车公司的出租车从业者，以及出租车企业的经营者，均应按照个体工商户计算缴纳个人所得税。对于挂靠出租车公司的从业人员，应检查其上缴公司的费用是否取得合法的扣税凭证，是否存在重复扣除现象；对于出租车经营者，其检查方法如前所述。

2. 律师事务所个人所得税的检查

按照税法规定，凡具备条件的律师事务所应按查账征收方法计算缴纳个人所得税，其检查方法如前所述。对于不具备条件的律师事务所，应按税法规定的应税所得率，采用核定征收方法计算纳税。在检查时，需要注意以下几点：一是应注意核对律师事务所采用的应税所得率，看其是否符合税法规定的不低于25%的比例；二是应检查税前扣除的办案费用，看是否存在既由所里负担，又按比例税前扣除的现象，在定额扣除时的扣除比例是否符合税法规定的35%的扣除标准，有无超过标准税前扣除此项费用的现象。

三、承包、承租企事业单位所得项目的检查

按照纳税人承包、承租后是否改变企业性质来划分，对纳税人取得的对企事业单位承包、承租所得应纳个人所得税的检查，应采取不同的方法。

（一）承包后未改变企业性质的检查

1. 承包收入的检查

纳税人承包、承租企事业单位后，如果没有重新办理工商登记，没有改变被承包、承租方的企业性质，则在检查时，首先，应检查纳税人是否按规定计算缴纳了企业所得税，以及企业所得税的税额计算是否正确（检查方法见前述有关章节）。其次，应结合企业利润分配方案及承包、承租合同书，检查纳税人分得的承包收入是否属于税后利润性质，有无人为缩小企业利润、减少承包收入的现象。最后，还应对照承包合同，分析检查纳税人分得的承包、承租收入是属于对经营成果没有支配权的工资、薪金性质的固定收入，还是属于对经营成果有支配权的个体工商户性质的经营收入。如果为前者，应适用七级超额累进税率；如果为后者，则属于“经营所得”，应适用五级超额累进税率。

2. 费用扣除的检查

按照税法规定，承包、承租企事业单位的承包方、承租方在计算纳税时，应以每一纳税年度的收入总额减除必要费用后的余额为应纳税所得额。减除必要费用是指按年减除60 000元。

（二）承包后改变企业性质的检查

纳税人承包后将被承包企业改变为个体工商户性质的，其取得的承包、承租所得，税

额计算方法及检查方法同个体工商户。

四、劳务报酬、稿酬、特许权使用费及财产租赁所得项目的检查

劳务报酬、稿酬、特许权使用费及财产租赁所得项目的税额计算方法的原理相同，均为按每次收入额分别确定费用扣除额度，然后计税。

（一）劳务报酬所得项目的检查

劳务报酬所得以收入减除20%的费用后的余额为收入额。个人兼有不同的劳务报酬所得，应当分别减除费用，计算缴纳个人所得税。

首先，应结合支付单位的工资计算单、临时工作人员劳务费用支付清单及支付单位的成本费用和营业外支出等相关会计账簿，检查劳务报酬的支付时间、每次收入的划分是否符合税法规定，是否存在将分笔支付但属于一次的劳务报酬分次计算纳税的现象；其次，如果纳税人有来源于同一地区（同一市、县）、同一项目的连续性所得，则应检查纳税人是否确实是按月计算应纳税额，有无将同一个月内的所得分解计税，以降低每次应税收入额度、逃避纳税的行为；最后，如果纳税人有分笔取得的一次收入，且已经由支付单位代扣代缴个人所得税，则应检查纳税人是否办理了自行申报手续，是否已经按照全部收入合并计算了应纳税额并办理了多退少补。

（二）稿酬所得项目的检查

1. 稿酬收入的检查

纳税人的稿酬收入与劳务报酬相似，均为按次计税。但关于次的划分问题，在检查时应注意调查出版单位的付款记录，检查纳税人是否存在同一作品在同一处出版、发表或加印而分次计税的现象；是否存在作品连载、因分次支付稿酬而未合并计税的现象；是否存在作者去世而取得遗作稿酬的个人未依法纳税的现象。

2. 减征计税的检查

为了扶持文化教育事业的发展，我国税法对纳税人取得的稿酬所得，在以收入额减除20%的费用的基础上，再减按70%计算，即稿酬所得的收入额为实际取得稿酬收入的56%。在检查时，应注意其适用范围是否正确，结合实地调查了解情况，看是否存在将以他人名义发表的属于劳务报酬项目的审稿、翻译或报酬收入混入稿酬所得项目，纳入了减征优惠政策适用范围的现象。

（三）特许权使用费所得项目的检查

特许权使用费所得以收入减除20%的费用后的余额为收入额。

按照税法规定，特许权使用费收入以一项特许权的一次许可使用所取得的收入为一次，分次计税。如果该次转让取得的收入是分笔支付的，则应将各笔收入相加为一次收入，计征个人所得税。在检查时，可通过向专利主管部门了解纳税人的专利拥有情况、特许权使用单位无形资产账户和直接费用账户借方业务内容及原始凭证，分析纳税人的应税

收入状况，看是否存在隐瞒收入的现象。

（四）财产租赁所得项目的检查

1. 财产租赁收入的检查

如果租赁行为发生在个人与单位之间，则应检查企业的费用账户，调阅租赁合同，核对租赁费支出金额，检查其是否代扣代缴个人所得税，代扣税款是否正确；如果支付单位没有代扣代缴个人所得税，则对于纳税人是否自行申报纳税，可通过检查纳税人提供的完税凭证或税务机关的原始记录加以确定。如果租赁行为发生在个人与个人之间，则应通过纳税人提供的租赁合同、基层政府或居委会提供的有关情况，确定纳税人的应纳所得税。

2. 费用扣除的检查

对财产租赁收入的费用扣除，在检查时应注意纳税人当月发生的修缮费用支出，看能否提供有效的费用凭证，每月扣除的额度是否存在超过 800 元的情况；对纳税人发生的租赁费收入，如果已经缴纳可在税前扣除的城市维护建设税、教育费附加、房产税、印花税、城镇土地使用税等相关税金，则在检查时应重新核定其税额计算的正确性，以及原始纳税凭证的有效性。如果属于居民按市价出租的居住用房，则应检查其税率的适用是否正确。

五、财产转让所得项目的检查

1. 财产转让收入的检查

对于个人取得的财产转让收入，在检查时应结合实地调查法，到财产管理部门（如房管部门、证券交易所、车辆管理部门等）了解纳税人的财产拥有情况，与纳税人提供的财产转让原始凭证、资产评估部门的评估文件、交易合同或契约等资料相互核对，看内容有无不符的情况。对于销售对象为企业单位的，还应检查受让单位的固定资产、无形资产、在建工程、长期投资、短期投资、实收资本和资本公积账户的内容及原始凭证，并检查受让单位的《代扣代缴个人所得税申报表》，看纳税人有无少报应税收入，或将用于捐赠、投资、偿债或分配的财产瞒报、未报等现象。如果纳税人取得了债务人用于抵债的实物资产，应注意分析检查是否存在纳税人将利息收入混入财产转让收入，以降低税率计税的现象。

2. 财产转让成本与费用的检查

财产转让成本与费用的扣除范围，因财产种类不同而有所区别，在检查时应注意分别处理。

（1）转让有价证券行为。应检查其财产成本和费用的扣除是否真实，计算是否准确。在一般情况下，有价证券的成本与费用扣除额应按照下列公式计算：

$$\text{一次卖出某种债券允许扣除的买价和费用}=\frac{\text{购进这种债券买入价和买进过程中缴纳的税费总和}}{\text{购进这种债券的总数量}}\times\text{一次卖出的这种债券数量}+\text{卖出这种债券过程中缴纳的税费}$$

在检查时，除应按上述计算公式核查准予扣除的成本与费用以外，还应审查纳税人提供的买卖证券的交易证明文件、支付税费的原始凭证，与证券交易所的原始记录进行比对，看纳税人提供的申报数据是否存在虚报现象。

（2）转让不动产行为。转让不动产行为包括转让建筑物的行为和转让土地使用权的行为两种：一是对于转让建筑物的行为，允许扣除的成本与费用是指纳税人为建造该固定资产发生的建造费用，或取得该资产时发生的受让价值及其他费用。如果纳税人转让的房产属于已购公房、经济适用房、安居工程房、拆迁安置房和集资房，则其允许税前扣除的成本与费用应包括纳税人在购房时支付的买价、按规定上缴单位的部分以及相关税费。在检查时，应注意纳税人能否提供费用支付的原始凭证，检查纳税人列入扣除范围的已纳营业税①、土地增值税、印花税、城市维护建设税与教育费附加的计算是否正确，能否提供税务部门开具的有效完税凭证。二是对于转让土地使用权的行为，应注意纳税人取得土地使用权所支付的费用、发生的土地开发费用、取得及转让土地使用权时缴纳的契税、增值税、土地增值税、城市维护建设税与教育费附加等的计算是否正确，能否提供税务等部门开具的有效支付凭证。

（3）转让动产行为。纳税人发生的转让动产行为，包括转让机器、设备及车船等财产的行为。在检查时，应注意纳税人提供的财产购买发票、合同、评估文件等内容是否真实。如果所转让的动产属于增值税的征税范围，还应检查纳税人是否按规定缴纳了增值税、城市维护建设税与教育费附加，税前扣除金额是否正确，所提供的纳税凭证是否有效等。

六、利息、股息、红利所得与偶然所得项目的检查

1. 利息、股息、红利所得项目的检查

由于利息、股息、红利所得为资本利得性质的所得，在计税时不再扣除任何费用，所以在检查时应注意的问题为：一是征免范围的划分。应以税法为依据，除国债利息、金融债券利息、教育储蓄存款利息和个人从外商投资企业取得的股息免征个人所得税以外，其他利息所得均属于应税范围。在检查时，应分析纳税人是否存在混淆征免范围、逃避纳税的现象。二是应税利息征税的起止时间。纳税人在金融机构取得的存款利息，自 2008 年 10 月 9 日起暂免征收储蓄存款个人所得税。纳税人从非金融机构取得的利息，不论是何时取得的，均应依法全额纳税。在检查时，要注意支付单位的付款记录与付款凭证及《代扣代缴个人所得税申报表》，看是否存在纳税人隐瞒收入、少纳税款的现象。

2. 偶然所得项目的检查

按照税法规定，偶然所得与其他所得项目的收入，不得税前扣除任何费用，均按应税收入全额计税，所以在检查时，应将重点放在应税收入的核定上：一是征税范围。目前纳入征税范围的仅限于中奖所得和中彩所得两项。在检查时，应注意奖金发放单位是否代扣代缴了个人所得税，纳税人是否能够提供有效的纳税凭证。二是支付方式。如果纳税人取得的是实物所得，应注意检查在将实物折合成货币收入时的价格是否与市价相吻合，是否

① 在“营改增”后改为增值税，增值税为价外税，不再单独扣除。

存在故意压价，甚至有意漏报、少纳税款的现象。

七、境外所得应纳税额的检查

按照税法规定，我国对纳税人从境外取得各项所得已纳的外国个人所得税，采用限额抵免法计算纳税。在检查时，需要注意以下几点：一是应注意当期扣除的实际缴纳的外国个人所得税，是否符合税法规定的抵免限额与已纳税额中较小者，有无错用扣除标准、扩大扣除标准的现象。二是纳税人抵免限额的计算是否符合我国税法规定的费用扣除标准及税率，有无一次畸高劳务报酬收入未加成计算或稿酬所得没有减征，导致扩大税前扣除限额的现象。三是检查纳税人提供的在境外已纳外国个人所得税证明，是否为证明原件及是否为本年度内已纳税额等，检查纳税人是否存在以复印件或以前年度纳税凭证原件，冒充当期已纳外国个人所得税原件，虚增当期扣除税额、少纳个人所得税的现象。

第二节　个人所得税征收管理的检查

个人所得税的征收管理是应纳税款足额入库的重要保证。因此，对个人所得税征收管理的检查同样不可忽视。因为个人所得税的纳税方法分为自行申报和代扣代缴两种，而且这两种方法的适用范围、法律程序、纳税期限及纳税地点不尽相同，所以检查的重点和方法也有所区别。

一、自行申报方法的检查

自行申报方法是指纳税人就自己的应税所得，在税法规定的纳税期限内，到主管税务机关填写个人所得税纳税申报表，申报应税项目和税额，缴纳个人所得税的一种方法。

（一）自行申报方法下纳税义务人的检查

按照自行申报方法下纳税义务人的适用范围，在检查时，需要注意以下几点：一是没有代扣代缴义务人的个体工商户、独资企业和合伙企业，是否一律按期办理了自行申报纳税手续。二是对于未按期申报的纳税人，应调查其原因，如果属于特殊原因不能按期申报的，应检查其原因是否符合延期申报条件。三是对于符合延期申报条件的，应注意分析该纳税人是否及时办理了延期申报手续，有无书面申请。如果未办理延期申报手续又不纳税，则应注意检查其是否缴纳了滞纳金，或滞纳金的计算是否正确，有无少计滞纳日数、虚减滞纳税款的现象。

对于从两处以上取得综合所得，并且综合所得年收入额减除专项扣除后的余额超过6万元，或取得劳务报酬所得、稿酬所得、特许权使用费所得中的一项或者多项所得，并且综合所得年收入额减除专项扣除后的余额超过6万元的纳税人：一是应检查其在支付单位代扣代缴后是否办理了自行申报手续，纳税人提供的多处收入证明及代扣代缴税款凭证是否真实有效。二是通过到所在单位及居住地管理部门实地调查，了解纳税人的任职、受雇情况，看纳税人有无漏报应税收入的现象。三是对于支付单位没有履行代扣代缴税款义务的，应检查纳税人是否按规定办理了自行申报手续，或通过了解到的情况，检查纳税人所申报的内容是否属实、代扣代缴义务人是否承担了应负的法律责任等。

（二）自行申报方法下申报方式的检查

对于纳税人采取自行申报方法申报纳税的，在检查时，应注意有无纳税人因纳税期内没有应纳税款便未申报纳税的情况。

二、代扣代缴纳税方法的检查

代扣代缴是指按照税法的规定，负有代扣代缴税款义务的单位或个人，在向个人支付应纳税所得时，应计算应纳税额，从其所得中扣除并缴入国库的方法。

（一）代扣代缴方法下扣缴义务人的检查

个人所得税代扣代缴义务人的代扣代缴义务是依法成立的。按照税法规定，凡给个人支付收入的单位与个人，除外国驻华使（领）馆和联合国以及其他依法享有外交特权和豁免权的国际组织驻华机构不负有代扣代缴个人所得税的法律义务以外，其他单位与个人都依法负有代扣代缴个人所得税的法律义务。在检查时，应注意以下几点：一是看纳税人是否存在支付应税收入但没有代扣代缴税款义务，却擅自代扣代缴个人所得税的现象。二是通过检查支付单位的有关报酬支付清单及有关成本、费用账户，看有无虽然支付了应税收入，却隐瞒或变相分解收入额度，协助纳税人逃避纳税义务的现象。三是检查支付单位的会计账户，看有无以实物或有价证券支付个人收入，而没有代扣代缴个人所得税的情况。四是检查行政事业机关向工作人员发放工资以外的其他所得时，是否与财政部门发放的工资、薪金合并计税，并就应纳税额与财政机关已经代扣代缴的个人所得税税额的差额部分代扣代缴了个人所得的税额。

（二）代扣代缴方法下扣缴义务人法律责任的检查

由于代扣代缴义务人的义务是法定的，所以在检查时，对于负有代扣代缴税款义务的应税收入支付单位及个人，需要注意以下几点：一是查看其是否在代扣税款的次月15日内缴入国库，并向税务机关报送《个人所得税扣缴申报表》。二是检查扣缴义务人是否依法设立了办税人员，当办税人员发生变动时，是否报告了税务机关，有无办税人员未依法办税而单位法人代表和财会部门负责人拒绝承担责任的情况。三是检查扣缴义务人有无代扣代缴税款后，未向纳税人开具合法代扣税款凭证，也未通过一定方式告知纳税人的现象。四是对于未履行或未依法履行代扣税款义务的代扣代缴义务人，应检查其是否承担了应扣未扣税款50%以上3倍以下的罚款。五是对于未按税法规定代扣代缴税款、未报送或报送虚假纳税资料的企业所得税纳税单位，应检查是否存在其支付给个人的这笔费用仍在企业所得税税前扣除的现象。六是对于因特殊情况而延期申报的代扣代缴义务人，应查看其是否取得了县级税务机关的批准证明等。

三、纳税期限与纳税地点的检查

个人所得税的分类计算方法决定了个人所得税的纳税期限与纳税地点也因项目不同而不同。

（一）纳税期限

在自行申报方法下，在检查时应注意的问题有：一是对于账册健全、实行按年计算、分月度或季度预缴纳税的经营所得，应检查纳税人是否在月度或季度终了后 15 日内，向经营管理所在地主管税务机关办理预缴纳税申报，并报送《个人所得税经营所得纳税申报表（A 表）》，是否在取得所得的次年 3 月 31 日前，向经营管理所在地主管税务机关办理汇算清缴，并报送《个人所得税经营所得纳税申报表（B 表）》。二是对于从境外取得所得的纳税人，应检查其是否在取得所得的次年 3 月 1 日至 6 月 30 日内，向中国境内任职、受雇单位所在地主管税务机关办理纳税申报。在中国境内没有任职、受雇单位的，向户籍所在地或中国境内经常居住地主管税务机关办理纳税申报；户籍所在地与中国境内经常居住地不一致的，选择其中一地主管税务机关办理纳税申报；在中国境内没有户籍的，向中国境内经常居住地主管税务机关办理纳税申报。三是对于其他各项所得，应检查纳税人是否在取得所得的次年 6 月 30 日前，按相关规定向主管税务机关办理纳税申报，并报送《个人所得税自行纳税申报表（A 表）》。在代扣代缴方法下，应结合税务机关的原始记录及扣缴义务人的解缴税款证明单，检查代扣代缴义务人是否对每月代扣代缴的税款，均在次月 15 日内缴入了国库，有无挪用税款及代扣代缴手续费的现象等。

（二）纳税地点

在自行申报方法下：一是应注意从两处以上取得经营所得的，是否选择向其中一处经营管理所在地主管税务机关办理年度汇总申报，并报送《个人所得税经营所得纳税申报表（C 表）》。二是应注意非居民个人取得工资、薪金所得，劳务报酬所得，稿酬所得，特许权使用费所得的，检查其是否在取得所得的次年 6 月 30 日前，向扣缴义务人所在地主管税务机关办理纳税申报，并报送《个人所得税自行纳税申报表（A 表）》。如果有两个以上扣缴义务人均未扣缴税款的，检查其是否向其中一处扣缴义务人所在地主管税务机关办理了纳税申报。

第 7 章 其他税种的检查

学习目标

熟悉资源税、土地增值税、房产税、印花税、城镇土地使用税等税种的规定和应纳税额的计算方法，掌握各税种检查的重点内容和方法以及各税种检查后补、退税款的调账方法。

除了前述流转税类与所得税类以外，还有财产与行为税类的相关税种，它们相互补充、相辅相成，共同构成了我国现行的税制体系。本章对几个小税种的纳税检查方法进行了简单介绍，对应纳税额的计算和会计处理给出了实例。认真理解税收法规的含义及应纳税额的计算方法，对纳税检查具有积极意义，因为纳税检查的过程就是正确核算的过程。

第一节 资源税的检查

资源税是对在中华人民共和国领域和中华人民共和国管辖的其他海域开发应税资源的单位及个人课征的一种税。按照现行规定，资源税以五大类资源产品为征税范围，实行从价计征或者从量计征应纳税额。由于自然资源在我国的分布存在极大差异，某些地方资源税的收入可能是当地财政收入的主要来源，而某些地方涉及较少，因此对资源税的检查在不同地方的重视程度也存在差异。在一般情况下，对资源税的检查主要从征免税范围、计税依据和应纳税额几个方面进行。

一、征免税范围划分的检查

税法规定的资源税的征税范围为五类应税资源品，其税目采用列举法，对没有列举的资源品不征税。进口的矿产品属于列举的项目，但对它仍然不征税，因为它不是在我国境内开采的。

（一）列举的征税范围

表 7-1 为资源税税目税率表。

表 7-1　资源税税目税率表

税目			征税对象	税率
能源矿产	原油		原矿	6%
	天然气、页岩气、天然气水合物		原矿	6%
	煤		原矿或者选矿	2%～10%
	煤成（层）气		原矿	1%～2%
	铀、钍		原矿	4%
	油页岩、油砂、天然沥青、石煤		原矿或者选矿	1%～4%
	地热		原矿	1%～20%或者每立方米 1～30 元
金属矿产	黑色金属	铁、锰、铬、钒、钛	原矿或者选矿	1%～9%
	有色金属	铜、铅、锌、锡、镍、锑、镁、钴、铋、汞	原矿或者选矿	2%～10%
		铝土矿	原矿或者选矿	2%～9%
		钨	选矿	6.5%
		钼	选矿	8%
		金、银	原矿或者选矿	2%～6%
		铂、钯、钌、锇、铱、铑	原矿或者选矿	5%～10%
		轻稀土	选矿	7%～12%
		中重稀土	选矿	20%
		铍、锂、锆、锶、铷、铯、铌、钽、锗、镓、铟、铊、铪、铼、镉、硒、碲	原矿或者选矿	2%～10%
非金属矿产	矿物类	高岭土	原矿或者选矿	1%～6%
		石灰岩	原矿或者选矿	1%～6%或者每吨（或者每立方米）1～10 元
		磷	原矿或者选矿	3%～8%
		石墨	原矿或者选矿	3%～12%
		萤虫、硫铁矿、自然硫	原矿或者选矿	1%～8%
		天然石英砂、脉石英、粉石英、水晶、工业用金刚石、冰洲石、蓝晶石、硅线石（砂线石）、长石、滑石、刚玉、菱镁矿、颜料矿物、天然碱、芒硝、钠硝石、明矾石、砷、硼、碘、溴、膨润土、硅藻土、陶瓷土、耐火黏土、铁矾土、凹凸棒石黏土、海泡石黏土、伊利石黏土、累托石黏土	原矿或者选矿	1%～12%

续表

税目			征税对象	税率
非金属矿产	矿物类	叶蜡石、硅灰石、透辉石、珍珠岩、云母、沸石、重晶石、毒重石、方解石、蛭石、透闪石、工业用电气石、白垩、石棉、蓝石棉、红柱石、石榴子石、石膏	原矿或者选矿	2%～12%
		其他黏土（铸型用黏土、砖瓦用黏土、陶粒用黏土、水泥配料用黏土、水泥配料用红土、水泥配料用黄土、水泥配料用泥岩、保温材料用黏土）	原矿或者选矿	1%～5%或者每吨（或者每立方米）0.1～5元
	岩石类	大理岩、花岗岩、白云岩、石英岩、砂岩、辉绿岩、安山岩、闪长岩、板岩、玄武岩、片麻岩、角闪岩、页岩、浮石、凝灰岩、黑曜岩、霞石正长岩、蛇纹岩、麦饭石、泥灰岩、含钾岩石、含钾砂页岩、天然油石、橄榄岩、松脂岩、粗面岩、辉长岩、辉石岩、正长岩、火山灰、火山渣、泥炭	原矿或者选矿	1%～10%
		砂石	原矿或者选矿	1%～5%或者每吨（或者每立方米）0.1～5元
	宝玉石类	宝石、玉石、宝石级金刚石、玛瑙、黄玉、碧玺	原矿或者选矿	4%～20%
水气矿产	二氧化碳气、硫化氢气、氦气、氡气		原矿	2%～5%
	矿泉水		原矿	1%～20%或者每立方米1～30元
盐	钠盐、钾盐、镁盐、锂盐		选矿	3%～15%
	天然卤水		原矿	3%～15%或者每吨（或者每立方米）1～10元
	海盐			2%～5%

应税产品为矿产品的，包括原矿和选矿产品。《资源税税目税率表》中规定实行幅度税率的，其具体适用税率由省、自治区、直辖市人民政府统筹考虑该应税资源的品位、开采条件以及对生态环境的影响等情况，在《资源税税目税率表》规定的税率幅度内提出，报同级人民代表大会常务委员会决定，并报全国人民代表大会常务委员会和国务院备案。《资源税税目税率表》中规定征税对象为原矿或者选矿的，应当分别确定具体适用税率。

对取用地表水或者地下水的单位和个人试点征收水资源税。征收水资源税的，停止征收水资源费。水资源税根据当地水资源状况、取用水类型和经济发展等情况实行差别税率。水资源税试点实施办法由国务院规定，报全国人民代表大会常务委员会备案。

中外合作开采陆上、海上石油资源的企业依法缴纳资源税。2011年11月1日前已依法订立中外合作开采陆上、海上石油资源合同的，在该合同有效期内，继续依照国家有关规定缴纳矿区使用费，不缴纳资源税；在合同期满后，依法缴纳资源税。

（二）检查方法

（1）用规定的征税项目与纳税人生产经营的产品进行比对，核实开采或生产的产品是否属于征税的范围，纳税人有无人为变更产品名称、混淆征税范围的情况。

（2）检查纳税人的销售账户和产品出库单、销售发票等，看有无将应税项目列入免税范围内，比如以深加工产品代替应税的初级资源品，减少应税产品的计税数量。例如，原油企业在开采过程中用于加热、修井的原油是免税的，要检查纳税人在使用中的记录是否真实、准确，看有无虚增免税产品耗用量的现象。

（3）税法规定，在中华人民共和国领域和中华人民共和国管辖的其他海域开发应税资源的单位和个人，为资源税的纳税人。其中，包括了外商投资企业、外国企业及外籍人员。在检查时，注意区分它们的范围。

二、计税依据的检查

资源税按照《资源税税目税率表》实行从价计征或者从量计征。

《资源税税目税率表》中规定可以选择实行从价计征或者从量计征的，具体计征方式由省、自治区、直辖市人民政府提出，报同级人民代表大会常务委员会决定，并报全国人民代表大会常务委员会和国务院备案。

实行从价计征的，应纳税额按照应税资源产品的销售额乘以具体的适用税率计算。实行从量计征的，应纳税额按照应税产品的销售数量乘以具体的适用税率计算。

（一）计税依据的主要规定

1. 从价定率征收的计税依据

实行从价定率征收的，以销售额作为计税依据。销售额是指纳税人销售应税产品向购买方收取的全部价款和价外费用，但不包括收取的增值税销项税额。

价外费用包括价外向购买方收取的手续费、补贴、基金、集资费、返还利润、奖励费、违约金、滞纳金、延期付款利息、赔偿金、代收款项、代垫款项、包装费、包装物租金、储备费、优质费、运输装卸费以及其他各种性质的价外收费。但下列项目不包括在内：

（1）同时符合以下条件的代垫运输费用。

1）承运部门的运输费用发票开具给购买方的。

2）纳税人将该项发票转交给购买方的。

（2）同时符合以下条件代为收取的政府性基金或者行政事业性收费。

1）由国务院或者财政部批准设立的政府性基金，由国务院或者省级人民政府及其财政、价格主管部门批准设立的行政事业性收费。

2）收取时开具省级以上财政部门印制的财政票据。

3）所收款项全额上缴财政。

另外，纳税人以人民币以外的货币结算销售额的，应当折合成人民币计算。其销售额的人民币折合率可以选择销售额发生的当天或者当月 1 日的人民币汇率中间价。纳税人应在事先确定采用何种折合率计算方法，确定后 1 年内不得变更。

2. 从量定额征收的计税依据

实行从量定额征收的，以销售数量作为计税依据。销售数量的具体规定为：

(1) 销售数量包括纳税人开采或者生产应税产品的实际销售数量和视同销售的自用数量。

(2) 纳税人不能准确提供应税产品销售数量的，以应税产品的产量或者按主管税务机关确定的折算比换算成的数量为计征资源税的销售数量。

免征或者减征资源税的具体办法，由省、自治区、直辖市人民政府提出，报同级人民代表大会常务委员会决定，并报全国人民代表大会常务委员会和国务院备案。

纳税人的免税、减税项目，应当单独核算销售额或者销售数量；未单独核算或者不能准确提供销售额或者销售数量的，不予免税或者减税。

(二) 检查方法

(1) 通过查看库存产品账户，并结合产品实地盘点，检查有无账外销售收入未入账的行为。

(2) 通过检查产成品、在产品和产品销售成本账户，看有无以物易物不计销售的行为。

(3) 对于自用的应税资源品，应注意将其材料领用单与税额计算单及“应交税费——应交资源税”账户相对比，检查有无生产领用应税资源品但没有计算纳税的情况；将材料领用单与企业产品生产计算单及产量记录相对比，核定自用应税资源品的计税数量是否正确。

(4) 检查在产品及产成品账户的明细账及其对应科目，检查有无将应税产品用于职工福利、在建工程或其他方面而没有计算纳税的现象。

(5) 对自用应税资源品的行为，检查其税额计算过程，检查是否存在有意降低折算比例、少纳资源税的现象。

(6) 核对意外事故损失原始记录、事故评估报告，检查有无虚报损失数量、瞒报保险公司赔偿金额的情况。

三、单位税率（额）运用的检查

资源税的比例税率和定额税率采用的是幅度税率，同一征税项目的产品的等级不同，比例税率和定额税率就有较大差异，而产品等级的划分带有较强的主观性，稍有不慎就可能错用税率（额）。

对单位税率（额）运用的检查方法主要有：

(1) 要注意各油田、矿山与盐场是否均按列举的税目及资源品等级计算了税额，有无用错、用串现象或混淆等级现象。

(2) 对于主矿产品以外、税法没有规定税率的伴采矿产品，通过检查其生产记录及相关产品账户，检查是否存在按照其他开采地产品计税，而没有按本地主矿产品税率一并计税，从而少纳资源税的情况。

(3) 检查材料采购账户及应交税费账户，检查有无收购未税矿产品而没有按规定的单位税额代扣代缴资源税的情况。如果在收购时纳税人已经代扣了资源税，应注意其适用的单位税额是否符合税法规定的收购地单位税额。

(4) 对于适用减免税的情形，应注意检查其是否满足税法规定，是否存在扩大优惠范围的现象。

四、征收管理的检查

对资源税征收管理的检查，需要注意两个方面：

(1) 要注意纳税期限，资源税按月或者按季申报缴纳；不能按固定期限计算缴纳的，可以按次申报缴纳。纳税人销售应税产品，其纳税义务发生时间为收讫销售款或者取得索取销售款凭据的当日；自用应税产品的，其纳税义务发生时间为移送应税产品的当日。检查其应税行为的纳税义务发生时间是否符合规定。

(2) 要注意纳税地点，纳税人应当向应税产品开采地或者生产地的税务机关申报缴纳资源税。在检查时，注意纳税人有无虚造开采地或生产地的假象，以达到逃税的目的。

五、应纳税额的计算及会计处理

(一) 油田对外销售应税产品

[例 7-1] 某油田本期开采原油 10 000 吨，附加开采天然气 5 000 000 立方米，对外销售原油 8 000 吨，取得销售收入 3 200 万元；销售天然气 4 000 000 立方米，取得销售收入 600 万元。原油适用的资源税税率为 6%，天然气适用的资源税税率为 6%。有关税款已上缴入库。该油田应做会计处理如下：

(1) 计算销售原油应纳资源税时：

销售原油应纳资源税=3 200×6%=192（万元）

借：税金及附加	1 920 000	
贷：应交税费——应交资源税		1 920 000

(2) 计算销售天然气应纳资源税时：

销售天然气应纳资源税=600×6%=36（万元）

借：税金及附加	360 000	
贷：应交税费——应交资源税		360 000

(3) 该油田上缴本期资源税时：

借：应交税费——应交资源税	2 280 000	
贷：银行存款		2 280 000

（二）煤矿自用应税产品

［例 7-2］ 某煤矿当月开采原煤 50 000 吨，对外销售 46 000 吨，每吨 220 元，取得不含税收入 1 012 万元，煤矿职工食堂用原煤 50 吨、职工浴室用原煤 30 吨；将自产原煤 20 000 吨用于直接加工焦煤。该煤矿开采的原煤适用 8%的比例税率。该煤矿当月应缴纳资源税及会计处理如下：

（1）月终结算应纳税额时：

计算对外销售、食堂、浴室用原煤应纳资源税时：

应纳资源税＝(46 000＋50＋30)×220×8%＝811 008（元）

借：税金及附加　　811 008

　贷：应交税费——应交资源税　　811 008

（2）上缴本期资源税时：

借：应交税费——应交资源税　　811 008

　贷：银行存款　　811 008

第二节　土地增值税的检查

土地增值税是对转让国有土地使用权、地上建筑物及其附着物并取得收入的单位和个人，就其转让房地产所取得的增值额征收的一种税。我国开征土地增值税的主要目的：一是进一步改革和完善税制，适应增强国家对房地产开发和房地产市场调控力度的客观需要；二是抑制炒买炒卖土地、获取暴利的投机行为；三是规范国家参与土地增值收益的分配方式，增加国家的财政收入。

由于房地产开发与转让的周期较长、核算难度大，加之该税种开征的时间不长，有少部分纳税人为了自身利益，导致土地增值税的大量流失。

一、征税范围的检查

（一）征税范围的主要规定

征税范围是每个税种征税的第一道环节，土地增值税也不例外，准确判断征税范围是正确计算征收税款的前提。根据《中华人民共和国土地增值税暂行条例》及其实施细则的规定，土地增值税的征税范围包括两大基本部分：

（1）转让国有土地使用权。按照国家法律规定，城市的土地属于国家所有，农村和城市郊区的土地除由法律规定属于国家所有的以外，均属于集体所有。从原则上说，转让城市的土地都应缴纳土地增值税，而转让农村和城市郊区的土地不缴纳土地增值税。但是，国家为了公共利益，可以依照法律规定对集体土地实行征用，依法被征用后的土地属于国家所有。

（2）连同国有土地使用权一并转让的地上建筑物及其附着物。地上建筑物是指建于土地上的一切建筑物，包括地上/地下的各种附属设施。附着物是指附着于土地上的不能移动或一经移动就遭损坏的物品。

除上述基本规定外，在征税范围的划分上还存在对下述具体行为的相关规定：

1. 以继承、赠予方式转让的房地产

虽然这种情况发生了房地产产权的转让，但没有取得相应的收入，属于无偿转让房地产的行为，所以不纳入土地增值税的征税范围。这里又可分为两种情况：

（1）房地产的继承。房地产的继承是指房产的原产权所有人、依照法律规定取得土地使用权的土地使用人死亡以后，由其继承人依法承受死者房产产权和土地使用权的民事法律行为。虽然这种行为发生了房地产的权属变更，但房产产权、土地使用权的原所有人（即被继承人）并没有因为权属的转让而取得任何收入，因而这种房地产的继承不属于土地增值税的征税范围。

（2）房地产的赠予。房地产的赠予是指房产所有人、土地使用权所有人将自己拥有的房地产无偿地交给其他人的民事法律行为。这里的“赠予”仅指以下情况：一是房产所有人、土地使用权所有人将房屋产权、土地使用权赠予直系亲属或承担直接赡养义务的人。二是房产所有人、土地使用权所有人通过中国境内非营利的社会团体、国家机关将房屋产权、土地使用权赠予教育、民政和其他社会福利、公益事业。

如果赠予的对象不属于上述两种情况，应纳入征税范围。

2. 房地产的出租

房地产的出租是指房产的产权所有人、依照法律规定取得土地使用权的土地使用人将房产、土地使用权租赁给承租人使用，由承租人向出租人支付租金的行为。在这种情况下，房地产的出租人虽取得了收入，但没有发生房产产权、土地使用权的转让，因而不属于土地增值税的征税范围。

3. 房地产的抵押

房地产的抵押是指房地产的产权所有人、依法取得土地使用权的土地使用人作为债务人或第三人向债权人提供不动产作为清偿债务的担保而不转移权属的法律行为。在这种情况下，由于房产的产权、土地使用权在抵押期间并没有发生权属的变更，房产的产权所有人、土地使用权人仍能对房地产行使占有、使用、收益等权利，虽然房产的产权所有人、土地使用权人在抵押期间取得了一定的抵押贷款，但实际上这些贷款在抵押期满后是要连本带利偿还给债权人的，因此对房地产的抵押，在抵押期间不征收土地增值税，待抵押期满后，视该房地产是否转移占有而确定是否征收土地增值税。对于以房地产抵债而发生房地产权属转让的，应列入土地增值税的征税范围。

4. 房地产的交换

房地产的交换是指一方以房地产与另一方的房地产进行交换的行为。由于这种行为既发生了房产产权、土地使用权的转移，交换双方又取得了实物形态的收入，因而它属于土地增值税的征税范围。但目前对个人之间互换自有居住用房地产的，经当地税务机关核实，可以免征土地增值税。

5. 以房地产进行投资、联营

以房地产进行投资、联营是指投资、联营的一方以土地（房地产）作价入股进行投资或作为联营条件，将房地产转让到所投资、联营的企业中。在这种情况下，暂免征收土地增值税。投资、联营企业将上述房地产再转让的，才征收土地增值税。

6. 合作建房

合作建房是指一方出地，另一方出资金，双方合作建房。建成后按比例分房自用的，暂免征收土地增值税；建成后转让的，应征收土地增值税。

7. 企业兼并转让房地产

在企业兼并中，对被兼并企业将房地产转让到兼并企业中的，暂免征收土地增值税。

8. 房地产的代建房行为

房地产的代建房行为是指房地产开发公司代客户进行房地产的开发，在开发完成后向客户收取代建收入的行为。对于房地产开发公司而言，虽然取得了收入，但没有发生房地产权属的转移，其收入属于劳务收入性质，故不属于土地增值税的征税范围。

9. 房地产的重新评估

房地产的重新评估是指国有企业在清产核资时对房地产进行重新评估而使其升值的情况。在这种情况下，虽然房地产有增值，但其既没有发生房地产权属的转移，房产产权、土地使用权人也未取得收入，所以不属于土地增值税的征税范围。

（二）检查方法

（1）用现行规定与纳税人开发并转让房地产的具体行为进行核对，核实各种具体行为是否属于税法规定的征税范围，检查纳税人有无将应税行为转化为征税范围之外的行为。

（2）在检查过程中，主要核对纳税人的建造合同或销售转让合同，逐项确认纳税人房地产转让业务的性质，检查有无做假的行为。例如，房地产赠予是否符合国家对赠予对象的规定。

二、应纳税额的检查

（一）房地产开发企业应纳土地增值税的检查

在房地产转让业务中，新开发房地产的销售占有绝对比重。房地产开发业务的特点是周期较长，少则几个月，多则几年。按照土地增值税的有关规定，一般采取预缴和营业收入实现或项目全部竣工、办理结算后进行清算的征管办法。土地增值税的计算公式如下：

增值额＝收入总额－扣除项目金额

增值比例＝增值额÷扣除项目金额

应纳土地增值税税额＝增值额×适用税率－扣除项目金额×速算扣除系数

根据上述公式可知，土地增值税应纳税额的计算，首先是计算增值额，其次是计算增值比例，最后是计算应纳税额。根据计税的程序，检查的内容主要有：

1. 收入总额的检查

按照税法规定，收入总额包括纳税人转让房地产取得的全部价款及有关的经济收益。

从收入的形式来看，包括货币收入、实物收入和其他收入。货币收入是指纳税人转让房地产而取得的现金、银行存款、支票、银行本票、汇票等各种信用票据和国库券、金融债券、企业债券、股票等有价证券。这些类型的收入，其实质都是转让方因转让土地使用权、房屋产权而向取得方收取的价款。实物收入是指纳税人转让房地产而取得的各种实物形态的收入，如钢材、水泥等建材，房屋、土地等不动产等。其他收入是指纳税人转让房地产而取得的无形资产收入或具有财产价值的权利，如专利权、商标权、著作权、专有技术使用权、土地使用权、商誉权等。

在这三种收入中，货币收入比较容易确定。实物收入的价值不太容易确定，一般要对这些实物形态的财产进行估价。其他收入比较少见，其价值需要进行专门的评估。根据收入形式的不同特点，检查的主要方法有：

（1）用纳税人每期自行申报的收入额与会计核算中的利润表、销售总分类账、销售明细账、销售发票等资料的发生额核对，审核它们之间的数据是否相等，有无隐瞒收入的情况。

（2）确定银行存款借方发生的销售收入额，与开具发票的金额核对，看纳税人有无收款后不按时开票，或者隐瞒预收款项不按规定纳税的情况。

（3）检查销售合同或转让合同，确定付款的形式和日期，查看收款方式是以现金结算还是通过银行结算，有无将收取的现金放入“小金库”的情况。

（4）在取得实物和其他收入的情况下，是否在会计资料中对其如实反映，购销双方办理了哪些手续，在评估销售额的过程中是否存在虚假行为。

2. 扣除项目的检查

按照规定，房地产开发企业销售的房地产，在计算增值额时准许扣除的项目有 5 项：

（1）取得土地使用权所支付的金额。取得土地使用权所支付的金额包括纳税人为取得土地使用权所支付的地价款和在取得土地使用权时按国家统一规定缴纳的有关费用。如果是以协议、招标、拍卖等出让方式取得土地使用权的，地价款为纳税人所支付的土地出让金；如果是以行政划拨方式取得土地使用权的，地价款为按照国家有关规定补缴的土地出让金；如果是以转让方式取得土地使用权的，地价款为向原土地使用权人实际支付的地价款。费用是指纳税人在取得土地使用权过程中为办理有关手续，按国家统一规定缴纳的有关登记、过户手续费。

（2）房地产开发成本。房地产开发成本是指纳税人的房地产开发项目实际发生的成本，包括土地征用及拆迁补偿费、前期工程费、建筑安装工程费、基础设施费、公共配套设施费、开发间接费用等。土地征用及拆迁补偿费包括土地征用费、耕地占用税、劳动力安置费及有关地上/地下附着物拆迁补偿的净支出、安置动迁用房支出等。前期工程费包括规划、设计、项目可行性研究和水文、地质、勘察、测绘、“七通一平”等支出。建筑安装工程费包括以出包方式支付给承包单位的建筑安装工程费，以自营方式发生的建筑安装工程费。基础设施费包括开发小区内道路、供水、供电、供气、排污、排洪、通信、照明、环卫、绿化等工程发生的支出。公共配套设施费包括不能有偿转让的开发小区内公共配套设施发生的支出。开发间接费用是指直接组织、管理开发项目发生的费用，包括工资、职工福利费、折旧费、修理费、办公费、水电费、劳动保护费、周转房摊销等。

（3）房地产开发费用。房地产开发费用是指与房地产开发项目有关的销售费用、管理费用和财务费用。根据现行财务会计制度的规定，这三项费用作为期间费用，直接计入当期损益，不按成本核算对象进行分摊。因此，作为土地增值税扣除项目的房地产开发费用，不按纳税人房地产开发项目实际发生的费用进行扣除，而按《中华人民共和国土地增值税暂行条例实施细则》的标准进行扣除。具体计算方法是：纳税人能够按转让房地产项目计算分摊利息支出，并能提供金融机构贷款证明的，其允许扣除的房地产开发费用为：利息＋(取得土地使用权所支付的金额＋房地产开发成本)×5％以内（利息最高不能超过按商业银行同期同类贷款利率计算的金额）；纳税人不能按转让房地产项目计算分摊利息支出或不能提供金融机构贷款证明的，其允许扣除的房地产开发费用为：(取得土地使用权所支付的金额＋房地产开发成本)×10％以内。

开发企业全部使用自有资金，没有利息支出的，可按照以上方法扣除，上述具体适用的扣除比例，按省级人民政府规定的比例执行。

（4）与转让房地产有关的税金。与转让房地产有关的税金是指在转让房地产时缴纳的营业税①、城市维护建设税。因转让房地产而缴纳的教育费附加、地方教育附加，也可视同税金予以扣除。

（5）其他扣除项目。对于从事房地产开发的纳税人，按照《中华人民共和国土地增值税暂行条例实施细则》的规定，可按取得土地使用权所支付的金额和房地产开发成本金额的合计，加计20％扣除。此条优惠只适用于从事房地产开发的纳税人，对除此之外的其他纳税人不适用。

在计算土地增值税的增值额时，其扣除项目金额的计算非常复杂，它不像增值税那样只是对购进的货物或劳务加以扣除。土地增值税增值额的计算实际上类似于利润的计算。扣除项目的检查方法主要有：1）检查扣除项目的相关票据是否齐全，所扣金额是否属于税法规定的范围。2）检查相关数据的计算是否正确，某些项目的扣除是否超过规定的标准。由于扣除项目众多且计算较复杂，因此要认真审核每一项应扣除的数据。在检查时，用核定的各项金额与纳税人自己的账载金额核对，如有差异，应予以调整。3）检查各环节签订的协议或合同，核对扣除项目是否符合相关的内容，账载金额是否与合同的有关数据一致。

3. 增值比例和计算税额的检查

增值比例正确与否，直接关系到适用税率的正确程度。因此，对纳税人自行计算的增值比例和应纳税额适用的税率，以及计算的应纳税额要逐项核定，防止纳税人错用增值比例和税率而逃避税款。土地增值税的税率及速算扣除系数见表7-2。

表7-2 土地增值税四级超率累进税率表

级数	增值额与扣除项目金额的比例	税率（％）	速算扣除系数（％）
1	不超过50％的部分	30	0
2	超过50％且不超过100％的部分	40	5
3	超过100％且不超过200％的部分	50	15
4	超过200％的部分	60	35

① 在“营改增”后改为增值税，增值税为价外税，不再单独扣除。

（二）非房地产企业应纳土地增值税的检查

非房地产企业一般不直接开发房地产来转让，因此，非房地产企业销售的房产或建筑物一般为存量房产。转让旧房的，应按房屋及建筑物的评估价格、取得土地使用权所支付的地价款和按国家统一规定交纳的有关费用以及在转让环节缴纳的税金，作为扣除项目金额计征土地增值税。对取得土地使用权时未支付地价款或不能提供已支付的地价款凭据的，不允许扣除取得土地使用权所支付的金额。按照规定，销售旧房或建筑物应纳土地增值税的计算公式为：

增值额＝收入总额－(评估价＋地价款)－相关税费

增值比例＝增值额÷扣除项目金额

应纳土地增值税税额＝增值额×适用税率－扣除项目金额×速算扣除系数

根据公式可知，存量房地产销售应缴纳的土地增值税的计算方法，除评估价项目不同外，其他方面与房地产开发企业应纳土地增值税的计算方法一致。因此，对存量房地产应纳土地增值税的检查重点在于评估价的核定。

按照规定，旧房及建筑物的评估价是指在转让已使用的房屋及建筑物时，由政府批准设立的房地产评估机构评定的重置成本价乘以成新度折扣率后的价格。重置成本价的含义是：对旧房及建筑物，按转让时的建材价格及人工费用计算建造同样面积、同样层次、同样结构、同样建设标准的新房及建筑物所需花费的成本与费用。成新度折扣率的含义是：按旧房的新旧程度所做的一定比例的折扣。例如，某栋房屋已使用近 10 年，建造时的造价为 2 000 万元，按转让时的建材及人工费用计算，建同样的新房需花费 3 000 万元，该房有六成新，则该房的评估价为 1 800 万元（＝3 000×60%）。

纳税人转让旧房及建筑物，凡不能取得评估价，但能提供购房发票的，经当地税务部门确认，取得土地使用权所支付的金额、旧房及建筑物的评估价，可按发票所载金额，从购买年度起至转让年度止，每年加计 5%计算扣除。在计算扣除项目时，“每年”按购房发票所载日期起至售房发票开具之日止，每满 12 个月计一年；超过一年，未满 12 个月但超过 6 个月的，可视为一年。

对纳税人在购房时缴纳的契税，凡能提供契税完税凭证的，准予作为“与转让房地产有关的税金”扣除，但不作为加计 5%的基数。

在检查时，应注意纳税人自行申报的金额是否正确。检查方法是，核定评估机构为纳税人出具的评估报告，比较计算应纳税额的相关数据是否一致，有无扩大或缩小的情况。

三、应纳税额的计算及会计处理

[例 7-3]　主营房地产开发业务的华伦房地产开发公司在 202×年度开发房地产 10 000 平方米并对外销售，按签订的购销合同共计取得不含税销售收入 2 000 万元。在开发过程中，支付取得土地使用权的费用 200 万元；支付开发房地产的成本 600 万元；支付开发房地产的借款利息支出 80 万元，并能提供金融机构的证明，利率未超过银行同期同类贷款利率的规定标准，当地政府规定其他房地产开发费用的扣除比例为 5%；在清算时

允许扣除的有关税金及附加 110 万元；华伦房地产开发公司按照当地主管税务机关的规定，在第 1—4 季度分别预缴土地增值税 30 万元。华伦房地产开发公司开发该房地产应缴纳的土地增值税及其会计处理如下：

(1) 每季度预缴土地增值税时：

借：应交税费——应交土地增值税　　300 000

　贷：银行存款　　300 000

(2) 计算应缴纳的土地增值税税额：

1) 计算应扣除的项目金额：

扣除项目金额＝取得土地使用权所支付的金额＋房地产开发成本＋房地产开发费用＋与转让地产有关的税金＋加计扣除费用

房地产开发费用＝80＋(200＋600)×5%＝120（万元）

加计扣除费用＝(200＋600)×20%＝160（万元）

合计扣除项目金额＝200＋600＋120＋110＋160＝1 190（万元）

2) 计算增值额：

增值额＝收入总额－扣除项目金额＝2 000－1 190＝810（万元）

3) 增值额占扣除项目金额的比例为 68.07%（＝810÷1 190×100%）。

4) 确定适用税率。该房地产转让项目土地增值税的适用税率为 40%。

5) 计算应纳土地增值税税额：

应纳土地增值税税额＝增值额×适用税率－扣除项目金额×速算扣除系数
＝810×40%－1 190×5%
＝324－59.5
＝264.5（万元）

(3) 应交土地增值税的会计处理：

借：税金及附加　　2 645 000

　贷：应交税费——应交土地增值税　　2 645 000

该年度华伦房地产开发公司“应交税费——应交土地增值税”账户见表 7-3。

表 7-3　应交税费——应交土地增值税　　单位：元

时间	凭证	摘要	借方	贷方	余额
略	略	略	300 000		
			300 000		
			300 000		
			300 000		
				2 645 000	
合计			1 200 000	2 645 000	

(4) 年末结算华伦房地产开发公司应补缴土地增值税时：

应补缴土地增值税＝2 645 000－1 200 000＝1 445 000（元）

上缴土地增值税时：

借：应交税费——应交土地增值税　　1 445 000

　贷：银行存款　　1 445 000

[例7-4]　某工业企业202×年8月转让10年前建造的一栋办公楼，取得转让收入1 200万元，在10年前建造时的造价为300万元，已计提折旧120万元。按转让时的建材及人工费用计算，建造同样的新房需要耗费1 000万元，该房还有六成新。由于办公楼所占土地面积的原使用权属于国家无偿划拨的，所以企业在转让办公楼时补缴土地出让金200万元。企业转让该存量房应缴纳的土地增值税及有关账务处理如下（企业适用简易计税方法缴纳增值税、城市维护建设税的税率为7%、教育费附加的征收率为3%、地方教育附加的征收率为2%）：

（1）转让时冲减固定资产和累计折旧：

借：持有待售资产　　1 800 000

　　累计折旧　　1 200 000

　贷：固定资产　　3 000 000

（2）取得转让收入时：

借：银行存款　　12 000 000

　贷：持有待售资产　　11 428 600

　　　应交税费——简易计税　　571 400

（3）支付土地出让金时：

借：持有待售资产　　2 000 000

　贷：银行存款——出让金　　2 000 000

（4）计算应缴纳的增值税、城市维护建设税、教育费附加、地方教育附加时：

应纳增值税＝1 200÷(1＋5%)×5%＝57.14（万元）

应纳城市维护建设税＝57.14×7%＝4.00（万元）

应缴教育费附加＝57.14×3%＝1.71（万元）

应缴地方教育附加＝57.14×2%＝1.14（万元）

借：持有待售资产　　68 500

　贷：应交税费——城市维护建设税　　40 000

　　　应交税费——教育费附加　　17 100

　　　应交税费——地方教育附加　　11 400

（5）计算应缴纳的土地增值税：

1）计算增值额：

办公楼的评估价格＝1 000×60%＝600（万元）

增值额＝1 142.86－600－200－6.85＝336.01（万元）

2）计算增值额占扣除项目金额的比例：

336.01÷(600＋200＋6.85)＝336.01÷806.85＝41.64%

3）计算应纳土地增值税税额：

由于增值额占扣除项目金额的比重在50%以内，所以适用税率为30%。

应纳土地增值税税额＝336.01×30%＝100.803（万元）

计算土地增值税时的会计处理：

借：持有待售资产　　1 008 030

　贷：应交税费——应交土地增值税　　1 008 030

（6）上缴土地增值税时：

借：应交税费——应交土地增值税　　1 008 030

　贷：银行存款　　1 008 030

第三节　城市维护建设税、教育费附加及地方教育附加的检查

城市维护建设税（以下简称“城建税”）是以纳税人实际缴纳的增值税、消费税（以下简称“两税”）为计税依据所征收的一种税，具有附加税的性质。城建税的收入归地方财政所有，专门用于城市公用事业和公共设施的建设与维护。

一、城建税的检查

（一）税额计算的检查

城建税的税额计算首先应注意征免范围的划分。按照税法规定，所有的“两税”纳税义务人均应计算缴纳城建税；除了进口环节以外，所有的“两税”纳税环节都应同时计算缴纳城建税。按照这一原则，在进行城建税的检查时：一是可结合“两税”的检查同时进行。二是应注意税率的运用。城建税的税率是按照纳税人所在地分别确定的，在检查时应注意纳税人有无混淆适用税率，将城市郊区划为县城范围、将县城郊区划为农村范围，以降低适用税率的现象。三是要注意代扣代缴“两税”的纳税人在代扣城建税时是否存在未按代扣代缴义务人所在地的税率计税的现象。四是注意流动经营的“两税”纳税义务人在缴纳城建税时，是否适用了经营所在地的税率。

（二）征收管理的检查

由于城建税的附加性质，其征收管理的检查可与“两税”同时进行。

二、教育费附加及地方教育附加的检查

教育费附加及地方教育附加的检查与城市维护建设税的检查方法相同。

第四节　房产税的检查

房产税是以房产为征税对象所征收的一种税，其征税的地域范围包括城市、县城、建制镇和工矿区。房产税的计征方法有从价计征与从租计征两种方法。

一、从价计征房产税的检查

（一）从价计征房产税的基本规定

在从价计征方法下，房产税的计税依据为房产原值扣除10％～30％后的余额，适用税率为1.2％。各地扣除比例由当地省、自治区、直辖市人民政府在规定的幅度内确定。

（1）房产原值是指纳税人按照会计制度规定，在账簿“固定资产”账户中记载的房屋原价。因此，凡按会计制度规定在账簿中记载有房屋原价的，应以房屋原价按规定减除一定比例后作为房产余值计征房产税；没有记载房屋原价的，按照上述规定，并参照同类房屋确定房产原值，然后按规定计征房产税。

房产原值应包括与房屋不可分割的各种附属设备或一般不单独计算价值的配套设施，主要有：暖气、卫生、通风、照明、煤气等设备；各种管线、压缩空气、石油、给排水等管道及电力、电信、电缆导线；电梯、升降机、过道、晒台等。属于房屋附属设备的水管、下水道、暖气管、煤气管等应从最近的探视井或三通管起，计算原值；电灯网、照明线从进线盒连接管起，计算原值。

纳税人对原有房屋进行改建、扩建的，要相应增加房产原值。

（2）房产余值是房产原值减除规定比例后的剩余价值。

1）对投资联营的房产，在计征房产税时应予以区别对待。对于以房产投资联营、投资者参与投资利润分红、共担风险的，按房产余值作为计税依据计征房产税；对以房产投资、收取固定收入、不承担联营风险的，实际是以联营名义取得房产租金，应根据《中华人民共和国房产税暂行条例》的有关规定，由出租方按租金收入计缴房产税。

2）对融资租赁房屋的情况，由于租赁费包括购进房屋的价款、手续费、借款利息等，与一般房屋出租的“租金”内涵不同，且租赁期满后，当承租方偿还最后一笔租赁费时，房屋产权要转移到承租方，这实际是一种变相的分期付款购买固定资产的形式，所以在计征房产税时应以房产余值计算征收，至于租赁期内房产税的纳税人，应由当地税务机关根据实际情况确定。

3）在新建房屋交付使用时，如果中央空调设备已计算在房产原值之中，则房产原值应包括中央空调设备。旧房安装空调设备，一般都作为单项固定资产入账，不应计入房产原值。

（二）检查方法

（1）检查房屋原值的确定。在检查时，应结合企业固定资产账户中房产的原值记录、管理费用和应交税费会计账户的内容，看企业拥有所有权的房产有无未缴房产税的现象。

（2）检查在建工程等会计账户。注意新建、改扩建的房屋是否存在改良支出或新增与房屋价值无法分割的附属设施未计入房产原值核算、未计算缴纳房产税的情况。

（3）检查固定资产账户，注意有无融资租入的固定资产没有计算缴纳房产税的情况。

（4）检查投资类账户，注意有无以房产对外投资换取股权，但未计算纳税的情况。

（5）检查扣除比例使用是否准确，注意有无擅自扩大扣除比例、减少应纳税额的现象。

（6）与实地考察相结合，注意免税单位内部的应税房产，如公园、寺庙、名胜古迹内设立的营业用房等，是否存在未缴房产税的情况。

二、从租计征房产税的检查

（一）基本规定

《中华人民共和国房产税暂行条例》规定，房产出租的，以房产租金收入为房产税的计税依据，适用税率为12%，计算缴纳房产税。

房产的租金收入是房屋产权所有人出租房产使用权所得的报酬，包括货币收入和实物收入。如果是以劳务或者其他形式为报酬抵付房租收入，则应根据当地同类房产的租金水平，确定一个标准租金额从租计征。

纳税人对个人出租房屋的租金收入申报不实或申报数与同一地段同类房屋的租金收入相比明显不合理的，税务部门可以按照《税收征管法》的有关规定，采取科学合理的方法核定其应纳税额，具体办法由各省、自治区、直辖市税务机关结合当地实际情况制定。

（二）检查方法

（1）检查租赁业务发生后是否申报缴纳税款。在实践中，有众多纳税人将房屋出租后都未申报纳税，特别是个人出租的房屋。由于出租房屋的行为十分广泛，而且非常隐蔽，再加上租金多以现金的方式支付，检查难度较大。最有效的方法就是实地考察，向承租人调查情况，比如出租人是谁、租赁期限有多长、租金费用有多少，然后有目的地追缴税款。

（2）检查企业的投资类账户。注意有无以不动产对外投资并收取固定收入，但不从租计算缴纳房产税，甚至未申报缴纳房产税的情况。

三、征收管理的检查

对房产税征收管理的检查，主要注意以下几个方面：

(一) 从价计税方法下的纳税期限

按照税法规定，以1.2%的税率计算得出的税额是纳税人的年度应纳税额。如果纳税人使用的房产期限不足一年，应将年税额划分为若干月份，得出每个月应缴纳的税额。适用分期预缴的纳税人，应检查其“应交税费”账户的借方发生额，看有无随意减少纳税次数的现象。

(二) 检查免税房产

如果因大修等原因而停用半年以上，则按规定，在大修期间免征房产税，但在房产恢复使用后应及时缴纳。在这种情况下，应审核纳税人是否及时恢复了纳税。

(三) 纳税地点的检查

对拥有几处房产的纳税人，应检查纳税人是否如实填写了纳税申报表，是否按房产的坐落地分别缴纳了房产税，应结合账务检查和实地调查，看是否存在漏报应税房产、少纳房产税的现象。

四、应纳税额的计算及会计处理

[例7-5] 某企业上年度12月31日“固定资产”账户中的应税房产原值为600万元，从本年度4月1日起，将房产原值中的100万元房产租给其他单位使用，按照合同规定，每年收取租金24万元。当地政府规定，按房产原值扣除20%后作为房产余值，以1.2%的税率缴纳房产税；对出租的房屋，按租金收入以12%的税率计算缴纳房产税。该企业经当地主管税务机关核定，房产税按年计算，分季上缴。该企业本年中第一、二季度应缴纳的房产税计算处理如下：

(1) 第一季度每月应缴纳的房产税：

年应纳税额=6 000 000×(1-20%)×1.2%=57 600（元）

月应纳税额=57 600÷12=4 800（元）

1) 第一季度每月预提房产税时：

借：税金及附加——应交房产税　　4 800

　贷：应交税费——应交房产税　　4 800

2) 上缴第一季度房产税时：

借：应交税费——应交房产税　　14 400

　贷：银行存款　　14 400

(2) 第二季度每月应缴纳的房产税：

按房产余值计算：

年应纳税额=(6 000 000-1 000 000)×(1-20%)×1.2%=48 000（元）

月应纳税额=48 000÷12=4 000（元）

按租金收入计算：

年应纳税额=240 000×12%=28 800（元）

月应纳税额＝28 800÷12＝2 400（元）

第二季度每月应纳税额＝4 000＋2 400＝6 400（元）

1）第二季度每月预提房产税时：

借：税金及附加——应交房产税　　6 400

　贷：应交税费——应交房产税　　6 400

2）上缴第二季度的房产税时：

借：应交税费——应交房产税　　19 200

　贷：银行存款　　19 200

第五节　印花税的检查

印花税是以书立应税凭证、进行证券交易的行为为征税对象征收的一种税。印花税是一种具有行为税性质的凭证税，凡发生书立应税凭证、进行证券交易的行为，就必须依照印花税法的有关规定缴纳税款。

一、征税范围的检查

按照现行规定，印花税的征税范围包括合同、产权转移书据、营业账簿、证券交易 4 个大税目，可细化至 14 个具体子税目。一般来说，列入税目的就要征税，未列入税目的就不征税。

（一）征税范围的具体规定

（1）借款合同，指银行业金融机构、经国家金融监督管理总局批准设立的其他金融机构与借款人（不包括同业拆借）的借款合同。

（2）融资租赁合同，指出租人根据承租人对出卖人、租赁物的选择，向出卖人购买租赁物，提供给承租人使用，承租人支付租金的合同。

（3）买卖合同，指动产买卖合同（不包括个人书立的动产买卖合同）。

（4）承揽合同，指承揽人按照定作人的要求完成工作，交付工作成果，定作人支付报酬的合同。

（5）建筑工程合同，指工程勘察、设计、施工合同。

（6）运输合同，指货运合同和多式联运合同（包括公路货物运输、水路货物运输、航空货物运输、铁路货物运输合同，不包括管道运输合同）。

（7）技术合同，指当事人就技术开发、转让、许可、咨询或者服务订立的确立相互之间权利和义务的合同。

（8）租赁合同，指出租人将租赁物交付承租人使用、收益，承租人支付租金的合同。

（9）保管合同，指保管人保管寄存人交付的保管物，并返还该物品的合同。

（10）仓储合同，指保管人储存存货人交付的仓储物，存货人支付仓储费的合同。

（11）财产保险合同，指投保人与保险人约定的以财产及其有关利益为保险标的的协议，不包括再保险合同。

（12）土地使用权出让书据，土地使用权、房屋等建筑物和构筑物所有权转让书据（不包括土地承包经营权和土地经营权转移）、股权转让书据（不包括应缴纳证券交易印花税的），商标专用权、著作权、专利权、专有技术使用权转让书据。

（13）营业账簿，除记载资金的账簿外，其他营业账簿不征收印花税。

记载资金的账簿是指反映生产经营单位资本金增减变化的账簿。其他账簿是指除上述账簿以外的有关其他生产经营活动内容的账簿，包括日记账簿和各明细分类账簿。

（14）证券交易，仅指股票和以股票为基础的存托凭证。对于公司债券、政府债券、资管产品等其他证券，不征证券交易印花税。对于境外交易的证券，亦不属于印花税征税范围。

（二）检查方法

（1）以印花税规定的征税范围为依据，对纳税人发生的各项经营行为进行核对，看有无发生的应税行为未列入征税范围计算缴纳税款的情况。

（2）检查纳税人签订的各项经济合同和凭证，有无将属于应税行为的合同改变名称，以便隐瞒事实真相、逃避应缴纳税款的情况。

（3）进行实地调查，了解纳税人在经营活动中涉及的事项，防止纳税人隐瞒签订的经济合同。

二、应纳税额的检查

纳税人应缴纳的印花税税额，是根据纳税凭证的性质，分别按比例税率或者定额税率计算的，其计算公式为：

应纳税额＝应税凭证计税金额×适用税率

根据计算公式可知，印花税税额的计算取决于计税金额和适用税率，关键是计税金额。

（一）计税依据的规定

（1）应税合同的计税依据，为合同所列的金额，不包括列明的增值税税额。

（2）应税产权转移书据的计税依据，为产权转移书据所列的金额，不包括列明的增值税税额。

（3）应税营业账簿的计税依据，为账簿记载的实收资本（股本）、资本公积合计金额。

（4）证券交易的计税依据，为成交金额。

（5）应税合同、产权转移书据未列明金额的，印花税的计税依据按照实际结算的金额确定。

计税依据按照前款规定仍不能确定的，按照书立合同、产权转移书据时的市场价格确定；依法应当执行政府定价或者政府指导价的，按照国家有关规定确定。

（6）证券交易无转让价格的，按照办理过户登记手续时该证券前一个交易日收盘价计算确定计税依据；无收盘价的，按照证券面值计算确定计税依据。

（7）同一应税合同、应税产权转移书据中涉及两方以上纳税人，且未列明纳税人各自涉及金额的，以纳税人平均分摊的应税凭证所列金额（不包括列明的增值税税额）确定计税依据。

（8）应税合同、应税产权转移书据所列的金额与实际结算金额不一致，不变更应税凭证所列金额的，以所列金额为计税依据；变更应税凭证所列金额的，以变更后的所列金额为计税依据。已缴纳印花税的应税凭证，变更后所列金额增加的，纳税人应当就增加部分的金额补缴印花税；变更后所列金额减少的，纳税人可以就减少部分的金额向税务机关申请退还或者抵缴印花税。

（9）纳税人因应税凭证列明的增值税税额计算错误导致应税凭证的计税依据减少或者增加的，纳税人应当按规定调整应税凭证列明的增值税税额，重新确定应税凭证计税依据。已缴纳印花税的应税凭证，调整后计税依据增加的，纳税人应当就增加部分的金额补缴印花税；调整后计税依据减少的，纳税人可以就减少部分的金额向税务机关申请退还或者抵缴印花税。

（10）未履行的应税合同、产权转移书据，已缴纳的印花税不予退还及抵缴税款。

（11）纳税人多贴的印花税票，不予退还及抵缴税款。

（二）检查方法

（1）检查纳税人有无分解计算金额以逃避税款的情况。按照规定，凡属于以“金额”“收入”“费用”作为计税依据的，应当全额计税，不得做任何扣除。在检查时，应认真核对签订的合同和相关的发票金额。

（2）检查纳税人在计算应纳税额时有无错用税率、少计税款的情况。在检查时，对适用不同税率的各项经济行为要逐项进行核对；与此同时，要注意同一凭证载有两个或两个以上经济事项而适用不同税目税率的，只有分别记载金额的，才能分别计算应纳税额，如果未分别记载金额，则应按高税率计算纳税。

（3）检查纳税人是否按照规定的期限申报纳税。按照规定，应税合同在签订时，其纳税义务就已产生，应计算应纳税额并贴花。不论合同是否兑现或是否按期兑现，均应贴花。在检查时，应对纳税人签订的合同进行核实，然后与已纳税额进行比较，如果发现差异，即为少缴纳的税款。防止纳税人故意拖延期限、逃避纳税。

（4）检查双向交易业务的购销合同是否足额纳税。按照规定，在商品购销活动中采用以物易物方式进行商品交易所签订的合同，是反映购销双重经济行为的合同。对此，应按合同所载的购、销合计金额计税贴花。合同未列明金额的，应按合同所载购、销数量，依照国家牌价或者市场价格计算应纳税额。在检查时，应注意纳税人的计税金额是否正确，有无故意少计税款的情况。

(5) 检查对同一经济事项多次签订合同的是否全部计算纳税。按照规定，施工单位将自己承包的建设项目分包或者转包给其他施工单位所签订的分包合同或者转包合同，应按新的分包合同或转包合同所载金额计算应纳税额，不能只按总承包合同计算纳税。

(6) 检查适用的税率是否正确。

三、应纳税额的计算及会计处理

[例7-6] 某公司本期业务如下：

(1) 营业账簿中的资金账簿记载金额1 000 000元。

(2) 启用非资金账簿8本。

(3) 领受工商营业执照、商标注册证、土地使用权证、房产权证各一本。

(4) 订立财产保险合同一份，所载收取保费金额100 000元。

(5) 订立货物销售合同一份，记载销售金额2 000 000元。

该公司印花税的计算和会计处理如下：

(1) 应纳印花税税额的计算：

营业账簿中的资金账簿所载金额应纳印花税税额=1 000 000×0.25‰=250（元）

非资金账簿应纳印花税税额=0（元）

领受的权利许可证照应纳印花税=0（元）

财产保险合同应纳印花税=100 000×1‰=100（元）

销售合同应纳印花税=2 000 000×0.3‰=600（元）

本期共计应缴纳印花税=250+0+0+100+600=950（元）

(2) 购买印花税票或上缴印花税时：

借：税金及附加——印花税　　950

　贷：应交税费——应交印花税　　950

借：应交税费——应交印花税　　950

　贷：银行存款（或库存现金）　　950

第六节　城镇土地使用税的检查

城镇土地使用税是对城市、县城、建制镇和工矿区范围内使用土地的单位及个人所征收的一种税。

一、应纳税额的检查

（一）基本规定

城镇土地使用税以纳税人实际占用的土地面积为计税依据，土地占用面积由省、自治区、直辖市人民政府根据实际情况确定。税务机关根据纳税人实际使用的土地面积，按照规定的税额计算应纳税额。按照现行规定，凡纳税人持有政府部门核发的“土地使用证书”的，以证书确认的使用面积为准；尚未核发“土地使用证书”的，由纳税人据实申报土地面积，待土地面积测定后，按测定面积进行调整。

（二）检查方法

（1）检查纳税人是否将占用的全部土地面积申报缴纳了税款，有无少报应税土地面积及逃避纳税的情况。在检查时，要对纳税人占用的土地面积进行核定。

（2）检查应纳税额的计算是否正确，有无错用单位税额、少缴税款的情况。在检查时，要用核定数与企业自行申报数进行核对。

二、应纳税额的计算及会计处理

[例7-7] 某大型工业企业占用土地20 000平方米，其中企业自办子弟学校占地2 000平方米、幼儿园占地500平方米。当地政府核定使用土地的单位税额为每平方米3元。该企业经当地主管税务机关核定，每半年缴纳一次城镇土地使用税。本年度该企业应缴纳的城镇土地使用税计算处理如下：

（1）计算每月应缴纳的城镇土地使用税：

全年应纳城镇土地使用税＝(20 000－2 000－500)×3＝52 500（元）

每月应纳税额＝52 500÷12＝4 375（元）

借：税金及附加——应交城镇土地使用税　　4 375

　贷：应交税费——应交城镇土地使用税　　4 375

（2）每半年上缴城镇土地使用税时：

半年应纳税额＝4 375×6＝26 250（元）

借：应交税费——应交城镇土地使用税　　26 250

　贷：银行存款　　26 250

第七节　车船税的检查

车船税是对在中华人民共和国境内拥有车船的单位和个人所征收的一种税。拥有是指拥有车船的产权。

一、基本规定

车船税的征税范围包括车辆和船舶两大类。车辆包括机动车、非机动车。机动车包括乘用车、商用车、摩托车等。非机动车包括挂车等。船舶包括机动船舶、非机动船舶。机动船舶包括客货轮船、气垫船、拖船等。非机动船舶包括非机动驳船等。

车船税采用定额税率，实行从量定额的计征方法。根据车船的种类、性能、构造和使用情况的不同，现在选择了三种计税单位，即辆、吨和米。

车船税按年计征，分期缴纳。纳税期限由省、自治区、直辖市人民政府具体决定，一般按季度缴纳或半年缴纳一次；税额较少的，也可一年缴纳一次。

二、车船税的计算和会计处理

[例 7-8] 某公司在本年度拥有中型客车 4 辆，每辆年税额为 800 元；载货车 5 辆，每辆净吨位为 6 吨，每吨年税额为 60 元；小轿车 2 辆，每辆年税额为 500 元。该公司经当地主管税务机关核定，按季预缴车船税。该公司应纳车船税的计算处理如下：

(1) 每季预缴车船税的计算：

乘人车年应纳税额＝800×4＝3 200（元）

载货车年应纳税额＝60×5×6＝1 800（元）

小轿车年应纳税额＝500×2＝1 000（元）

公司每季应预缴车船税＝(3 200＋1 800＋1 000)÷4＝1 500（元）

(2) 每季预提车船税时：

借：税金及附加——应交车船税　　1 500

　贷：应交税费——应交车船税　　1 500

(3) 每季上缴车船税时：

借：应交税费——应交车船税　　1 500

　贷：银行存款　　1 500

第八节　契税的检查

契税是以所有权发生转移变动的不动产为征税对象，向产权承受人征收的一种财产税。现行契税的基本规定是 2021 年 9 月 1 日开始施行的《中华人民共和国契税法》。

一、征税范围的检查

（一）征税范围的基本规定

契税的征税范围是在中华人民共和国境内转移土地、房屋权属，具体包括五项内容。

1. 土地使用权出让

土地使用权出让是指土地使用者向国家交付土地使用权出让费用，国家将土地使用权在一定年限内让予土地使用者的行为。

2. 土地使用权转让

土地使用权转让是指土地使用者以出售、赠予、交换或者其他方式将土地使用权转移给其他单位和个人的行为。土地使用权转让不包括农村集体土地承包经营权的转移。

3. 房屋买卖

房屋买卖是指以货币为媒介，出卖者向购买者让渡房产所有权的交易行为。以下几种特殊情况，视同买卖房屋：

（1）以房产抵债或以实物交换房屋。经当地政府和有关部门批准，以房抵债和以实物交换房屋，均视同房屋买卖，应由产权承受人按房屋现值缴纳契税。例如，甲某因无力偿还乙某债务，而以自有的房产折价抵偿债务。经双方同意，并经有关部门批准，乙某取得甲某的房屋产权，在办理产权过户手续时，按房产折价款缴纳契税。如果以实物（金银首饰等等价物品）交换房屋，应视同以货币购买房屋。

（2）以房产作投资或作股权转让。这种交易业务属于房屋产权转移，应根据国家房地产管理的有关规定，办理房屋产权交易和产权变更登记手续，视同房屋买卖，由产权承受方按契税税率计算缴纳契税。例如，甲某以自有房产投资于乙企业，其房屋产权变为乙企业所有，故产权所有人发生变化，因此乙企业在办理产权登记手续后，应按甲某入股房产现值（国有企事业房产须经国有资产管理部门评估核价）缴纳契税。如果丙某以股份方式购买乙企业房屋产权，则丙某在办理产权登记后，应按取得房产的买价缴纳契税。

以自有房产作股投入本人独资经营的企业，免纳契税。因为以自有的房产投入本人独资经营的企业，产权所有人和使用权使用人未发生变化，无须办理房产变更手续，也不用办理契税手续。

（3）买房拆料或翻建新房，应照章征收契税。例如，甲某购买乙某的房产，不论其目的是取得该房产的建筑材料还是翻建新房，都实际构成了房屋买卖，甲某应首先办理房屋产权变更手续，并按买价缴纳契税。

4. 房屋赠予

房屋赠予是指房屋产权所有人将房屋无偿转让给他人所有。其中，将自己的房屋转交给他人的法人和自然人，称作房屋赠予人；接受他人房屋的法人和自然人，称为受赠人。房屋赠予的前提必须是产权无纠纷，赠予人和受赠人双方自愿。

由于房屋是不动产，价值较大，故法律要求赠予房屋应有书面合同（契约），并到房地产管理机关或农村基层政权机关办理登记过户手续，才能生效。如果房屋赠予行为涉及涉外关系，还需公证处证明和外事部门认证，才能有效。房屋的受赠人要按规定缴纳契税。

5. 房屋互换

房屋互换是指房屋所有者之间互相交换房屋的行为。

（二）检查方法

（1）检查纳税人有无发生承受土地、房屋权属的行为，是否如实申报缴纳了契税，应税项目是否与免税项目相互混淆。

（2）检查承受土地、房屋权属的协议或者合同，看其是否真实反映了承受土地、房屋权属的内容。

二、应纳税额的检查

按照现行规定：

契税应纳税额＝计税依据×税率

（一）税率的检查

契税实行3%～5%的幅度税率。实行幅度税率是考虑到我国经济发展不平衡、各地经济差别较大的实际情况。因此，各省、自治区、直辖市人民政府可以在3%～5%的幅度税率规定范围内，按照本地区的实际情况决定适用的税率。在检查时，应核对纳税人有无错用税率的情况，有无不按当地政府规定而任意变动适用税率的情况。

（二）计税依据的检查

契税的计税依据为不动产的价格。由于土地、房屋权属的转移方式不同，定价方法不同，因而具体计税依据应视不同情况而定。

（1）土地使用权出让、土地使用权出售、房屋买卖，以成交价格为计税依据。成交价格是指土地、房屋权属转移合同确定的价格，包括承受者应交付的货币、实物、无形资产或者其他经济利益。

（2）土地使用权赠予、房屋赠予，由征收机关参照土地使用权出售、房屋买卖的市场价格核定。

（3）土地使用权互换、房屋互换，计税依据为互换的土地使用权、房屋价格的差额。也就是说，在互换的价格相等时，免征契税；在互换的价格不等时，由多交付货币、实物、无形资产或者其他经济利益的一方缴纳契税。

（4）以划拨方式取得土地使用权，经批准转让房地产时，由房地产转让者补缴契税。计税依据为补交的土地使用权出让费用或者土地收益。

（5）房屋附属设施征收契税的依据：

1）采取分期付款方式购买房屋附属设施土地使用权、房屋所有权的，应按合同规定的总价款计征契税。

2）如果承受的房屋附属设施权属单独计价，则按照当地确定的适用税率征收契税；如果与房屋统一计价，则适用与房屋相同的契税税率。

为了避免偷逃税款，税法规定：成交价格明显低于市场价格且无正当理由的，或者互换的土地使用权、房屋价格的差额明显不合理且无正当理由的，征收机关可以参照市场价格核定计税依据。

（三）检查方法

（1）检查纳税人计算契税的依据是否正确，有无人为调整计税依据的情况。

（2）检查自行申报缴纳的税款是否正确，有无隐瞒支付金额的情况。在检查时，应将纳税人自行申报数与相关的账簿、凭证记载的金额相核对。

三、应纳税额的计算及会计处理

企业缴纳契税，设置“应交税费——应交契税”账户进行核算，该账户的贷方反映企业应缴纳的税额，借方反映企业已缴纳的税额，期末贷方余额表示企业应缴未缴的契税。企业在计算提取应纳契税时，借记“固定资产”“无形资产”“管理费用”等账户，贷记“应交税费——应交契税”账户。

［例7-9］ 某公司购进一间厂房，支付金额1 000万元，已办完各种相关手续。假定适用的契税税率为4%，该公司的计算处理如下：

（1）公司应缴纳契税40万元（=1 000×4%）。

（2）公司缴纳的契税应计入其固定资产的价值中。会计处理为：

购房和计提税款时：

借：固定资产——厂房	10 400 000	
贷：银行存款		10 000 000
应交税费——应交契税		400 000

上缴契税时：

借：应交税费——应交契税	400 000	
贷：银行存款		400 000

图书在版编目（CIP）数据

纳税检查/艾华等编著．--6版．--北京：中国人民大学出版社，2025.7
经济管理类课程教材．税收系列
ISBN 978-7-300-32177-6

Ⅰ.①纳… Ⅱ.①艾… Ⅲ.①纳税—税收检查—中国—高等学校—教材 Ⅳ.①F812.423

中国国家版本馆CIP数据核字（2023）第172476号

面向21世纪课程教材
经济管理类课程教材·税收系列
纳税检查（第六版）
艾　华　王　敏　高艳荣　马丽佳　编著
Nashui Jiancha

出版发行	中国人民大学出版社		
社　　址	北京中关村大街31号	**邮政编码**	100080
电　　话	010-62511242（总编室）		010-62511770（质管部）
	010-82501766（邮购部）		010-62514148（门市部）
	010-62511173（发行公司）		010-62515275（盗版举报）
网　　址	http://www.crup.com.cn		
经　　销	新华书店		
印　　刷	天津鑫丰华印务有限公司	**版　　次**	2005年6月第1版
开　　本	787 mm×1092 mm　1/16		2025年7月第6版
印　　张	16.5	**印　　次**	2025年7月第1次印刷
字　　数	382 000	**定　　价**	48.00元

教学支持说明

1. 教辅资源获取方式

为秉承中国人民大学出版社对教材类产品一贯的教学支持，我们将向采纳本书作为教材的教师免费提供丰富的教辅资源。您可直接到中国人民大学出版社官网的教师服务中心注册下载——http://www.crup.com.cn/Teacher。

如遇到注册、搜索等技术问题，可咨询网页右下角在线 QQ 客服，周一到周五工作时间有专人负责处理。

注册成为我社教师会员后，您可长期根据您所属的课程类别申请纸质样书、电子样书和教辅资源，自行完成免费下载。您也可登录我社官网的"教师服务中心"，我们经常举办赠送纸质样书、赠送电子样书、线上直播、资源下载、全国各专业培训及会议信息共享等网上教材进校园活动，期待您的积极参与！

2. 高校教师可加入下述学科教师 QQ 交流群，获取更多教学服务

经济类教师交流群：809471792

财政金融教师交流群：766895628

国际贸易教师交流群：162921240

税收教师交流群：119667851

3. 购书联系方式

网上书店咨询电话：010－82501766

邮购咨询电话：010－62515351

团购咨询电话：010－62513136

中国人民大学出版社经济分社

地址：北京市海淀区中关村大街甲 59 号文化大厦 1506 室　100872

电话：010－62515803　010－62516948

传真：010－62514775

E-mail：jjfs@crup.com.cn